本著作获“北京高等学校青年英才计划项目（Beijing Higher Education YoungElite Teacher Project）”资助

项目编号：YETP1758

基于供应链管理的第三方物流企业的研究

Research on the Third Party Logistics Enterprises Based on Supply Chain Management

王 慧 著

北 京
冶 金 工 业 出 版 社
2015

内 容 提 要

本书从基于供应链管理的企业设备管理信息系统、中小型三方物流企业联合配送模式的应用两个方面，系统阐述了设备管理和配送模式在物流行业中的发展历程、研究过程，以及在物流行业中的重要意义和作用、发展展望。本书适合从事物流行业管理、教学科研，以及有关院校师生参考使用。

图书在版编目(CIP)数据

基于供应链管理的第三方物流企业的研究/王慧著. —北京：冶金工业出版社，2015.9

ISBN 978-7-5024-7058-6

Ⅰ.①基… Ⅱ.①王… Ⅲ.①物资企业—供应链管理—研究 Ⅳ.①F253

中国版本图书馆 CIP 数据核字(2015)第 212969 号

出 版 人 谭学余
地 址 北京市东城区嵩祝院北巷 39 号 邮编 100009 电话 (010)64027926
网 址 www.cnmip.com.cn 电子信箱 yjcbs@cnmip.com.cn
责任编辑 姜晓辉 美术编辑 吕欣童 版式设计 孙跃红
责任校对 卿文春 责任印制 牛晓波
ISBN 978-7-5024-7058-6
冶金工业出版社出版发行；各地新华书店经销；北京百善印刷厂印刷
2015 年 9 月第 1 版，2015 年 9 月第 1 次印刷
169mm×239mm；12.75 印张；246 千字；189 页
34.00 元

冶金工业出版社 投稿电话 (010)64027932 投稿信箱 tougao@cnmip.com.cn
冶金工业出版社营销中心 电话 (010)64044283 传真 (010)64027893
冶金书店 地址 北京市东四西大街46号(100010) 电话 (010)65289081(兼传真)
冶金工业出版社天猫旗舰店 yjgycbs.tmall.com

前　言

供应链被誉为企业“第三利润源泉”，其基本企业经营运作模式的出现，预示着全球一体化必然会拉近各国企业之间的距离。供应链强大的力量要求企业积极寻找每个行业的能手，强强联合，达到共赢的目的。第三方物流是在物流的整个过程中由中间商提供的服务。在一条供应链中，第三方物流企业参与的方式有很多，诸如实现货物运输、搭建配送平台、物流系统开发、电子数据交换、信息管理、仓储、运费谈判和支付、提供个性化增值服务等，都是其参与的具体形式。

第三方物流企业的出现，是行业专业化发展的必然。当前，我国物流供应链管理模式仍处于初期发展阶段，第三方物流企业加入供应链的模式还未形成高效模式。同时，由于企业所处的国内经济环境、政策等方面和供应链相对发展成熟的其他国家有诸多不同之处。因此，第三方物流企业在发展供应链方面还需结合自身的情况，生搬国外成熟理论、模式是行不通的。

物流行业作为朝阳产业，是国民经济发展中的重要组成部分。近几年，中小型物流企业发展迅速，行业从业人员数量显著增多，专业化第三方物流企业在供应链的参与中出现了许多新形式、新特点、新问题，尤其是在国际合作市场的扩大、国外物流企业进入中国、中小型第三方物流企业成长方式方面呈现出多样化特征等，带有我国经济政策及企业发展进程的独有特色，是很有研究和探寻价值的。

本书分为两个部分：第一部分介绍了目前许多物流企业不重视的设备管理。供应链管理思想是一种先进的管理思想，将设备管理各项工作和企业外部的供应商形成一个体系进行信息传递和统一管理，构建设备管理信息系统是企业信息化建设的一个重要组成部分。在基于供应链管理的全局管理环境中，通过设备管理与供应商管理共享企业资源，发挥设备管理的最大效能。应用信息技术构建设备管理信息平台，并对设备管理业务流程进行规范化，为企业未来的流程再造打下基础，扩展设备管理信息资源开发和利用的深度和广度。提供弹性的组织机构设置，以应对企业组织机构变化对业务流程的影响。第二部分首先具体介绍了第三方物流配送的流程，初步解决了联合配送的多配送中心问题，将多个配送中心从整个配送关系网络进行优化，避免配送网络陷入局部最优，且每个客户不再固定属于某个配送中心负责。其次，通过介绍国内现有的中小型第三方物流企业发展现状和第三方物流的配送模式，提出了联合配送的创新型配送模式。第三部分，对我国第三方物流企业所处的行业发展进行了展望，以便为众多中小型第三方物流企业提供管理和发展思路的参考和借鉴。

本书是“北京高等学校青年英才计划项目（Beijing Higher Education YoungElite Teacher Project）”资助课题的阶段性研究成果。在本书的写作过程中，参考了许多相关资料，作者已尽可能详细地在每章后的参考文献中列出，再次对这些专家、学者们深表谢意。也有部分资料，由于疏忽没有列出出处，在此表示万分歉意。

由于作者水平有限，再加上供应链管理在第三方物流企业的应用属于新问题，对此类的研究还不够深入，因此对书中出现的谬误，真心希望读者提出批评意见，并能及时反馈给我们。

王　慧

2015年2月

目　录

第一部分　基于供应链管理的企业设备管理信息系统的研究

第三部分　结论与展望

第一部分

基于供应链管理的企业设备管理信息系统的研究

Research on Plant Management Information System of Enterprise Based on Supply Chain Management

1 绪 论

1.1 该项研究的背景和意义

1.1.1 该项研究的背景

随着信息时代的到来，信息化水平已成为衡量一个国家、一个城市或地区乃至一个企业的综合实力、国际竞争力和现代化程度的重要标志[1]。

计算机网络技术的发展和应用的普及，促进了社会经济的快速发展，推动着经济全球化的进程。企业信息化作为一种先进的管理方式，在经济发达国家中起步较早，现已成为一种发展趋势。而目前，我国的企业信息化建设刚刚开始起步，大部分企业尚未实现信息化，还不同程度地存在经营观念陈旧、管理方法落后、决策随意、账目不实、采购销售环节暗箱操作、生产效率低下等问题[2]。这些问题严重制约着企业经营效益的改善和市场竞争力的提高。面对经济全球化的大趋势，特别是在加入 WTO 后，我国企业将直接面对国内、国际两个市场的竞争。要想适应入世后的新形势，要想在与跨国公司的竞争中，在市场分割和资源的分配中取得优势，就必须彻底解决当前企业信息化工作落后的问题，要实施以信息化带动工业化的战略，通过企业信息化加快技术创新、管理创新和体制创新，提高企业核心竞争力。

信息化是当今世界经济和社会发展的大趋势，也是我国产业优化升级和实现工业化、现代化的关键环节。以信息化带动工业化，发挥后发优势，实现社会生产力的跨越式发展。当前，我国正在加快经济结构的战略性调整，促进国民经济持续快速健康发展，应对加入世贸组织后国际经济竞争的挑战，这些都对设备管理信息化建设提出了新的更高的要求。

1.1.2 该项研究的意义

目前，企业“自发”式的信息化建设正在逐步开展，企业内部使用的管理信息系统也越来越多。但这种“自发”式的信息化建设缺乏“自觉”的信息系统总体战略规划，没有统一规划和统一设计，致使局部需求得到满足的同时，企业内部各子系统被分裂开来，相互无法互通互联，各子系统下的数据失去一致性和完整性，企业无法实现对整体业务运作和流程管理的全面掌控；软件资源、硬件资源、数据资源和信息资源没有充分共享，造成建设成本过高和存储空间浪费。

目前，我国设备管理的信息化程度不高。我国企业（尤其是国有企业）设备管理上还存在着诸多需要解决的问题，这些问题已经严重制约着国内企业参与国际化市场竞争。这些问题主要表现在：体制结构不健全，管理组织刚性，对设备资产管理认识不足，维修体制、备件管理体制落后，尤其是对推进企业信息化的意识不够。因此，国内企业必须尽快加快设备管理现代化进程，以系统的思想为指导，以信息化和现代工厂平台为基础，全面提高我国企业管理信息化水平[3,4]。

如何将现代设备管理的最新研究成果应用到企业，这是当今设备管理领域的一个重要课题。例如，当今国际上较为认同的以可靠性为中心的设备维修理论[5~7]（Reliability Centered Maintenance，RCM）、设备寿命周期理论、以绿色环保为主题的设备“绿色再制造工程”理论[8]的提出，备件采购管理理论与方法的出现，对传统设备管理理论和方法造成了很大冲击。但如何在我国大型企业全面实施，还是一个新的课题，有待进一步研究。

1.2 设备管理发展概况

设备管理理论和模式的发展是一个从经验管理到科学管理，再从科学管理到现代化综合管理的过程，可分为四个阶段。

（1）事后维修阶段（1950年前）。事后维修（Breakdown Maintenance，BM）是最早期的维修方式，其特点是机器出了故障再维修。

这个时期普遍实行的是设备坏了以后再维修，由于设备结构简单，设备的维护与修理不需要专门技术，修理费用也较低。因此，机器设备的维护与修理由设备的操作人员来完成。随着工业生产的发展，设备结构渐变复杂，设备修理难度逐步提高，设备的维修费用不断增加，设备维修需要由专门人员来承担，这样就从生产操作人员中逐步分离出一部分从事设备维修和管理的专门人员[9]。

（2）预防维修阶段（1950~1960年）。预防维修（Preventive Maintenance，PM），一般分为以下两大体系。

一种是欧美的预防维修制。其基本思想是：对影响设备正常运行的故障采取“预防为主”的方针，达到减少停机停产的损失，减少维修费用，降低生产成本，提高企业的经济效益为目的。

另一种是前苏联的计划预防维修制。其理论依据是设备组成单元的磨损规律。该阶段以摩擦为理论基础，推断设备磨损情况，按大、中、小修进行预防性修理，或通过周期性检查分析来制定维修计划。

我国20世纪五六十年代，引进前苏联的“计划预修制”就属于此阶段。

(3) 生产维修阶段(1960~1970年)。生产维修(Productive Maintenance,PM)体制以美国为代表,是在原预防维修体制的基础上提出的生产维修思想。生产维修体制是以生产为中心,为生产服务的一种维修体制。以美国为代表的西方国家多采用此维修体制,该维修体制主要由四部分内容组成:事后维修(BM)、预防维修(PM),改善维修(CM)、维修预防(MP)。该体制突出了维修策略的灵活性,吸收了后勤工程学的内容,提出了维修预防、提高设备可靠性设计水平及无维修设计思想[10]。其中,维修预防(MP)提倡在设计制造阶段就认真考虑设备的可靠性和维修性问题,从设计、生产上提高设备素质,从根本上防止故障和事故的发生,减少和避免维修。

(4) 现代综合设备管理阶段(1970年至今)。20世纪70年代至今,随着设备的技术进步,设备管理有了本质上的变革。世界上先进的工业发达国家为适应激烈的市场竞争的需要,不断寻求和创造新的、先进的管理理论和模式。国际上的设备工程与管理理论也出现了重大的突破,相继出现了设备综合工程学[11](Terotechnology)、全员生产维修(Total Productive Maintenance,TPM)、适时管理(Just-in-Time,JIT)、适应性维修(Adaptive Maintenance,AM)等现代设备管理与维修理论和与之相适应的模式[12,13]。

设备管理作为企业管理的重要组成部分,与综合企业管理理念相适应,在管理理论和模式上逐渐走入现代综合设备管理阶段。设备管理和生产管理更是关系密切,据2001年的相关统计数据:由生产部门完成的小修百分比的世界水平为30%,每个第一线管理人所配维修人员数量的世界水平为15.25%[14]。

1.3 国内外研究综述

1.3.1 国外设备管理信息化的应用现状

目前,在国外辅助企业进行设备综合管理的典型软件系统有美国的MAXIMO系统和加拿大的Senergy系统据专门从事软件评比的SPEX公司1998年、1999年、2000年发表的对多家著名资产维修管理软件(CMMS)领域的评价报告中,MAXIMO连续三年名列第一[15]。

MAXIMO是以企业资产及其维修管理为核心的商品化应用软件。软件体现了以预防性维修和预测性维修为主,强化成本核算的管理思想。MAXIMO以资产、设备台账为基础,以工作单的提交、审批、执行为主线,按照缺陷处理、预防性维修、预测性维修几种可能模式,以提高维修效率、降低总体维护成本为目标,将采购管理、库存管理、人力资源管理集成在一个数据充分共享的信息系统中。

加拿大Senergy系统包括了设备管理(Equipment)、维护管理(Maintenance)、备品库存管理(Inventory)、供应商管理(Supplier)、采购单管理（Purchase order）以及维修预算管理（Budge/Expanses）6 大模块。此系统能够与现有的财务、销售等系统实现数据的共享：通过预防性与计划性维护，减少停产时间，让生产设备保持高度可运转状态；控制设备维修预算，降低维修成本，紧密结合设备与零配件隶属关系，减少备件库存及备件成本；提高采购效率，提高能力计划水平，有效地配置生产设备、人员和其他资源。

ERP 系统在国外的应用是随着其理论发展逐渐展开的。20 世纪 70 年代开始，一些计算机软件供应商成功开发了闭环 MRP 软件。80 年代，推出 MRP Ⅱ 软件。90 年代初，涌现出几百家专门从事 MRP Ⅱ 开发和销售的公司，MRP Ⅱ 的功能也不断增强、完善和扩大，向 ERP 方向发展[16]。

90 年代后期，在企业管理改革的冲击下，ERP 思想和理念逐渐为企业经营者所接受，企业的信息化采购计划中开始逐渐出现了 ERP 系统的预算。经过众多管理软件供应商十多年的 ERP 系统推广和实施，目前世界 500 强企业中有 80% 都在用 ERP 系统作为其决策工具及日常工作流程管理。

在众多的 ERP 系统中，SAP 软件历经 30 多年的风雨历程，成为世界上著名的 ERP 产品，SAP 在全球拥有近 30000 家客户。比如汽车行业，几乎全球大规模的汽车生产厂商都是 SAP 的用户。SAP 在 ERP 系统的实施过程中逐渐设计出 21 个行业的解决方案，包括家电、汽车、制药行业等，这些解决方案都获得了很好的应用。

1.3.2 国内设备管理信息系统研究和应用现状

随着以知识经济（Knowledge Economic）和信息技术（Information Technology）为基础的新经济时代的来临，设备管理信息化已成为企业管理的重要组成部分，关于设备信息系统的理论及其与设备管理相关的子系统如设备运行管理、检修管理、备件管理、资产管理等信息系统也层出不穷。但是，到目前为止，关于设备管理信息系统或设备管理信息化的完整理论体系仍在逐步形成和完善之中。

1.3.3 理论研究现状

1.3.3.1 全面规范化生产维护

广州大学李葆文教授在 2003 年《设备管理新思维新模式》一书中提出：全面规范化生产维护——TNPM（Total Normalized Productive Maintenance），这是在美、日倡导的 TPM 思想基础上提出的一种新的设备管理模式。所谓 TNPM，是以设备综合效率和完全有效生产率为目标，以全系统的预维修为载体，以员工的行为规范为过程，全体人员参与为基础的生产和设备、保养维修体制[17]。

TNPM 的 8 个要素[18]：

(1) 以最高的设备综合效率和完全有效生产率为目标;
(2) 以全系统的预防维修体系为载体;
(3) 全公司所有部门都参与其中;
(4) 从最高领导到每个员工全体参加;
(5) 小组自主管理和团队合作;
(6) 合理化建议与现场持续改善相结合;
(7) 变革与规范交替进行;
(8) 建立检查、评估体系和激励机制。

1.3.3.2 以可靠性为中心的维修管理

在1998年和2000年两次欧洲维修团体联盟国际会议上，讨论和引用最多的就是RCM和FMECA（Failure Mode Effects and Critical Analysis）故障模式影响及其关键性分析[19]。

RCM是属于第三代维修管理的具有代表性的模式，它强调以设备的可靠性、设备发生故障的后果作为制定维修策略的主要依据，是一种以设备运行的经济性为出发点的维修管理模式。RCM的维修决策过程如图1-1所示。

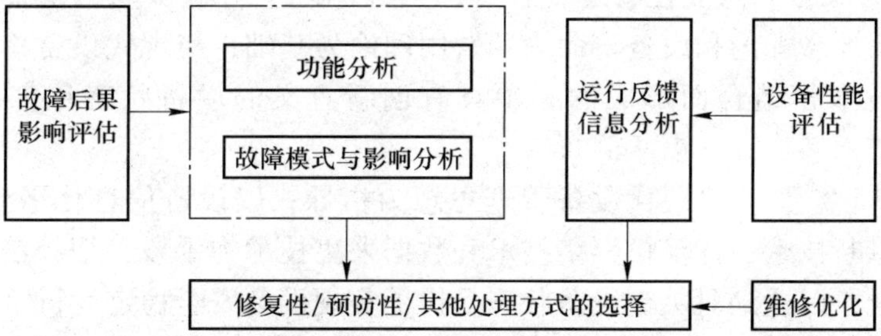

图1-1 RCM的维修决策过程

目前，关于RCM的应用性研究在我国已经全面展开。

国防科学技术工业委员会资助的项目“以可靠性为中心的维修在核电站的应用研究”[20]，根据在大亚湾核电站实际情况，详细分析RCM在电力行业的创新。通过引入RCM，并在实践中进行改进，在大亚湾核电站取得了巨大的经济效益。

“基于RCM的高炉设备维修工程与实例”一文是以宝钢2号高炉设备为背景，把设备维修的RCM理论运用到高炉系统的维修方案中，形成高炉设备的RCM维修方法。这种新的维修方法明显地提高了具有重要故障后果的设备运行可靠性，同时在保证安全性的前提下延长了高炉设备的使用寿命[21]。

在火电方面，国家电力公司制订的火力发电厂实施设备状态检修的指导意见国电发［2001］745号文中明确建议：火力发电厂实施设备状态检修的基础上，开展RCM维修优化活动。为了推动RCM的实施，提高实施效果，我国电力行业制定了 RCM 实施指南（火力发电厂设备以可靠性为中心的维修（RCM）分析技术导则（征求意见稿）［S］. 中华人民共和国电力行业标准 DI/F—2004.）[22]。

1.3.3.3 武钢的设备星级管理和关键设备“万点受控”工程

(1) 武钢的星级设备管理概况[23]。所谓星级设备管理，就是把国际上通行的酒店星级管理模式引入钢铁企业设备管理，把设备管理的各项工作，技术指标设备管理标准等，细化为 57 条标准规范，形成体系，并附有相应的考核、检查标准，年终经专门的星级评审机构对所属二级生产厂的设备及设备管理进行综合评价。这五十七条标准既有技术指标，也有经济指标；既有管理上的要求，同时也包括装备本身的技术质量要求及满足生产产量、质量等方面的指标要求，是一整套科学的设备管理指标评价体系。

(2) 武钢推进的关键设备“万点受控”管理工程[24]。2002 年 2 月武钢在 2002 年设备工作会议上，首次提出设备管理工作要以状态管理为中心，进一步完善以量化点检为基础的设备运行管理体系，实现关键设备万点受控，实行设备管理由计划预防维修向预知维修的转化——简称“万点受控”管理工程[25]。其主要内容如下：

1）基本含义：万点受控管理工程是以当今国际上普遍认同的设备可靠性理论、设备预知维修理论和设备寿命周期费用理论为基础，与现代设备诊断技术和计算机网络技术相结合而形成的一项具有创新意义的设备状态预知维修管理工程。

2）管理理念[26]：以现代设备管理思想为指导；以设备信息化平台为基础；以当代设备诊断技术、计算机网络技术和数据采集技术为手段，把经济管理与技术管理相结合，以达到对关键设备状态受控，实现设备安全稳定运行。

3）管理目标：建立起“横向到边，纵向到底”的关键设备“万点受控”矩阵式网络，实现重大、特大设备事故为零，逐步实现关键设备零缺陷、零故障[27]。

4）管理内容：“万点受控”管理工程是以提高设备运行的可靠性、经济性为目标，以生产厂关键设备为控制对象，对表征设备运动状态特征的、数以万计关键部位控制点的振动、温度、压力、流量等重要参数进行定期点检、测量和诊断，然后经过科学的定量和定性分析，掌握设备的运动规律和劣化趋势，从而最大限度地降低设备事故和故障，提高预知维修水平[28]。

1.3.4 设备管理信息系统应用现状

20 世纪 80 年代初，MRP Ⅱ这个名词被引入了中国。80 年代中期和后期，有更多的企业开始了解、熟悉和应用 MRP Ⅱ。在国家“十五”规划中确定“以信息化带动工业化”为基本国策之后，企业信息化得到快速发展，ERP 也进入了普及阶段[29]。

SAP 等国外著名的 ERP 系统供应商都试图进入中国市场。经过十多年的努力和实践，这些供应商在国内拥有一些大型企业用户，如：汽车行业的大众、通用、神龙富康、奇瑞、吉利，制药行业的西安杨森，家电行业的海尔、长虹、小天鹅等。在过去的十多年间，中国台湾地区主要的电子代工业的原始设备生产商（Original Equipment Manufacturer，OEM）皆已完成了 ERP 系统的实施[30]。但是，由于管理软件有其特定的文化背景、财务制度和管理模式的限制，国内企业不可能像引进设备一样直接引进国外软件产品应用，BPR、本土化等问题一直是实施过程中的焦点。

国内管理软件供应商也在积极倡导和着手研究开发 ERP 系统，它们了解国内企业现状，具备早期财务软件或商务软件的市场基础，推出具有行业针对性的 ERP 系统。在国内 ERP 供应商中，综合竞争力相对占优势的是用友和金蝶，其他有浪潮通软、新中大、神州数码、东软金算盘、博科等。用友和金蝶在早期的企业信息化建设过程中以财务软件作为切入点而迅速占领市场，并逐渐树立起其财务软件商的品牌形象，成为各行各业广泛认同和接受的品牌。随着企业对 ERP 系统的需求逐渐增加，国内管理软件供应商纷纷开发出各自的 ERP 系统。其中，占主导地位的仍然是用友和金蝶。用友在中国北方市场占有绝对的主导地位，金蝶在中国南方市场也独领风骚，但国内 ERP 系统的成功经验仍然局限于中小企业。

对于绝大多数企业而言，企业信息化管理是一项庞大的系统工程。虽然部分企业已经清楚地意识到实施 ERP 系统对于企业经营的重要作用，但由于种种原因和障碍不可能立即实施，但落后的手工管理又不能满足企业在市场竞争中的需要，于是许多企业逐步实施部门级的信息化建设。

目前，国内部分大型企业和少数中小企业借助企业管理软件供应商的成功经验，已经开始逐步实施 ERP 系统，试图对企业内部资源进行全面整合，提高企业信息化管理水平和市场竞争优势。

但是，国内的化工设备管理由于资金的原因大多还处于传统的手工记账式的管理，在设备采购、统计、计划、维修事故预测和备品备件管理等方面，效率低下、贻误时机、浪费人力，无法满足企业进一步发展的需要。这种管理理念和手段严重制约着企业在未来竞争中的实力。

有一些有实力的大型化工企业采用 MRP Ⅱ，ERP 系统中的集成设备管理信息系统。如 SAP、D7i 系统等。但其开发周期相当长、资金耗费大。另外，由于这些系统大多依据国外企业管理的情况设计，在国内实施效果大多不好，不能解决实际的问题。

综上所述，国内的 PMIS 主要存在以下问题：

（1）PMIS 不完整，功能不全面，只侧重于设备管理的某些方面，虽解决了设备管理的部分问题，却未能充分体现 PMIS 的价值和意义。

（2）PMIS 中的各个功能模块之间相互独立，未达到真正的信息共享。

（3）PMIS 中管理功能全面，涵盖设备管理的所有业务，但系统中没有流程控制部分，责、权、利不明晰，容易造成管理混乱。

（4）现阶段，相对成熟的设备管理系统侧重于针对各个子系统管理，忽视了设备管理以技术管理和全面信息化管理的特点。

要想彻底解决上述问题，根本途径就是要运用管理信息化的管理思想来指导、设计、实施 PMIS，使设备管理信息系统成为一个功能强大的系统。同时，充分考虑设备管理以技术和全面规范化管理为重点的特点，让其在企业管理中发挥重要的作用。

1.3.5 设备管理的发展趋势

1.3.5.1 设备管理理论的发展趋势

（1）以利用率为中心的维修。以利用率为中心的维修（Availability Centered Maintenance，ACM）是把设备利用率放到第一位来制定维修策略的设备管理方式。ACM 管理方式先按利用率对设备排序，然后结合生产实际、停机损失、维修成本选择适当的维修方式[31]。它和以可靠性为中心的适应性维修体制有相似之处。

以利用率为中心的维修的特点：1）以利用率为中心的维修思想把当代维修方式分成五类：定期维修、视情维修、事后维修、机会维修和改进（设计）维修。2）维修规划是在对设备可利用率等因素分析的基础上做出的。

以利用率为中心的维修体制需要以下两个条件[32]：

1）由于需要维修数据、故障模式作为支持，这个体制更需要加强对设备的了解，加强设备的维修数据统计记录；

2）由于需要选择以监测为主的视情维修、以改进设计为主的改进维、以充分利用生产空隙为主的机会维修，以及传统的定期维修和事后维修，无论从管理上还是从技术上，都需要更多的技巧和途径。

（2）全面计划质量维修。全面计划质量维修（Total Planning Qualitative Maintenance，TPQM）是一种以设备整个寿命周期内可靠性、设备有效利用率以及经济性为总目标的维修技术和资源管理体系。其内涵是维修范围的全面性——对维修职能作全面的要求；维修过程的系统性——提出一套发挥维修职能的质量标准；维修技术的基础性根据维修和后勤工程的原则，以维修技术为工作的基础[33]。

TPQM 强调质量过程、质量规定和维修职能的发挥。其重点在于选择最佳维修策略，然后有效地应用这些策略达到高标准的质量、安全、设备可靠性、有效利用率和经济的资源管理。

（3）可靠性维修。可靠性维修（Reliability Based Maintenance，RBM）是继被动维修（Reactive Mode）、预防维修、预测维修之后，新发展起来的以主动维修（Proactive Maintenance）为导向的维修策略。只要以上三种维修策略相互配合好，并充分发挥各自的作用，就可以使设备获得最高可靠性。这也是称之为可靠性维修的原因。

可靠性维修是由预防维修、预测维修和主动维修有机组合而成的。可靠性维修应尽量避免被动维修，因为它导致过多的非计划停机。预防维修的采用，虽可减少计划停机，却可能造成维修过剩，因此应加以适当控制。预测维修可先采取维修措施，既减少停机，又可减少维修过剩，是值得提倡的方式，但这种维修方式却不能从根本上消除故障。主动维修却致力于从根本上消除故障隐患，延长大修周期，不断改善系统功能。

1.3.5.2 寿命周期理论广泛应用

设备寿命周期费用（Life Cycle Cost，LCC）包括设置、维持和报废处理费用。其中设置费，对于自制设备包括设备规划、设计、制造、安装、调试等费用；外购设备包括调研、招标、购置、运输、安装、调试等费用。维持费用包括设备使用、保养、能源消耗和维修费用。

国际电工委员会（IEC）在1996年的可靠性和维修技术委员会上，正式颁布了《寿命周期费用评价》标准（可信性管理/第三部分：实施指南/第三节：寿命周期费用评价。IEC300-3-3：1996），提出了LCC应用指南，指出为了促进国际上的统一，希望所有国家的相关委员会，结合本国情况接受IEC标准作为本国的法令。并成为ISO09000族质量管理和保证标准的重要组成内容[34]。

标准是由有关各方面根据科学技术成就与先进经验，共同合作起草，一致或基本上同意的技术规范或其他公开文件，其目的在于促进最佳的公众利益，并由标准化团体批准。LCC方法能作为国际标准，说明它已经成熟，有助于以规范化促进广泛应用，获取最佳效益。

1.3.5.3 现代信息技术在设备管理中的应用

现代信息技术和人工智能技术已被广泛应用于设备管理的全过程，主要技术包括：管理信息系统、决策支持系统、分布式技术、电子商务、信号处理与融合技术、人工神经网络等。

管理信息系统被广泛构筑用于设备管理的基础信息平台，现在管理信息系统的开发通常是基于微软公司的 .Net 平台或 SUN 公司与 IBM 公司主导的 J2EE 平台[35]。

电子商务技术特别是B2B交易模型被用于设备管理中联合备件采购，有利于降低设备备件管理采购成本。利用B2B电子商务进行联合采购最典型的案例就是美国汽车生产商的零部件采购，采用前向集成目录中心模式和双向集成目录中心模式[36]。

信号处理与融合技术主要应用于设备状态监测与故障诊断。信号处理与融合技术包括信息采集、信号分析、特征提取以及信号融合。信号的采集通常采用传感器进行，传感器将某些变化过程的物理量转换为电信号的形式输出以供分析。

1.3.5.4 结合其他管理理论设备管理的深入研究

目前，在企业资源计划（Enterprise Resourse Planning，ERP）、准时管理（JIT）、客户关系管理（Customer Relationship Management，CRM）、供应链管理（SCM）、制造执行系统（Manufacturing Execution System，MES）、企业绩效管理等相关的管理理论基础上，广泛地深入研究设备管理理论及其在各个部分的应用，并且将设备管理和生产管理和企业管理融合，形成一个完整的体系。

1.3.6 相关的焦点问题

设备管理在国际上的近期研究焦点包括：绿色维修、知识资产管理、全面规范化生产维护等方面。其中，对全面规范化生产维护理论和应用的研究在国内和国外基本同步，但在企业中推广还需要一定的努力。

管理信息系统在国外的研究焦点主要集中在智能决策支持系统、神经网络、面向应用的决策支持系统（Decision Support System，DSS）、数据挖掘、决策支持系统的设计方法和可扩展数据库模型等方面；在国内的研究焦点主要集中在数据挖掘、组织决策支持系统、谈判支持系统、虚拟企业信息系统、群决策支持系统、DSS模型系统建模、协同MIS、信息决策支持系统、网络化决策支持体系、智能决策支持系统、客户关系管理等方面。

ERP和SCM属于近5年来管理领域的研究焦点，业务流程是近5年来企业运作管理的研究焦点之一。这些相关领域的研究成果如何在设备管理中成功地应用，并在PMIS的开发过程中得以实现，应该引起我们设备管理专业人员的关注。

1.4 设备管理的研究方案

1.4.1 设备管理的研究目标

我们围绕3个核心问题开展研究：基于供应链管理的设备采购管理；构建设备管理综合信息平台；改造设备管理的业务流程并优化部分现场作业流程。

（1）分析当今国际国内设备管理理论和方法，探讨如何使设备管理适应新经济时代企业发展的新要求。

（2）建立以信息技术平台为基础的信息化石油化工行业设备管理新模式，包括设备运行管理、设备维修管理、设备维护管理、设备备件管理和设备采购管理。

(3) 构建设备信息化管理平台，将系统结构信息化划分，提高设备管理效率。

(4) 研究设备管理各个模块之间的数据流向，使得在设备运行、设备维护、维修的数据可以共享，完全实现数据的共享。

(5) 设计并改造 PMIS 中相关业务流程，将设备管理工作标准、规范化。

1.4.2 设备管理的研究内容

我们以设备管理的各项内容为出发点，以信息化管理为基础，供应链理论为指导，将设备管理信息系统采购功能进行完善；应用条码技术并对整个 PMIS 进行集成和构建形成 PMIS 平台；规范化设备管理过程的业务流程。

具体内容如下，不以研究的先后顺序为序。

(1) 从数据、功能、性能等方面对 PMIS 进行需求分析，其中最重要的是数据分析，数据是信息管理的基础；建立基于供应链的 PMIS 系统构架。

(2) 在设备管理系统中的建立基于供应链的采购管理，并且对采购管理的业务数据和流程进行分析，从而整合采购管理和企业业务的数据流向。

(3) 将条码技术运用在数据采集过程中。

(4) 针对改进后的设备采购管理和设备备件管理进行业务流程改造。

(5) 优化系统中的整个数据流进行分析，实现整个系统中的数据共享。

(6) 数据库设计。

(7) 系统体系结构设计与平台选择。

1.4.3 设备管理的研究方法

在 PMIS 的设计和实现过程中，必须充分实现管理信息系统的标准化和信息化。同时，因为中国企业正处在转换经营机制的变革之中，设备管理的机构、人员、职责，甚至管理对象都频繁地发生着变化[37]。为了保证已经投入使用的软件不会因为这些变化而受到太大影响，系统必须具有很好的开放性。系统分析在用户需求分析的基础上，可采用面向对象的设计思想[38]。

我们拟采取由基础理论研究到理论研究、系统构建、流程再造，即“理论—系统—应用”的循序渐进的研究方法。

第一步，广泛收集、阅读、整理与本课题相关的基础理论，重点包括两个方面：一方面是供应链理论、信息技术、管理信息系统等方面的最新理论研究成果；另一方面是设备管理方面最新理论研究成果，例如：运行管理、备件管理、维修管理，并充分掌握国内外在设备管理学科研究的最新进展。例如设备维修方面的以可靠性为中心的维修、全寿命周期费用控制与决策理论、全面规范化生产维护等广泛应用于设备管理系统等。在充分掌握国内外研究现状和发展趋势的基础上，对收集到的资料进行整理加工，去粗取精，重点吸取当今国际上具有代表性的先进理论方法和关键技术，为设备管理的下一步研究打好理论基础。

第二步，在充分消化吸收当今先进技术的基础上，进行创新性研究，主要是围绕供应链管理思想为企业设备工作实际应用的管理和方法。主要包括以下方面：一是依据设备管理现有的系统结合供应链理论，在现有的 PMIS 系统中加入采购管理模块和供应商管理内容，完善设备管理的前期管理；二是结合现代采购管理的最新发展，以现代信息技术（电子商务、管理信息系统）为支撑平台的针对不同类型设备、备件的采购策略；三是在分析现在 PMIS 工作中信息采集的弊端，将条码技术运用于数据采集工作，并把采购管理子系统、条码管理子系统和现有 PMIS 系统有机集成，并且使之成为一个整体实现数据之间的真正的共享；四是从数据库建设、数据存储、管理模块设计、数据通讯设计等关键技术的研究入手，建立规范化设备管理体系，最终构建企业设备管理信息平台。

第三步，系统应用研究。在上述理论研究、模型和平台构建的基础上，结合企业实际情况，提出基于设计结构矩阵理论的业务流程再造方法，并对现有的库存管理业务进行实例验证，这也是本书研究的主要目的——理论研究与具体实践相结合并指导实践。

通过以上三步研究，从理论研究到模型、系统构建，再到实践应用，构建出适用、高效的现代化设备管理体系，以指导国内企业的设备管理实践。

1.5 本章小结

本章阐述了设备管理的研究背景和意义，分析了国内外理论研究进展状况，介绍了研究目的、主要研究内容、研究的方法与思路。

参 考 文 献

[1] Chinho Lin, David C, Yen, David D C. Tarn. An industry-level knowledge management model -a study of information-related industry in Taiwan [J]. Information & Management, 2007, 44 (1): 22~39.

[2] 胡邦喜. 适应市场竞争需要推进信息化管理系统建设 [J]. 冶金管理, 2006 (7): 41~42.

[3] Ian Watson. Capturing and Applying Lessons Learned During Engineering Equipment Installation [J]. Lecture Notes in Computer Science, 2004 (3213).

[4] RandolPh W, Hall, Hongsheng Zhong. Decentralized inventory control policies for equipment management in a many-to-many network [J]. Transportation Research Part A: Policy and Prac-

tice, 2002, 36 (10): 849~865.
[5] Hossam A G, Hiroyuki Y, Kazuhiko S, Yukiyasu S. Computer-aided RCM-based plant maintenance management system [J]. Robotics and Computer-Integrated Manufacturing, 2003, 19 (5): 449~458.
[6] Fredrik Backlund. Managing the introduction of Reliability-Centered Maintenance, RCM (Doctoral thesis) [D]. Lulea: Lulea University of Technology, 2003.
[7] 赵晓顺, 刘淑霞, 高波, 等. 基于RCM模式的工程机械维修管理 [J]. 设备管理与维修, 2006 (1): 9~10.
[8] 何庆. 绿色设备管理与维修 [M]. 北京: 机械工业出版社, 2006: 20~24.
[9] 赵涛, 毛华, 刘曙. 设备管理理论体系与发展趋势 [J]. 工业工程, 2001, 4 (2): 2~3.
[10] 李葆文. 国外设备管理模式及发展趋势 (一) [J]. 设备管理与维修, 2000 (7): 36.
[11] [葡] A. MONTEIRO LEITE. 跨入新千年期的现代维修体系 [J]. 中国设备管理, 1999 (3): 45.
[12] 张翠凤. 设备管理与维修模式探讨 [J]. 设备管理与维修, 2000 (2): 7.
[13] 郁君平, 高志坚, 石宝明, 等. 设备管理 [M]. 北京: 机械工业出版社, 2002: 12.
[14] [美] George E. Connaughton. 北美维修技术状况 [J]. 孙宝生, 译. 中国设备管理, 2001 (6): 54.
[15] 刘小凯. 基于J2EE与Oracle的设备管理系统研究 [D]. 武汉: 武汉理工大学, 2004: 7~8.
[16] 李建, 王颖纯, 苑清敏, 等. 企业资源计划 (ERP) 及其应用 [M]. 北京: 电子工业出版社, 2004: 17~18.
[17] 徐保强, 李葆文, 张孝桐. 设备的全面规范化生产维护管理 [J]. 设备管理与维修, 2004 (10): 4~6.
[18] 李葆文. 设备管理新思维新模式 [M]. 北京: 机械工业出版社, 2003: 185~349.
[19] [丹麦] Tom Svantesson. 北欧维修指标分析和欧盟维修学会的关键指标 [J]. 设备管理与维修, 2004 (7): 45~46.
[20] 李晓明. 基于RCM的核电站维修优化研究与应用 [D]. 武汉: 华中科技大学, 2005: 7~8.
[21] 丁晓东. 基于RCM的高炉设备维修工程与实例 [D]. 上海: 上海交通大学, 2008: 46.
[22] 刘晓锋, 陆颂元. 发电设备RCM实施方法的研究与探讨 [J]. 汽轮机技术, 2005 (8): 244~247.
[23] 胡望明. 深化星级设备管理完善 "万点受控" 工程 [J]. 中国设备工程, 2003 (10): 4~6.
[24] 中国设备工程编辑部. 开展 "万点受控" 管理工程 构建设备工程品牌 [J]. 中国设备工程, 2005 (12): 38.
[25] 魏厚培, 肖永刚. TNPM+星级设备管理+万点受控实施 [J]. 中国设备工程, 2003 (4): 9~10.
[26] 胡邦喜. 以信息化建设促设备管理工作跃上新台阶 [J]. 中国设备工程, 2005 (4):

13～14.

[27] 严开勇，黄坤平，谢江华，等．设备状态点检网络化管理系统［J］．中国设备工程，2003（10）：7～9.

[28] 蔡承万．推进点检“万点受控”工程 实现“状态受控”目标［J］．设备管理与维修，2004（1）：13～14.

[29] 邓超．企业资源规划系统（ERP）规范应用指南［M］．中国生产力促进中心协会，《企业信息化技术规范》国家行业标准工作组．北京：电子工业出版社，2003：12.

[30] 朱战备，等．产品生命周期管理—— PLM 理论与实务［M］．北京：电子工业出版社，2004：5.

[31] 李葆文．国外设备管理模式及发展趋势（二）［J］．设备管理与维修，2000（8）：39.

[32] August J K. Reliability-centered maintenance effectiveness in the power industry: How much is real and how much hype [J]. 1997 (32): 347～359.

[33] Chao Tonsu, Sung Chiwu. Multi-action maintenance subject to action-dependent risk and stochastic failure [J]. European Journal of Operation Research, 2000, 125 (1): 133～148.

[34] 徐庆东．浅析寿命周期成本管理在作业设备管理中的应用［D］．北京：中国石油大学，2007：6～7.

[35] 张少华．基于 J2EE 的流程型企业设备管理信息系统研究［D］．大连：大连理工大学，2005：18～21.

[36] 王慧琴．国外著名汽车制造企业 B2B 应用模式［J］．商场现代化，2005（2）：13.

[37] 杨 丽．设备管理信息系统的设计．中国系统工程学会 2001 过程系统工程年会论文集［C］．北京：中国石化出版社，2001：171.

[38] 张敬谊，张申生，卢新明．基于 C/S 结构的面向对象设备管理系统的研究［J］．计算机工程，2002，1，（1）：236.

2 设备管理基本理论及供应链管理理论

2.1 设备管理与设备管理信息系统

2.1.1 设备管理的基本概念

设备（Plant）是指人们在生产和生活上所需的机械、装置和设施等物质资料的总称。它可供长期使用，并能在使用中基本保持原有的物质形态[1]。

设备管理（Plant Management）又称为设备工程（Plant Engineering）是指以企业生产经营目标为依据，以提高设备效能为目的，在调查研究的基础上，运用各种技术、经济和组织措施，对设备从规划、设计、选定、制造、购置、安装、调试、使用、运行、维护、修理、改造、更新直至报废的整个寿命周期中进行全过程的管理[2]。

2.1.2 设备管理理论的研究范畴

设备寿命周期一般可分为两个阶段，即前期管理与后期管理。前期称为规划工程，涉及设备的规划、设计、研发、制造、筹措、安装及试运转；后期称为维修工程，涵盖从设备使用、维修、改造、更新直至退役后再利用及报废等诸多环节的管理。

设备管理研究设备寿命周期中存在的物质运动形态和价值运动形态。近十几年的理论研究强调设备全寿命周期的概念，在设备的前期管理中涉及设备的设计、研发、制造过程的管理，考虑了设备使用单位和设备生产商之间的合作和互动。

物质运动形态指设备在使用过程中发生的磨损、疲劳、腐蚀等性能劣化。从而需要检测修复、改造和更换，直至报废处理的过程，重点研究设备的可靠性、维修性和工艺性。价值运动形态是指设备在制造产品过程中的资本转化，即将设备原有的价值和维护费通过提取折旧和计入生产费用，逐步转移到产品成本中，从而导致设备净值不断减少，重点研究设备价值转换和资金补偿、维修费用的经济性、新设备投资与设备技术改造的经济性评价等[3]。

因此，设备管理是一门研究领域十分广泛的应用科学。近年来，该应用科学得到迅速的发展，并与现代工程技术和管理科学的理论发展密切相关。

2.1.3 设备管理的内容

设备管理是以企业生产经营目标为依据，以设备为研究对象追求设备寿命周期费用最经济和设备效能最高为目标，应用一系列理论、方法，如系统工程学、价值工程学及设备磨损、补偿理论、设备可靠性和维修理论、设备监测和诊断方法、综合管理的方法等，通过一系列技术、经济组织措施，对设备的物质运动和价值运动进行从规划、设计、制造、选型、购置、安装、使用、维护、修理、改造、更新直至报废的全过程的科学管理[4]。

设备管理是一门集技术科学、管理科学和经济学三方面理论于一体的综合性很强的应用技术学科，其基础理论涉及到信息论、系统论、控制论、运筹学、管理经济学，故障物理学、摩擦学、可靠性工程、组织行为学、人-机工程学等许多领域。

由于设备本身的不断发展，对设备管理的内容也有相应的扩充，这种扩充不仅体现在设备管理的具体职能上，而且体现在新的设备管理手段和管理模式的应用上。总体来说，可划分为规划决策、设计制造或选型采购、安装调试、初期管理、使用维修、备件管理等。在设备管理的每个阶段都融合了技术管理和经济管理，是设备一生全过程的管理。

2.1.4 体现综合管理思想的设备管理

目前，国际上集中体现综合管理思想的设备管理模式主要有[5]：

（1）后勤工程管理（Logistics Engineering and Management）。

在工业、商业上的定义为：材料流通、产品分配、运输、采购、存储、设备维护及技术服务的管理。

（2）全员生产维修（Total Productive Maintenance，TPM）。

TPM 诞生于 20 世纪 70 年代初期的日本，又称全员参加的生产维修管理体制。通过对设备的一生进行点检监测，制定点检检修计划，从而达到以最经济的维修费用和最少的故障机会，保证设备的正常运转系统的目标，它强调从领导者到生产第一线职工全体参加，并且要求各个部门分工明确职权统一[6]。

TPM 的主要概念是通过小组，将维修与生产结合在一起，交流技术和开展一定的活动。将维修与生产融合，是 TPM 的核心[7]。

随着 TPM 在全世界的推广，在国际上出现了两种值得注意的倾向。一方面 TPM 的内容在不断地丰富和完善，目标的要求也越来越高；另一方面 TPM 在各国被改造，逐渐趋向于本地化[8]。

（3）设备综合管理（Integrierte Anlagen-Wirtschaft）。

运用现代科学技术、管理理论和管理方法，对设备寿命周期（从规划、设计、制造、购置、安装、使用、维护、修理、改造、更新到报废）全过程，从技术、经济和经营管理等方面进行综合研究和管理，以提高设备综合效率和追求寿命周期费用的经济性为目标，从而为提高企业经济效益服务[9]。

（4）以可靠性为中心的维修。

RCM 属于第三代维修管理中具有代表性的模式[10]。这一设备管理模式强调以设备的可靠性、设备故障后果作为制定维修策略的主要依据。其定义是根据设备的可靠性状况，以最少的维修资源消耗，运用逻辑决断分析法来确定所需的维修内容、维修类型、维修间隔期和维修级别，制定出预防维修大纲，从而达到优化维修的目的。

2.1.5 设备管理信息系统

设备管理信息系统（Plant Management Information System，PMIS）是以设备为管理对象的管理信息系统（Management Information System，MIS）。

2.1.5.1 管理信息系统（MIS）

1985 年，美国明尼苏达大学的 G. B. Davis 在他的经典著作《管理信息系统》中给出了普遍为人们所接受的 MIS 定义：“MIS 是一个利用计算机软硬件、手工作业、分工计划、控制和决策模型以及数据库技术的人-机系统。它能提供信息，支持企业或组织的运行、管理和决策功能。”[11]

2.1.5.2 设备管理信息系统（PMIS）

PMIS 是企业 MIS 的一个重要组成部分。设备管理信息系统模式大体上分为两种：一是客户机/服务器模式（Client / Server，C/S）；二是 Web 浏览器 / 服务器模式（Browser / Server，B/S）。目前，常用的数据库有支持单机的 dBase、Paradox 数据库和 Oracle、Sybase、SQL Server 等关系数据库。常用的开发数据库应用软件工具很多，如：Visual C ++ 、Delphi、PowerBuilder、Visual Basic、Visual Fox-Pro 等。

2.1.5.3 设备管理信息系统中的子系统

设备管理信息系统是设备寿命周期的信息化管理系统。其中，包括设备前期管理、设备档案管理、设备维护管理、设备运行管理、设备备件管理、设备维修管理等子系统[12]。各个子系统之间的相互联系如图 2-1 所示。

设备管理信息系统的各子系统相对独立，各子系统之间通过设备编号联系起来。为了使设备管理信息系统规范化和标准化，设备编号规则要有较强的可扩充性和可扩展性。

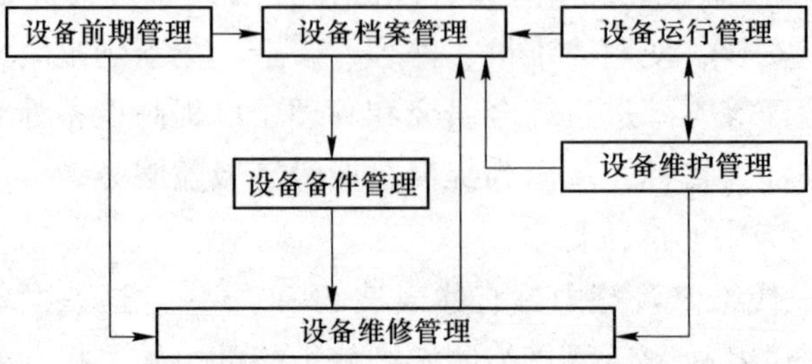

图 2-1　PMIS 各子系统的关系图

2.2　设备管理基本原理和理论

2.2.1　设备运行管理与故障管理基本原理

企业中的设备是为满足某种生产对象的工艺要求或为完成工程项目的预计功能而配备的。设备的技术性能及其状态如何，体现着它在生产经营活动中存在的价值和对生产的保证程度。

2.2.1.1　设备状态管理

所谓设备的状态是在用设备所具有的性能、精度、生产效率、安全、环境保护和能源消耗等技术状态。一般地说，设备在实际使用中经常处于三种技术状态：一是完好的技术状态，即设备性能和精度处于正常可用的状态；二是故障状态，即设备的主要性能已丧失的状态；第三种状态是处于上述两者之间，即设备已出现异常、缺陷，但尚未发生故障，这种状态有时称为故障前状态。

设备的技术状态管理就是指通过对在用设备（包括封存设备）的日常检查、定期检查（包括性能和精度检查）、润滑、维护、调整、日常维修、状态监测和诊断等活动所取得的技术状态信息进行统计、整理和分析，及时判断设备的精度、性能、效率等的变化，尽早发现或预测设备的功能失效和故障，适时采取维修或更换对策，以保证设备处于良好技术状态所进行的监督、控制等工作。

2.2.1.2　设备状态诊断

故障诊断需根据监测系统提供的信息，对当前工况状态及其发展趋势做出确切的诊断[13]。设备状态诊断技术（Machine Condition Diagnosis Technique）是一种通过监测设备的状态参数，发现设备异常情况，分析设备故障原因，并预测预报设备未来状态的一种技术。

其基本功能是在不拆卸或基本不拆卸设备的情况下，掌握设备运行现状，定量地检测和评价设备的以下状态：1）设备所承受的应力；2）强度和性能；3）故障和劣化；4）预测设备的可靠性。在设备发生故障的情况下，对故障原因、故障部位、危险程度进行评定，并确定正确的修复方法。

设备状态诊断技术的基本原理如图 2-2 所示[14]。它包括信息库和知识库的建立，以及信号检测、特征提取、状态识别和预报决策等 4 个工作过程。

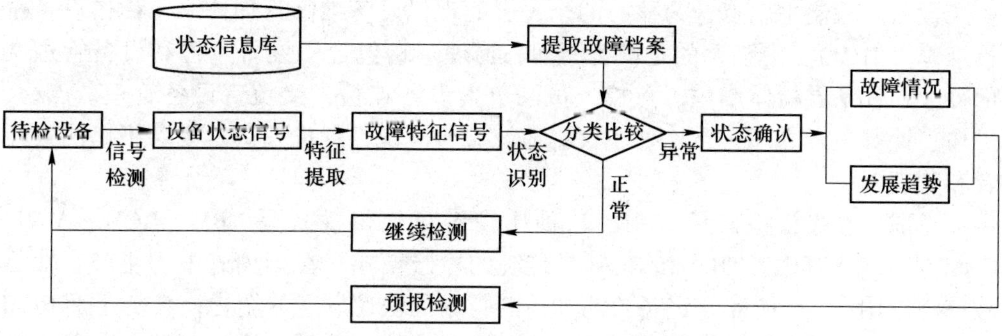

图 2-2　设备状态诊断技术的基本原理

2.2.1.3　设备故障管理

设备故障一般定义为：设备（系统）或零部件丧失其规定性能的状态。在现代化生产中，由于设备结构复杂，自动化程度高，各部分、各系统的联系非常紧密，因而如果设备出现故障，哪怕是局部的失灵，都可能造成整个设备的停顿，整个流水线、整个自动化车间的停产。所以说，设备的故障直接影响企业产品的数量和质量。

设备故障的发生发展过程都有其客观规律，研究故障规律对制定维修对策，以致建立更加科学的维修体制都是十分有利的。设备故障率随时间推移的变化规律称为设备的典型故障率曲线，如图 2-3 浴盆曲线所示。该曲线表明设备的故障率随时间变化大致分为 3 个阶段：早期故障期、偶发故障期和耗损故障期[15]。

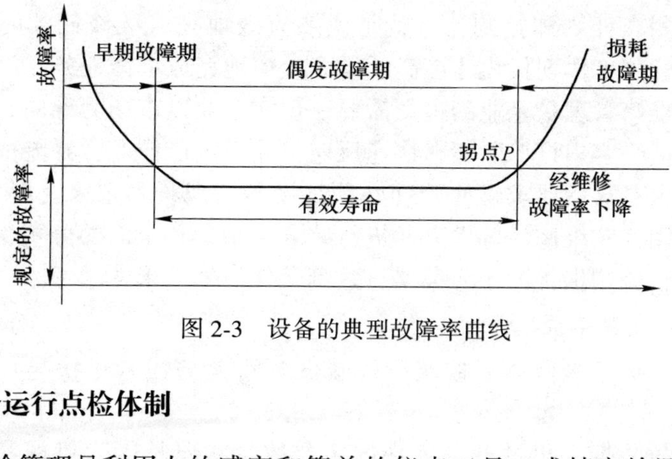

图 2-3　设备的典型故障率曲线

2.2.2　设备运行点检体制

设备点检管理是利用人的感官和简单的仪表工具，或精密检测设备和仪器，按照预先制定的技术标准，定人、定点、定量、定标、定路线、定周期、定方法、定检查记录，施行全过程对运行设备进行动态检查。它是一种及时掌握设备运行状态，指导设备状态检修的一种严肃的科学管理方法[16]。

设备点检制是以点检为核心的、先进的现代设备维修管理体系，称作设备全员维修（TPM），它强调的是设备的动态管理。它包含了设备点检和设备管理两部分。在设备点检体制中，点检人员既负责设备点检，又负责设备管理。点检、操作、检修三者之间，点检处于核心地位。所以说，点检人员是设备维修的责任者和管理者[17]。

目前，在设备检修模式中，几种比较常见检修模式是 TBM、RCM、ACM、CBM [18~20]。其中，TBM 和 RCM 是传统的检修模式，在国内外电力生产企业已被广泛应用[21]；ACM 是设备检测和诊断技术的快速发展的产物，它是介于 RCM 与 CBM 之间的过渡检修模式；CBM 代表设备检修的发展方向和趋势，目前尚处于研究与试用阶段，还未得到较为普遍的应用。

2.2.3 设备维修管理

2.2.3.1 基本内涵

所谓维修管理是为了有效的实现维修目的所进行的组织、计划和控制工作。亦即把构成为维修系统的人、财、物合理的配置和协调起来，根据维修的目的和任务来制定和选择最佳计划和方案，实行最有效的指挥和控制，进行合理的组织，以充分发挥人力、财力、物力的作用，在最短的时间内达到维修目的[22]。

现代维修管理是完成任务的关键。现在设备性能越来越先进，其结构越来越复杂，对其维修便是部门较多、分工细致、技术难度大、要求严格的工程技术工作：一是协调各部门，各人员之间的关系，即组织工作。二是对维修全过程的各项工作进行预测、计划和控制，也就是说要有效地完成维修任务的关键在于管理，而只有使管理工作现代化才能高质量高效率地完成维修任务。

现代设备维修管理是企业的迫切需要。现在企业以市场为导向，以经济效益为指针，要求接受客户订单后能够快速反应，连续生产作业，并能适应各种生产任务的不同需求。这就要求维修管理必须从设备的现状和未来发展、维修质量、维修效率、可用性和维修性等多方面进行综合、系统和全面的分析，进行定性定量的科学分析，选用最优的维修策略，达到最佳维修效果[23]。

2.2.3.2 设备不同阶段的维修策略

一般而言，设备维修体系按照设备服役时间（磨损老化状况）采用不同的维修策略[24]。

设备初始故障期，机械部分表现的主要故障状况是因为机械零件配合、啮合、对中、平衡、紧固、位置调整、表面粗糙、装配、匹配、安装、基础、水平等缺陷引起的问题，这些问题的解决主要是根据实际原因及时处理，如调整角度、调整距离、找准等方式解决。电子、电气部分主要是因为元器件的老化不良、接触不良、接地不当、电路电压等因素造成，需要通过时效、检查接线、接地状况和电压参数来找出问题加以解决。在此期间，主要采用的维修策略是检查、记录、原因分析和调整。

设备偶发故障期，机械故障主要因为灰尘、松动、润滑问题引起，而润滑问题多因为尘土进入润滑系统造成润滑介质泄露以及润滑不良引起。电子、电气故障往往因为外部的冲击和影响造成，如雷击、短路、电网不稳定引起的突然超负荷或者低负荷、尘土覆盖散热不良、绝缘烧毁等。操作失误、维修失误也是造成偶发故障的原因。因此，在设备的偶发故障期，对设备的清扫、紧固和润滑是最主要的；对电子、电气部分要注意冷却、散热、除尘、绝缘和屏蔽保护。其次，规范员工操作，减少运行差错、规范维修行为、制订维修工艺规则、减少维修失误也很重要。

设备耗损故障期，机械故障主要是因为长时间使用引起的机械磨损、材料老化、疲劳断裂、变形、脆性断裂所致；而电子、电气部分的问题则主要是因为接触点的变化和电参数的变化引起，如电阻、电容、电感、内部数字程序变化引起。因此，在耗损故障期，应侧重对设备修复性的主动维修。如机械损坏部分的换件，几何尺寸的机械恢复，如刷镀、喷涂，电子器件以及损坏的机械零件更换等。

2.2.4 设备备件管理

2.2.4.1 备件定义

在设备维修工作中，为缩短修理的停歇时间，根据设备磨损规律和零件的使用寿命，将设备中容易磨损的各种零、部件，事先加工、采购和储备好。企业中一切机械、电气、仪表维修使用的零部件都称为配件。准备在急用时更换而储备的成台设备或其辅机称为备品、合格备品配件，简称为备件[25]。

备件管理虽然不直接参与生产环节，但却是保证生产顺利进行不可或缺的。随着现代化大生产的发展，备件管理在整个企业生产活动中所占的比例越来越大，备件占用的资金和备件管理消耗的资金在企业流动资金中的比例也在逐年攀升。备件管理的目标是在保证提供设备维修需要的备件，提高设备的使用可靠性、维修性、经济性的前提下，尽量减少库存和备件资金，即使设备计划修理的停机时间和修理费用降到最低；由设备突发故障所造成的施工生产停机损失降到最低；将备件储备压缩到合理供应的最低水平，将备件的采购、保管费用压缩到最低水平[26]。

2.2.4.2 备件管理的主要内容

备件管理工作是企业设备管理的主要工作之一，是缩短设备检修时间和提高设备完好率的重要保证。备件管理是指对备件的计划制造（自制和外购）、储备、供应等环节进行决策、组织、协调、核算的过程[27]。其任务是保证设备能够高效经济的运转，其目的是减低备件的消耗，达到最少的库存量，减少成本，提高资金的周转。备件管理的工作分为以下几个方面。

(1) 备件的技术管理。

备件的技术管理指技术基础资料的收集与技术定额的制订工作。具体包括：备件图纸的收集、测绘、整理、备件图册的编制；各类备件统计卡片和储备定额等基础资料的设计、编制及备件卡的编制工作。

(2) 备件的计划管理。

备件的计划管理指备件由提出自制计划或外协、外购计划到备件入库这一阶段的工作，可分为：1）年、季、月自制备件计划；2）外购备件年度及分批计划；3）铸、锻毛坯件的需要量申请、制造计划；4）备件零星采购和加工计划；5）备件的修复计划。

(3) 备件库存管理。

备件的库房管理指从备件入库到发出这一阶段的库存控制和管理工作。具体包括：备件入库时的质量检查、清洗、涂油防锈、包装、登记上卡、上架存放；备件收、发及库房的清洁与安全；订货点与库存量的控制；备件的消耗量、资金占用额、资金周转率的统计分析和控制；备件质量信息搜集等。

(4) 备件的经济管理。

备件的经济管理包括经济核算与统计分析。备件的经济核算与统计分析工作包括：备件库存资金的核定、出入库账目的管理、备件成本的审定、备件消耗统计和备件各项经济指标的统计分析等。经济管理应贯穿于备件管理的全过程，同时应根据各项经济指标的统计分析结果来衡量检查备件管理工作的质量和水平，总结经验，改进工作。

2.3 供应链管理思想概述

供应链管理（Supply Chain Management，SCM）这一术语最初是由咨询人员于20世纪80年代初提出的，并很快得到了推广[28]。从80年代起，学者们就开始试图给出供应链管理的构架[29,30]。从以上研究出发，企业管理学中逐渐发展了供应链管理的理论和方法。

供应链管理最初的论文是1983年和1984年发表在《哈佛商业评论》上的两篇论文[31,32]。关于供应链的定义有多种不同的表述。在2000年的全球供应链论坛（Global Supply Chain Forum，GSCF）上将供应链定义为“为消费者带来有价值的产品、服务以及信息的，从源头供应商到最终消费者的核心企业流程的集成（the integration of key business processes through original suppliers that provide products, Services and information that add value for customers and other stakeholders.）”[33]。

在20世纪90年代，许多生产和服务提供商希望通过加强和供应商的合作来提高采购和供应的管理水平，使得通常的采购和供应管理整合为新的供应链管理的一部分。由于这种“供应链”管理的着眼点主要集中在工业制造商的采购和供应上，通常将他们定义为采购和供应的供应链管理[34~36]。与此同时，许多批发商和零售商也通过整合他们的配送和物流渠道来构建运输和物流角度的“供应链”以提高自己的竞争力。在过去十年里，这两种不同角度的“供应链”管理经过各自的发展最后合并为一个完整的战略高度的供应链，其涵盖了制造、原材料和物流的各个方面，就是现在通常意义上的供应链管理（SCM）。如图2-4所示[37]。

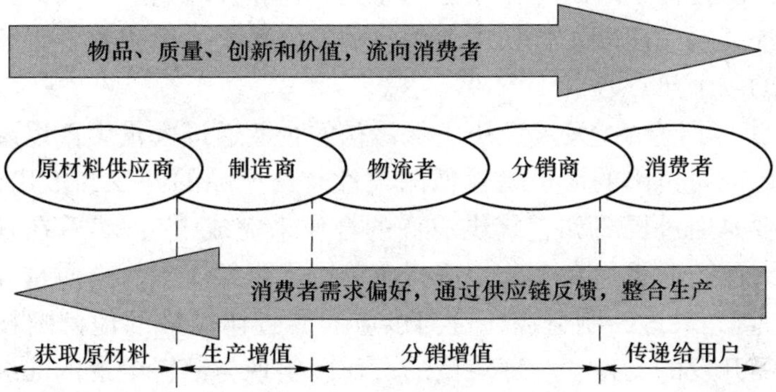

图2-4　供应链构造模型

在整个供应链发展过程中，由于人们对供应链管理的认识逐渐深入，因此在不同发展阶段对供应链管理存在多种不同的定义，如早期Harland等对供应链管理的定义为：管理商业活动和联系，包括：（1）组织内部的；（2）和直接供应商之间的；（3）和沿着供应链第一、第二级供应商、客户的；（4）和整个供应链的联系[38]。

而Scott和Westbrook则把供应链管理描述为：将从原材料到最终用户的所有制造和供应环节中所有元素链接起来的链的管理，其范围超出了组织的界线[39]。按照这个定义，供应链管理包含了整个价值链和从原材料的提取到满足最终用户的所有物流的管理。Baatz更进一步的将之拓宽到包含循环和再利用[40]。此时期研究的供应链管理的重点在于如何有效地利用供应商们的流程、技术和能力来提高产品的竞争力[41,42]，以及企业组织内部的制造、物流和原材料的协调管理[43,44]。他们认为当供应链上所有的节点企业的战略得到有效的整合并且发挥单一整体的作用的时候，整个供应链系统的效能就能够得到提高。

在实际操作过程中，从技术上讲由于价值链是如此的复杂以至于很难完全整合链上所有的商业实体以通过供应链的管理来获得收益。这导致了 Houlihan 对供应链的一个较为狭义的定义：在组织内部整合不同的职能领域以提高从直接供应商经制造和配送到达最终用户的产品流动[45]。在这一领域的研究主要集中在利用直接供应商的能力和技术来提高制造商的生产效率上，如通过在产品设计早期将供应商引入等。

随着管理水平和制造技术工艺的提高，制造环节的可压缩成本日益减少，物流环节的成本节省日益受到供应链管理的重视。于是，New 和 Payne 等在研究中将供应链的研究重点扩展为重视整个销售和零售体系的整合，强调物资配送渠道和物流整合的重要性[46,47]，而这可能是 Supply Chain Management 这个名词首次正式被提出。在这一领域的相关文献中[48,49]，其研究重点所强调的是最终产品到最终用户间的运输渠道的优化以达到缩减库存和提高响应时间，如通过信息技术的应用来提高响应速度。直到现在，整个物流系统的优化和管理仍然是供应链管理研究中的一个热点。

总体来说，供应链的发展经历了从最初的企业通过大量生产以降低单位产品的成本，与此同时付出的代价是较低的柔性和新产品的开发和推出十分的缓慢，这一时期主要是通过提高和直接供应商的合作来完成[50]；然后在日益激烈的国际竞争中，跨国企业被迫在工艺上进行改革以提供低成本、高质量和更大柔性的产品[51,52]；直到最近，制造商通过与供应商的合作以借助他们的技术和力量来加强对新产品开发的支持、与零售商的合作以实现与销售渠道的无缝整合，在这一时期出现了许多新技术，如交叉库存（Cross-docking）、虚拟仓储、联合库存等[53~55]。

2.4 采购管理原理及理论

2.4.1 采购管理的发展

人们对采购产生兴趣是在 20 世纪。但早在 1900 年之前，第一本专门针对采购的书——《铁路用品的解决对策——采购与处置》（The Handling of Railway Supplies- Their Purchase and Disposition）在 1887 年出版。它的作者是芝加哥和西北铁路公司的管理人员马歇尔·柯克曼（Marshall M. Kirkman）[56]。到了 1915 年，关于采购的书已经出现了几本，并且有几篇论文在贸易出版物（主要是工程期刊）上发表[57]。

20 世纪五六十年代，采购职能所应用的技术更加先进，受过专门训练的人越来越多，他们更有能力做出合理的采购决策，采购职能在企业中所占的地位也日益提高。很多企业把首席采购官（Chief Purchasing Officer，CPO）提升到最高管理层，设置的头衔也多种多样，如采购副总裁、物料主任或者采购与供应副总裁等[58]。

90年代以后，在大多数企业中采购物料和服务的成本都大大超过劳动力或其他成本。要想成功地与国内和国际上的企业竞争，就必须有一个有效益和效率的采购部门。所以，改进采购职能才可以长久性的控制成本。进入21世纪，新的采购方式反映了企业经营的重点已转向注重质量和供应商的作用，与供应商的关系从保持一定距离变为更紧密的合作。

2.4.2 采购与采购管理及其内容

采购是企业经营的一个重要环节，随着市场经济的发展、技术的进步、竞争的日益激烈，采购已由单纯的商品采购发展成为一种职能，一门专业，一种可为企业节省成本、增加利润、获取服务的资源。

2.4.2.1 采购的涵义

狭义的采购是指限于以购买的方式，由买方支付对等的代价，向买方换取物品的行为过程。广义的采购是指除了以购买的方式占有物品之外，采用租赁、借贷和交换等各种途径取得商品及劳务的使用权或所有权的过程[59]。采购是一种活动，是为完成指定的采购任务而进行具体操作的活动。

2.4.2.2 采购管理

采购管理就是指为保障企业物资供应而对企业采购进货活动所进行的管理活动，是对整个企业采购活动的计划、组织、指挥、协调和控制活动[60]。采购管理是管理活动，是面向整个企业的，不但面向企业全体采购员，而且也面向企业其他人员（进行有关采购的协调配合工作）。

2.4.2.3 采购管理的内容及过程

采购作业流程体系是涵盖从采购技术的制订、供应商的认证、合同签订与执行，到供应商管理的全部过程。采购管理的基本内容，如图2-5所示[61]。

首先，购买方要寻找相应的供应商，调查其产品在数量、质量、价格、信誉等方面是否满足购买要求；其次，在选定了供应商后，以订单的方式传递详细的购买计划和需求信息，并商定结款方式，以便供应商能够准确地按照客户的性能指标进行生产和供货；最后，定期对采购物料的管理工作进行评价，寻求高效率的采购流程创新模式。

2.4.3 电子商务和电子采购

传统的采购活动涉及大量的文书工作。这种文书工作在各个职能部门之间传

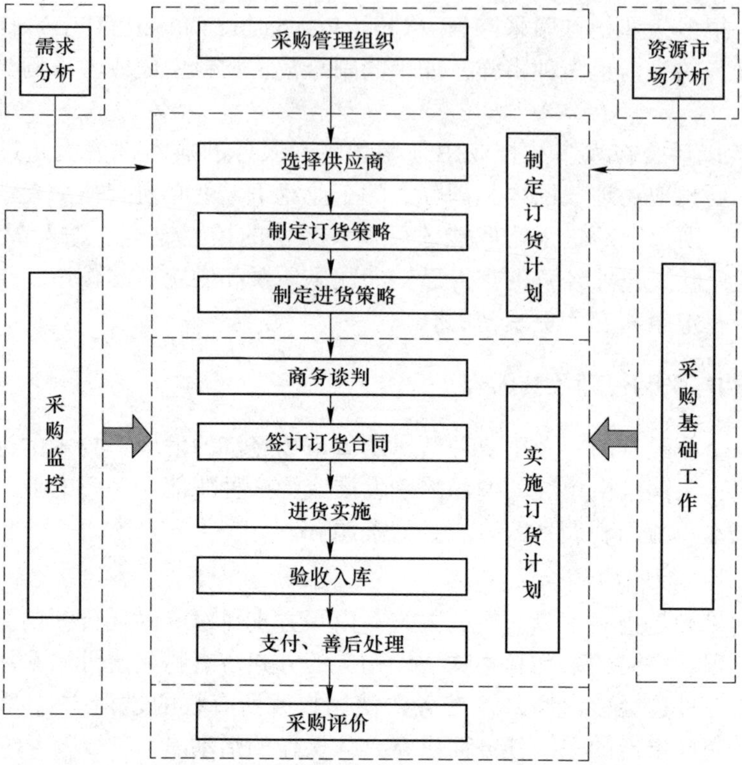

图 2-5　采购管理内容示意图

递信息。信息技术以及更加集成化的软件系统的出现，从根本上改变了人们的生活，Internet 为电子采购提供了更多的机会，也使新的采购方法成为可能[62]。

2.4.3.1　电子商务概念及分类

电子商务是指在 Internet 上通过电子手段进行的商业贸易活动[63]。

狭义的电子商务（Electronic Commerce，EC）称为电子交易，主要指借助于计算机网络进行网上交易活动，即在网上实施展示、查询、订货、促销、销售、转账、清算、服务等。广义的电子商务（Electronic Business，EB）是指包含电子交易在内的，通过 Internet 进行的各种商务活动，不仅包括企业之间、企业与个人之间的商务活动，而且还包括企业内部各部门之间发生的一切商务活动[64]。

电子商务的一个重要技术特征是利用 Web 的技术来传输和处理商业信息，电子商务不仅仅是买卖，也不仅仅是软硬件的信息，而是在 Internet、企业内部网（Intranet）和企业外部网（Extranet），将买家与卖家、厂商和合作伙伴紧密结合在了一起，消除时间与空间带来的障碍，从而实现商品和服务交易管理等活动全过程的无纸化和在线交易[65]。

2.4.3.2 电子采购

电子商务采购简称电子采购（E - Procurement），是利用网络和信息技术为采购人员提供一个快速降低采购成本和规范行为的工具系统。借助电子商务采购，采购人员通过 Internet 在全球范围内实时地同其他供应商进行通信和交易[66]。电子采购是以计算机技术、网络技术为基础，电子商务软件为依据，Internet 为纽带，EDI 电子商务支付工具及电子商务安全系统为保障的即时信息交换与在线交易的采购活动[67]。所谓电子采购就是用计算机系统替代传统的文书系统，通过网络支持完成采购工作的一种业务处理方式，也称为网上采购[68]。

电子采购是 20 世纪 90 年代中期从电子数据交换发展而来。电子采购实际产生于 20 世纪 90 年代后期，最初仅是以电子目录为基础的一对一式的提供办公用品的采购和服务。随着计算机管理软件的发展，覆盖面广，功能强大的综合电子采购平台出现后，电子采购才广泛用于各个采购企业[69]。

2.4.3.3 电子采购的优势

国际互联网和企业内网使得企业的沟通方式发生了根本性的改变。电子商务是以电子化的方式将企业业务流程规则嵌入企业和顾客之间、企业和供应商之间的交易活动。电子商务支持企业内外部商务经营，支持企业与外部市场之间的联系，支持内部的职能、流程与操作。电子商务仍是商务，重视关系，即客户、供应商、经销商等一切顾客之间的价值交换。目前，电子采购综合了供应链管理思想以及 IT 技术和平台的采购行为化流程。电子采购不同于电子商务，前者是一种集成供应链策略，注重后台客户；后者是一种面向大众的网上交易方式，注重前台客户。

电子采购比传统采购的优越性：

（1）有效的商品选择过程。传统采购由于信息来源的多样性，如报纸、电视、熟人等都很浪费时间，以最低向 3 家供应商询价和选择商品为例，都需要至少 2 天时间。而 Internet 的开放性使购买者和供应商之间建立一种协调关系，以较低成本挑选物美价廉的产品，保证企业的利益。

（2）降低了采购费用。在传统采购中，要支付许多差旅费、交通费、电话费、传真费、文印费和各种会议费。而使用电子采购，这些费用普遍大大降低或者不再需要支付。

（3）加速采购过程。复杂的手工审批、庞大的评标组织、过长的采购和订货周期削弱了企业的竞争力。而在电子采购中，网上提交采购申请、审批、招投标、支付等极大地加速了采购过程。

（4）大大降低企业的库存。电子采购把洽谈订货、送货配送和生产过程无缝地整体地连贯地衔接起来，避免了在传统采购过程中经常发生的盲目采购、超前采购、重复采购或非需求性采购。

(5) 与供货企业形成长期战略合作伙伴关系。电子采购促进采购商和供货商间的协同关系，而非传统采购模式下的相互对立的关系。电子采购加强双方的业务联系，实现技术合作，使供求双方更好地成为利益共同体，提升整个产业链的竞争优势。

2.5 本章小结

本章概述了设备管理、供应链管理的基础理论和管理模式，然后分别论述了设备运行、维修及备件管理的基本理论和方法。在后续的章节中将以此为基础，从不同的侧面、运用不同的方法深入分析 PMIS，并在此理论基础上对 PMIS 的管理模型进行完善和改良。

参考文献

[1] 林允明．设备管理［M］．北京：机械工业出版社，2000：1.

[2] 郑国传．设备管理与维修工作手册［M］．长沙：湖南科学技术出版社，1989：3~4.

[3] 赵涛，钟瑛．全员生产维护管理体系的开发与实施［J］．工业工程，1999，2（3）：25.

[4] 李德源，杨华龙．现代设备经济管理［M］．北京：人民交通出版社，2000：1~2.

[5] 李葆文．国内外设备管理状况与发展趋势．第四届全国现代设备管理及应用技术研讨会交流论文集［C］．北京：中国设备管理协会，2005：1.

[6] 恽江锋，钟远晖，严洪森．基于 TPM 的设备管理系统的分析与实现．2002 年中国机械工程学会年会论文集［C］．北京：中国机械工程学会，2002：2709.

[7] ［英］Ashraf W. Labib. 维修决策分析的新概念［J］．胡安定，译．中国设备管理，2001（3）：53.

[8] 李葆文．全面生产维护——从理念到实践［M］．北京：冶金工业出版社，2000：174.

[9] 徐杨光．设备工程与管理［M］．上海：华东化工学院出版社，1992：15.

[10] 张世龙，杨晓论，孙仕华．浅析 RCM 技术在测控设备管理工作中的应用问题．中国宇航学会发射工程与地面设备专业委员会学术会议论文集［C］．北京：中国宇航学会，2003：204.

[11] 王景光．信息系统应用原理［M］．北京：机械工业出版社，2005：21.

[12] 吴红梅．以生产管理为核心的企业资源计划中设备管理信息系统的研究［D］．北京：北京科技大学，2007：26~27.

[13] 贾民平．机械故障诊断学的理论及其应用　第一讲　故障诊断的意义及研究发展概况［J］．机械制造与自动化，1999（1）：44~47.

[14] 赵艳萍，姚冠新，陈骏．设备管理与维修［M］．北京：化学工业出版社，2004：126~127.

[15] 王汝杰，石博强．现代设备管理［M］．北京：冶金工业出版社，2007：90~93.

[16] 张孝桐，孙金城，李葆文．规范化的设备点检体系［M］．北京：机械工业出版社，

2006：11~14.

[17] 张俊杰．设备点检工程［M］．北京：冶金工业出版社，1992：10~50.

[18] David W Dean. 设备维修50年的历史教训［J］．设备管理与检修，2004（11）：44~46.

[19] Geert Waeyenbergh，Liliane Pintelon. Maintenance concept development：A case study［J］. International Journal of Production Economics，2004，6（3）：395~405.

[20] Waeyenbergh G，Pintelon L. A framework for maintenance concept development［J］. International Journal of Production Economics. 2002，77（3）：299~313.

[21] 朱洪波，魏少岩，闵勇．火电厂检修管理模式的现状与发展趋势［J］．中国电力，2004，37（4）：21~24.

[22] 张金隆，王林，鲍玉昆，等．一种面向连续生产的设备管理决策支持系统［J］．武汉理工大学学报，2003，25（3）：121~125.

[23] 黄成果．设备维修策略模型分析与决策支持［D］．武汉：华中科技大学，2006：4~5.

[24] 李葆文，徐保强．规范化的设备维修管理——SOON［M］．北京：机械工业出版社，2006：128~130.

[25] 邵泽波，陈庆．机电设备管理技术［M］．北京：化学工业出版社，2004：121~124.

[26] 陈焕茂，王蕾，张晓亮．工程机械备件管理［J］．工程机械与维修，2005（13）：92~93.

[27] 张尚中．冶金地下矿山设备管理［M］．北京：中国标准出版社，1996：73~80.

[28] La Londe，Bernard J. Supply Chain Evolution by the Numbers［J］. Supply Chain Management Review，1998，2（1）：7~8.

[29] Graham C. Stevens. Integration of the Supply Chain［J］. International Journal of Physical Distribution and Logistics Management，1989，19（8）：3~8.

[30] Denis R. Towill，Mohamed M. Naim，Wikner J. Industrial Dynamics Simulation Models in the Design of Supply Chains［J］. International Journal of Physical Distribution and Logistics Management，1992，22（5）：3~13.

[31] Kraljic Peter. Purchasing must become supply management［J］. Harvard Business Review，1983，5：109~117.

[32] Shapiro Roy D. Get leverage from logistics［J］. Harvard Business Review，1984，3：119~127.

[33] Lambert D M，Cooper M C. Issues in Supply Chain Management［J］. Industrial Marketing Management，2000，29（1）：65~83.

[34] Tan K C，Handfield R B，Krause D R. Enhancing firm's performance through quality and supply base management：an empirical study［J］. International Journal of Production Research，1998，36（10）：2813~2837.

[35] Tan K C，Kannan V J，Handfield R B. Supply chain management：supplier performance and firm performance［J］. International Journal of Purchasing and Materials Management，1998，34（3）：2~9.

[36] Tan K C，Kannan V J，Handfield R B，et al. Supply chain management：an empirical study of

its impact on firm performance [J]. International Journal of Operations and Production Management, 1999, 19 (10): 1034~1052.

[37] 孙元欣. 供应链管理原理 [M]. 上海: 上海财经大学出版社, 2003: 3~5.

[38] Harland C M, Lamming R C, Cousins P D. Developing the concept of supply strategy [J]. International Journal of Operations and Production Management, 1999, 19 (7): 650~673.

[39] Scott C, Westbrook R. New strategic tools for supply chain management [J]. International Journal of Physical Distribution and Logistics Management, 1991, 21 (1): 23~33.

[40] Baatz E B. CIO 100-Best practices: the chain gang [J]. CIO, 1995, 8 (19): 46~52.

[41] Farley G A. Discovering supply chain management: a roundtable discussion [J]. APICS-The Performance Advantage, 1997, 7 (1): 38~39.

[42] Farmer D. Purchasing myopia-revisited [J]. European Journal of Purchasing and Supply Management, 1997, 3 (1): 1~8.

[43] Lee H L, Tang C S. Variability reduction through operations reversal [J]. Management Science, 1998, 44 (2): 162~172.

[44] Lee H L, Billington C. The evolution of supply-chain-management models and practice at Hewlett-Packard [J]. Interfaces, 1995, 25 (5): 42~63.

[45] Houlihan J B. International supply chain management [J]. International Journal of Physical Distribution and Logistics Management, 1987, 17 (2): 51~66.

[46] New S J, Payne P. Research frameworks in logistics: three models, seven dinners and a survey [J]. International Journal of Physical Distribution and Logistics Management, 1995, 25 (10): 60~77.

[47] New S J. The scope of supply chain management research [J]. Supply Chain Management, 1997, 2 (1): 15~22.

[48] Christopher M. From brand values to customer value [J]. Journal of Marketing Practice: Applied Marketing Science, 1996, 2 (1): 55~66.

[49] Christopher M, Magrill L, Wills G. Educational development for marketing logistics [J]. International Journal of Physical Distribution and Logistics Management, 1998, 28 (4): 234 ~241.

[50] Fernie J. International comparisons of supply chain management in grocery retailing [J]. The Service Industries Journal, 1995, 15 (4): 134~147.

[51] Inman R A, Hubler J H. Certify the process, not just the product [J]. Production and Inventory Management Journal, 1992, 33 (4): 11~14.

[52] Jancsurak J. Supplier certification gaining ground [J]. Appliance Manufacturer, 1992, 40 (5): 32~37.

[53] Morgan J, Monczka R M. Supplier integration: a new level of supply chain management [J]. Purchasing, 1996, 120 (1): 110~113.

[54] Ragatz G L, Handfield R B, Scannell T V. Success factors for integrating suppliers into new product development [J]. Journal of Production Innovation Management, 1997, 14 (3):

190 ~202.
[55] Manuel P B, Cohen M A. The stabilizing effect of inventory in supply chain [J]. Operation Research, 1998, 46 (3): 72~83.
[56] Harold E. Fearon. The Purchasing Function within Nineteenth Century Railroad Organizations [J]. Journal of Purchasing, 1965, 8: 18~30.
[57] Harold E. Fearon. Historical Evolution of the Purchasing Function [J]. Journal of Purchasing, 1968, 2: 43~59.
[58] [加] 利恩德斯, [美] 费伦, 等. 采购与供应管理（原书第12版）[M]. 赵树峰, 译. 北京: 机械工业出版社, 2003: 2.
[59] 董千里. 采购管理 [M]. 重庆: 重庆大学出版社, 2008: 2~3.
[60] 李明奎, 王生平. 采购管理简单讲 [M]. 广州: 广东经济出版社, 2006: 2~3.
[61] 王槐林. 采购管理与库存控制 [M]. 北京: 中国物资出版社, 2002: 11~13.
[62] [英] 彼得·贝利, 大卫·法摩尔, 巴里·克罗克. 采购原理与管理 [M]. 王增东, 李梦瑶, 等译. 北京: 电子工业出版社, 2009: 292.
[63] 任鹏. 电子商务概论 [M]. 天津: 南开大学出版社, 2008: 2~3.
[64] 朱水林. 电子商务概论 [M]. 北京: 清华大学出版社; 北京交通大学出版社, 2004: 1~3.
[65] 宋文官. 电子商务概论 [M]. 北京: 高等教育出版社, 2004: 17~18.
[66] 张玉斌, 陈宇. 采购管理 [M]. 北京: 化学工业出版社, 2009: 251.
[67] Voxurka Robert J, et al. Cirm. Supplier Partnerships: A Case Study [J]. Production and Inventory Management Journal, 1998 (1): 30~35.
[68] 鞠颂东, 徐杰. 采购管理 [M]. 北京: 机械工业出版社, 2005: 41.
[69] 张玉斌, 张云辉, 姜华珺. 采购与仓储管理 [M]. 北京: 对外经济贸易大学出版社, 2008: 144~145.

3 基于供应链管理的PMIS采购管理

设备管理强调的是设备全寿命周期的管理，从设备的规划和研发，到设备生产商完成设备的制造，再经过流通领域的设备供应商传递到设备使用单位，设备的物质形态在设备使用单位得以体现。在这个过程中，设备采购环节是设备管理部门和供应商之间的联系桥梁。

3.1 供应链管理思想的企业采购活动研究

供应链管理思想强调的是把企业各个部门、各个合作伙伴的经营活动都要从供应链整体的角度出发进行规划与控制，局部的优化并不能获得企业的最优产出效果。

3.1.1 设备管理中的采购活动

根据供应链管理的思想分析设备管理日常工作，包括设备规划、设计、选型、制造、购置、安装、调试、使用、运行、维护、修理、改造、更新直至报废的整个寿命周期中进行全过程管理。设备管理的供应链构造模型如图 3-1 所示。

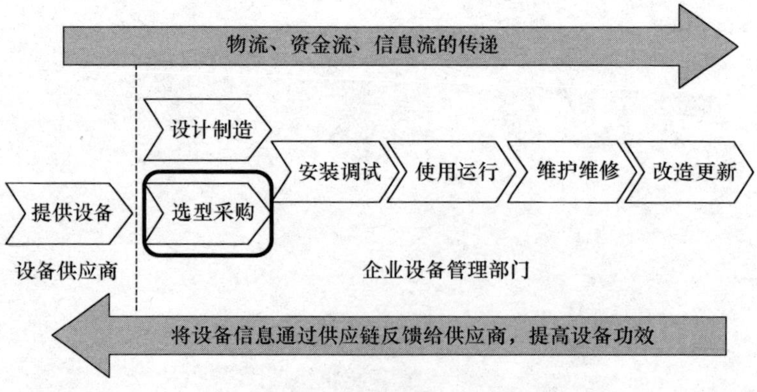

图 3-1 设备管理的供应链构造模型

在设备管理全过程中，设备供应商提供设备的物质形态给设备使用单位，这种传递过程伴随着物流的变化，随着物流的变化过程还伴随有资金流的变化。设备采购业务是联系设备供应商和设备使用单位两个节点的活动。所以，从供应链管理的角度研究 PMIS，首先要从设备的采购入手。

采购环节是指购买用于企业价值链上各种投入的活动。采购的投入包括原材料、储备物资和其他易耗品，也包括各种资产，例如机器、试验设备、办公设备和建筑物。

美国哈佛大学商学院教授迈克尔·波特（Michael E·Porter）的价值链理论将价值活动区分为基本活动和辅助活动[1]。基本活动是涉及产品物流过程中的各个活动，如产品制造及其销售、转移给买方和售后服务的各种活动。辅助活动是辅助基本活动并通过提供外购投入、技术、人力资源以及各种公司范围的职能以相互支持[2]。单个企业的价值链如图3-2所示。

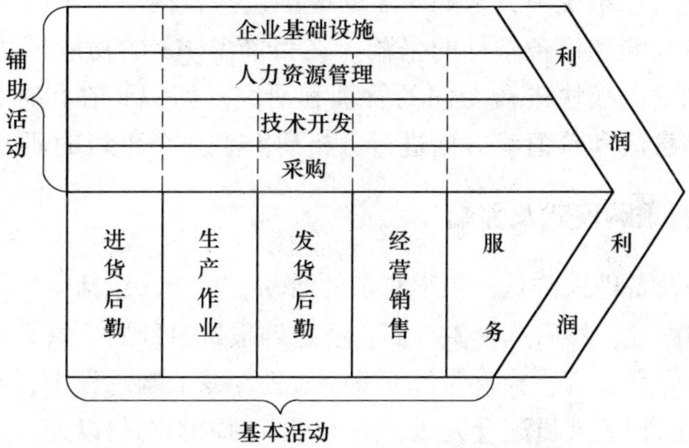

图3-2 基本价值链（单个企业价值链）

采购活动位于基本活动和辅助活动交界，既不完全属于基本活动，也不能纳入到辅助活动。所以，为基本活动进行的采购是采购与业务运作有关的物料需求，又被称为“生产采购”或“生产物品采购”，通常这一领域得到管理层的较大重视[3]。为辅助活动进行的采购是与公司生产的最终产品不直接相关的商品或服务的采购，这类采购也称为“非生产采购”或“普通开支”。表3-1总结了为基本活动进行采购和为辅助活动进行采购之间的区别[4]。

表3-1 为基本活动进行采购和为辅助活动进行采购的主要区别

项 目	为基本活动进行的采购	为辅助活动进行的采购
产品种类	可多可少	非常多
供应商的数量	有限，清楚	非常多
采购金额	非常大，相当可观	有限
购货订单数量	相当多	非常多
平均订货量	高	低
控制	依赖于生产计划的类型	有限，与预测有关或与项目有关计划
决策制定单位	设计制造部门专业人员支配	各个部门，随产品服务而变化

为辅助活动进行的采购又可以分为运营资源管理（Operating Resource Management,ORM）和维护、修理及运营用品（Maintenance Repair and Operations, MRO）。ORM 通常是指企业日常采购的办公用品和服务，MRO 是指维持企业生产活动持续进行的维护、修理、装配等间接物料（包括备品备件、零部件等，如润滑油）[5]。设备管理活动中涉及的采购对象属于 MRO，所以设备的采购活动应归属于非生产性采购。非生产性采购的多样性使其获得统一的计算机信息系统和/或采购程序的支持非常困难。这种类型采购的特征也解释了为什么采购的专业化水平如此之低。

在设备管理信息系统中，采购对象的范围包括直接用于生产的或直接服务于生产过程的设备采购和设备备件的采购。在目前 PMIS 的功能模块中，采购管理没有作为一个独立的模块进行专门的管理和研究。所以，在供应链管理思想下，将采购业务从信息流和价值流方面进行分析研究是一个可行的研究方向。

3.1.2 企业现行采购模式及弊端

企业的设备及备件采购是一项很复杂的活动。其中，包括根据设备及备件的库存信息确定采购需求，然后选择供应商；经过询报价谈判后，签订合同；订单确认后，企业等待供应商交货、验收并付款整个过程。在采购过程中，不同阶段的业务活动由不同部门的相关人员配合完成。除了专门的采购部门以外，还需要其他部门的介入和配合。如仓库管理部门、设备管理部门、生产管理部门、财务部门、质量管理部门等，还包括企业外部供应商等。采购业务示意图如图 3-3 所示。

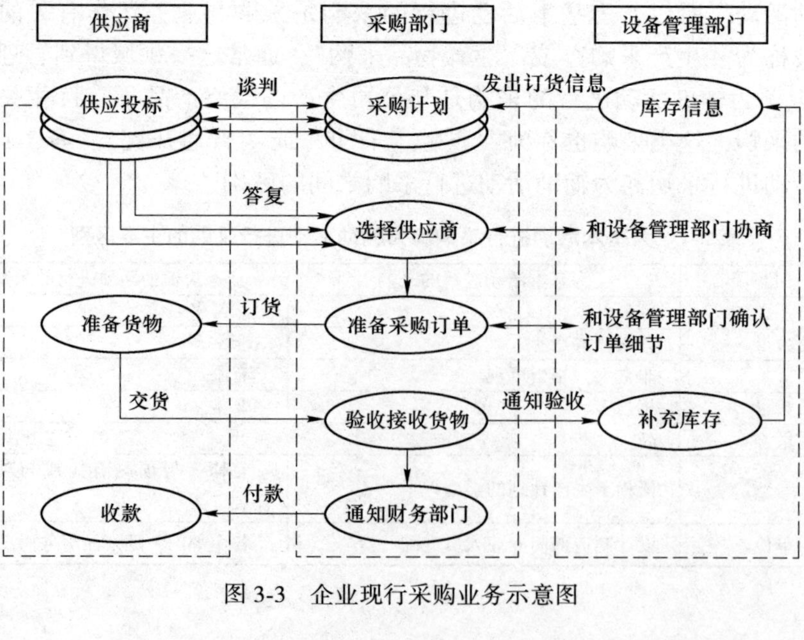

图 3-3 企业现行采购业务示意图

现行企业设备及备件采购管理的核心是采购谈判，询价采购、比价采购与招标采购的重点都是和供应商在商业交易中进行价格比较，通过多家供应商之间竞争，从中选择价格低者作为合作者。采购计划是依据设备及备件的库存信息制定，采购的目的是补充库存。产品质量和交货期也是采购部门的重要考虑因素。但在这种模式下，产品质量和交货期等其他因素都是通过事后把关进行控制。

现行采购模式有如下弊端：

(1) 典型的非信息对称的博弈过程。选择供应商是现行采购管理的首要工作。企业在多个竞争性的供应商中选择一个最佳的供应商，以便争取到更低的价格。采购方和供应商在这个过程中都会尽量保留私有信息或隐瞒自身信息，双方都有意不进行有效的信息沟通。

(2) 验收检查是采购过程中的事后把关环节，质量控制的难度加大。除了采购价格，设备及备件质量和交货期是企业采购部门要考虑的重要因素。但在现行采购模式下，企业很难参与供应商的生产组织过程和相关的质量控制过程，双方的工作是独立、不透明的。所以，质量和控制职能通过事后把关的方式进行，缺乏合作的质量控制导致了采购部门对设备及备件的质量控制难度加大。

(3) 供需关系是临时的或短期合作，且竞争多于合作。在采购过程中，现有采购模式决定采购方和需求方一直把重点放在价格谈判上，双方在价格上的竞争关系导致相互处于对立状态。由于缺乏合作，采购过程中很多时间消耗在解决日常问题上，没有更多的时间用来做长期性的预测和计划工作。

(4) 采购成本高。MRO 采购特点是单位数量小、种类多、单位价值低、频率高、供应商多，但是 MRO 采购总量却不低。据统计，平均一个企业 35%的成本花费在 MRO 物料采购上。MRO 采购的另一个特点是，虽然每次采购商品的价值不高，但采购的固定成本却相对很高。

3.1.3 基于供应链管理的采购解决现行采购模式中问题

供应链是包括从原材料（提取）到最终产品的制造过程中，全部物流和相关信息流所涉及的所有活动[6]。

在供应链管理中，采购是实现供应链系统的无缝连接，是提高供应链企业同步化运作效率的关键环节。基于供应链的采购管理，采购活动从为库存而采购向为订单而采购转变，从采购管理向外部资源管理转变，企业和供应商之间从一般买卖关系向战略协作伙伴关系转变。基于供应链的采购和传统采购方式的区别见表 3-2[7]。

表 3-2 供应链采购和传统采购的主要区别

项 目	供应链采购	传统采购
基本性质	基于需求的采购	基于库存的采购
	供应方主动型、需求方无采购操作的采购方式	需求方主动型、需求方全采购操作的采购方式
	合作性采购	对抗型采购
采购环节	友好合作环境	对抗竞争环境
信息关系	信息传输、信息共享	信息不通、信息保密
库存关系	供应商掌握库存	需求方掌握库存
	需求方可以不设仓库、零库存	需求方设立仓库、高库存
送货关系	供应商小批量、多频次连续补充货物	大批量、少频次进货
双方关系	供需双方关系友好	供需双方关系敌对
	责任共担、利益共享、协调性配合	责任自负、利益独享、互斥性竞争
货检工作	免检	严格检查

供应链采购使得供应商和企业建立战略合作伙伴关系，建立供应合同的手续大大简化，缩短了响应时间，实现供应链的同步化运作。采购的产品直接进入相关部门，减少采购部门的工作和非增值活动的过程，实现供应链精细化运作。

通过文献分析，可以发现基于供应链的采购建立在战略采购的基础之上，联系供应链上下游的企业，整合企业内外部的资源，建立长期的战略性的合作关系实现供应链的整体最优完全符合设备及备件采购的特征和要求。

3.2 构建设备管理的供应链运营参考模型

供应链建模是使用适当的表达方式从一个或多个角度对供应链的体系结构和运作系统进行描述，以产生一系列能代表供应链实际状况的业务模型，来支持供应链管理中的各项分析和决策活动。

供应链运营参考模型（Supply Chain Operations Reference Model，SCOR 模型）是由供应链协会（Supply Chain Council International，SCCI）开发并授权的，适合于不同工业领域的供应链运作参考模型[8]。

SCOR 是第一个标准的供应链流程参考模型，其基本思路是将业务流程重组、标杆管理及最佳业务分析集成为多功能一体化的模型结构，是供应链的诊断工具，它涵盖了所有行业。流程参考模型通常包括一整套流程定义、测量指标和比较基准，以帮助企业开发流程改进的策略。

3.2.1 模型假设

设备管理供应链包括从设备的供应到更新报废的整个流程，即包含设备规划、设计、选型、制造、购置、安装、调试、使用、运行、维护、修理、改造、更新直至报废的整个寿命周期中进行全过程。由于流程模型涉及到供应链运作的各个方面，如组织结构、企业间和企业内部的通信等供应链的结构、物流、资金流与信息流方面的要素，直接建模将变得非常复杂。为了简化模型，本书对供应链的模型进行一定的假设。

供应链环节简化。主要讨论设备采购和设备库存管理两个环节。设备管理虽然是企业管理的一部分，但设备管理内容包含的单元之间关系复杂，完备的表示其整个供应链是非常困难，也是没有必要的。在供应链研究过程中，抓住主要矛盾，适度简化系统模型，这也是遵循供应链建模的原则。

3.2.2 SCOR 的三个层面定义

为了降低供应链建模复杂度，采用层次建模法。通过自顶向下、由粗到细的建模过程，不断对上层模型加以深化和细化，得到最接近实际的供应链模型。SCOR 模型从纵向将设备管理供应链模型建模划分为顶层、配置层、流程元素层。其流程层次图如图 3-4 所示。

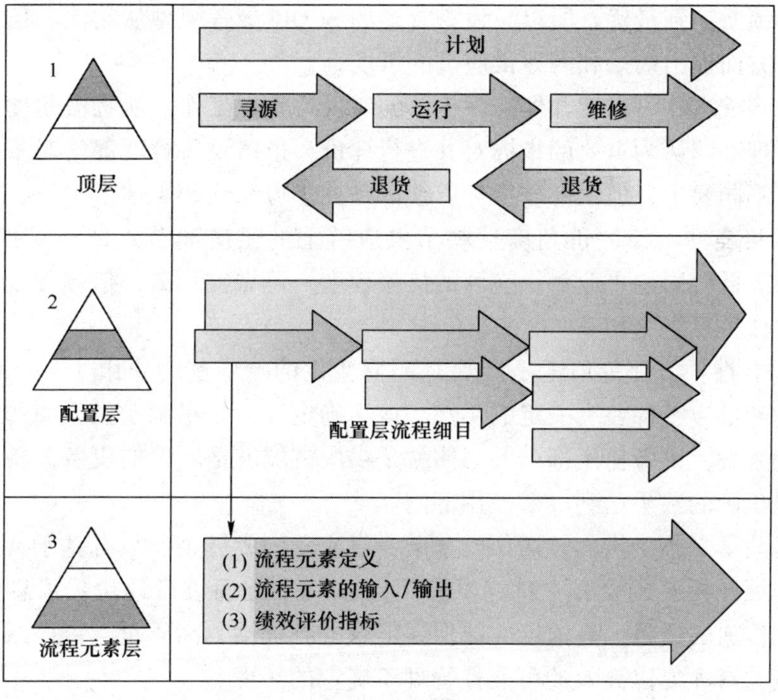

图 3-4 设备管理 SCOR3 个层面

设备管理供应链上的行为主体有设备及备件供应商、设备管理人员、设备及备件采购人员、维护维修人员、生产管理人员、质量管理人员等。不同于企业生产管理的基本流程，设备管理中行为主体的主要工作流程为：计划（Plan）、寻源（Source）、运行（Operation）、维修（Maintain）、退回（Return）。

对设备管理供应链中基本流程定义如下：

（1）计划 P：平衡需求和供应，制作一系列的活动方案，以更好地为其余几项流程服务；

（2）寻源 S：按计划或需求进行获取设备及备件和需要的服务；

（3）运行/使用 O：设备及备件投入并进行生产实施；

（4）维修 M：对设备及备件进行维护和维修管理，包括设备改造管理；

（5）退货 R：返回设备及备件，包括次品、多余品。

3.2.3 建立评价指标体系

供应链管理中存在大量的数据，绩效评价时采用多维度的评价方法来描述和测评供应链的业绩。采用单一指标是不科学的，也是不可行的。供应链管理是把企业内外的物流、信息流和价值流有效地整合起来，在协调个体绩效的基础上使系统整体绩效达到最优。所以，设备管理的 SCOR 参考模型从物流、信息流和价值流 3 个方面提出衡量和测评供应链的维度。

考虑到成本和可行性并保证评价不偏离设备管理工作，从物流角度出发，选择设备管理部门认为重要的指标对其进行评价。虽然设备管理部门对不同类型设备产品有不同要求，但大部分指标属性都是关于可靠性和柔性。

（1）可靠性：该评价角度反映了供应链上的供应商节点履行承诺的能力。可靠性的高低会影响企业对供应商的信赖程度。可靠性越高，信赖程度越大，和供应商合作关系越密切。

（2）柔性：该评价角度是反映对环境变化的响应能力。由于环境的不确定性，企业和供应链都要有一定的柔性。该不确定性主要来源于供应商和企业。从物流角度来看，设备使用部门关心的就是供应链能够把正确的设备及备件在正确的时间以正确的数量送到设备使用部门。

信息共享是整个供应链运作的基础，供应链的成员企业只有基于共享的信息平台才能展开相互的合作。信息共享可以从两个方面进行评价：信息传递的速度、信息传递的质量。高速度才能保证信息的有效性、高质量，可以减少牛鞭效应，深度共享才能以高效的可变性管理不确定的环境。

从价值角度来看，对于设备管理部门而言，只有产生增值的活动和成本才有意义。价值也就是从时间成本和资产两个方面去评价。资产从设备寿命周期费用最经济出发。从时间角度，减少或剔除等待时间，降低不必要的、不能带来价值增值的成本付出。

设备管理SCOR参考模型绩效评价体系如表3-3所示。

表3-3 设备管理SCOR参考模型绩效评价体系

评价维度	评价角度	评价指标
物 流	可靠性	准时交货比率
		产品合格率
	柔 性	响应速度
信息流	信息共享程度	信息传递时效性
		信息传递准确性
价值流	时间角度	流转时间效率
	资产角度	寿命周期费用

3.2.4 评价指标量化

在设备管理SCOR模型中，大部分的指标是不能从原始的数据中直接得到的，因此，需要对指标进行量化。

（1）准时交货比率。准时交货比率是准时交货次数与总交货次数的比率，这两个数据可以从采购交货数据中获取，并且从采购管理数据库按照规定的时间段内统计得到。设时段T内准时交货次数为V_{OTD}，总交货次数为V_{TD}，则准时交货率为：

$$P_{\mathrm{OTD}} = \frac{V_{\mathrm{OTD}}}{V_{\mathrm{TD}}} \times 100\% \tag{3-1}$$

（2）产品合格率。产品合格率是统计提供合格设备及备件数量与总交易数量的比率，这两个数据都可从采购管理数据库中获取。设合格产品数量为Q_{QP}，产品总数为Q_{P}，则产品合格率为：

$$P_{\mathrm{QP}} = \frac{Q_{\mathrm{QP}}}{Q_{\mathrm{P}}} \times 100\% \tag{3-2}$$

（3）响应速度。响应速度是供应链对设备管理人员的平均响应时间。其指标是设备管理人员向供应商提出质询到解决该质询所需要时间，改参数可以从供应链采购管理数据库中直接得到。设供应链每次对设备管理人员的响应时间为t_{RSi}，则指定时间内T的平均响应时间为：

$$\overline{RS^{T}} = \frac{1}{N}\sum_{i=1}^{N} t_{\mathrm{RSi}} \tag{3-3}$$

（4）信息传递时效性。信息传递时效性是指信息在流程各个环节传递过程中的及时程度，是数据及时传递的次数占总传递次数的百分比。设在考察期为 T 内，上游环节向下游环节传递有效数据 N 次，其中及时传递的次数是 n_1，则该时段内此过程传递信息时效性为：

$$P_{DI} = \frac{\sum_{t=1}^{T} n_t}{N \cdot T} \times 100\% \tag{3-4}$$

（5）信息传递准确性。准确性是信息在各个流程环节中传递是否准确、无误。信息传递错误一般有两种：一是传递过程中的错误；二是数据录入的错误。此参数可以采用数据正确传递的次数占总传递次数的百分比表示。设一定时间内某一环节向下游环节传送的总次数为 TN_{data}，其中正确传送的次数为 CN_{data}，则该环节正确传送的比例为：

$$P_{cl} = \frac{CN_{data}}{TN_{data}} \times 100\% \tag{3-5}$$

（6）流转时间效率。流转时间效率量化公式为：

$$流转时间效率 = \frac{理论流转时间}{平均流转时间} \tag{3-6}$$

其中，理论流转时间是指在理想状态下，排除等待、缓冲时间的流转时间。平均流转时间是流程中某一环节平均在流程中花费多少时间，该数值可在流程单元中抽样统计得到。

（7）寿命周期费用（LCC）。寿命周期费用是设备寿命周期各阶段的费用总和。对于设备寿命周期内包含的费用为：初期投资费、使用维护费、维护维修费、不可用性费用。从供应链角度来看，寿命周期费用又可表示为：

$$设备寿命周期费用 = 理论\ LCC + 非增值活动费用 \tag{3-7}$$

3.2.5　配置层流程细目

SCOR 模型定义三种不同类型的流程，具体为：计划类型、执行类型和使能类型。P 计划工作旨在安排预期资源，平衡一个计划期的需求与供应，以满足预期需求。S 寻源、运行 O、维修 M、退货 R 等属于执行类型。使能类型的流程包括各种准备工作、维护性工作或管理信息工作，保证各项工作的顺利开展。

通过对供应链的配置，实施运营策略。管理者可以从 SCOR 模型流程类型与流程细目包中，选择合适的流程，用来具体配置供应链。在 SCOR 模型的第二层，根据 SCOR 基本工作流程和流程类型的关系，给出 SCOR 配置工具包。参见表 3-4 所示。

表 3-4 设备管理 SCOR 模型流程细目包

流程细目		SCOR 流程				
		P 计划	S 寻源	O 运行/使用	M 维修	R 退货
流程类型	计划（Planning）	P1	P2	P3	P4	P5
	执行（Execution）		S1、S2	O1、O2	M1、M2	R1、R2
	使能（Enable）	EP	ES	EO	EM	ER

注：P1—总计划；P2—计划寻源；P3—计划运行；P4—计划维修；P5—计划退货；S1—设备寻源；S2—备件寻源；O1—设备运行；O2—备件使用；M1—设备维修；M2—备件维修；R1—设备退货；R2—备件退货。

3.3 设备管理的供应链运营参考模型分析

将现有设备管理供应链结构模型如图 3-5 所示。

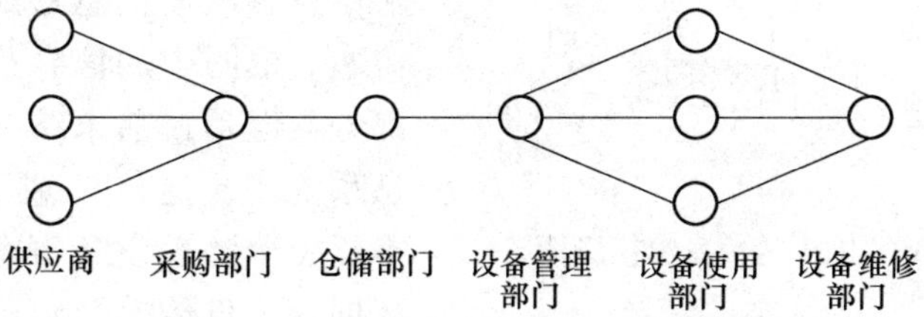

图 3-5 现有 PMIS 供应链结构模型图

对于现有的供应链结构模型，分别从物流、信息流、价值流 3 个方面进行分析。

3.3.1 物流角度

从物流的方面来看，设备从供应商到企业采购部门这两个节点之间存在物流，即交货环节。经采购部门、设备管理部门和相关部门对设备及备件进行验收后，办理入库手续，在整个环节设备也存在物流。对于准备投入使用的设备及备件，经由仓储部门出库后，将设备和备件放置到生产车间并安排生产。现有 PMIS 中物流模型图如图 3-6 所示。

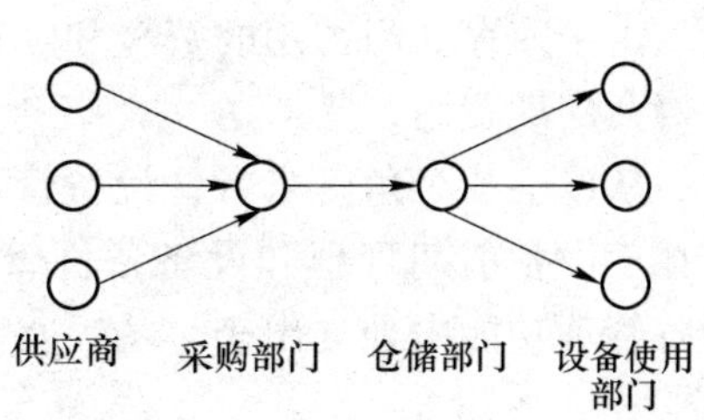

图 3-6 现有 PMIS 物流供应链模型图

有 SCOR 模型中的评价体系，涉及到物流方面的评价指标是针对企业外部的供应商。在企业内部物流属于设备移动管理的范畴。设备移动管理涉及到活动成本，而不包含可靠性和柔性方面指标，所以本书物流方面只讨论供应商到企业这两个节点间物流过程。

现有设备管理信息系统中，对于供应商交付设备及备件这个环节信息仍然是一个空白。在现有企业中，这个过程是由采购部门进行管理的，但是作为设备的管理部门，应该对于设备全寿命周期中的整个环节进行跟踪。

3.3.2　信息流角度

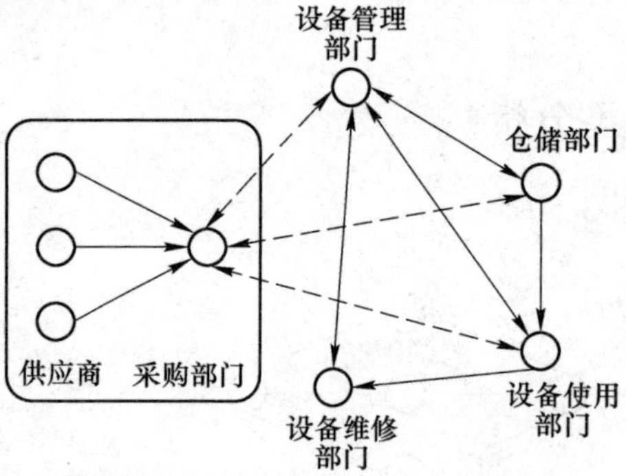

图 3-7　PMIS 供应链信息流模型图

在设备管理供应链中，信息流的网状结构如图 3-7 所示。图中实线框中的信息未集成在 PMIS 中。

由图 3-7 可以看出，在设备管理供应链中，信息是网络式传递的。需求信息和反馈信息形成了信息的双向传递。框图中的信息是企业信息的一部分，但是目前未纳入到设备管理信息系统中，这样造成了 PMIS 系统中不能完全涵盖设备寿命周期内的全部数据，信息传递受到不同系统的“障碍”。这样，就给设备管理的主体进行全面管理造成一定的困难。

3.3.3　价值流角度

由于采购部门和设备管理部门之间的信息传递具有一定的局限性，这样会使信息传递的效率和信息传递的有效性降低，从而流转时间效率低，而增加了“非增值活动”时间。现有的 PMIS 采用的“根据库存进行采购”的推式的采购方式，由于库存部门占用的资金和库存设备及备件的技术磨损大大增加了设备管理全寿命周期费用。

从以上 3 个角度来看，设备管理 SCOR 模型中的 S1、S2 还是空白，P2 流程存在于设备前期管理和设备备件管理两个功能模块中。所以将寻源（采购）从设备管理功能中独立出来。

3.4　设备管理供应链优化

3.4.1　功能模块整合

从上节分析可以看出，设备管理 SCOR 模型主要流程中寻源环节在 PMIS 功能模块中没有体现，而是涵盖在设备备件管理和设备前期管理中。寻源过程在设备管理日常工作中对应于采购业务。如图3-8所示。

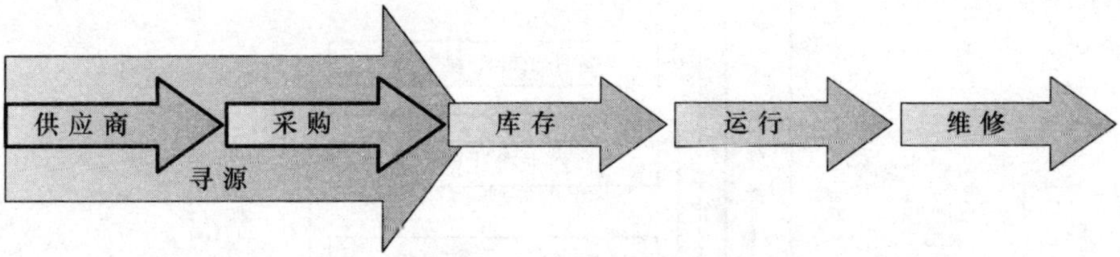

图3-8 设备管理SCOR配置层示意图

在PMIS中，涉及到采购业务的是设备采购和备件采购，与之对应的功能模块分别是设备前期管理和设备备件管理，针对这两个模块内容进行业务活动分析，提取与采购有关的活动内容。

企业为了开发新产品、改革老产品和扩大生产规模，以及对生产薄弱环节的技术改造，都需要添置和更新设备，其途径一般有外购和自行设计与制造。一般来说，高精度的设备、结构复杂的设备、大型稀有的设备和通用万能的设备以外购为宜，对于某些关键设备，必要时还需要考虑从国外引进。

设备前期管理是设备寿命周期的开始，包括设备规划、招投标选型决策、设备设计制造、安装验收、设备使用初期管理等，如图3-9所示。

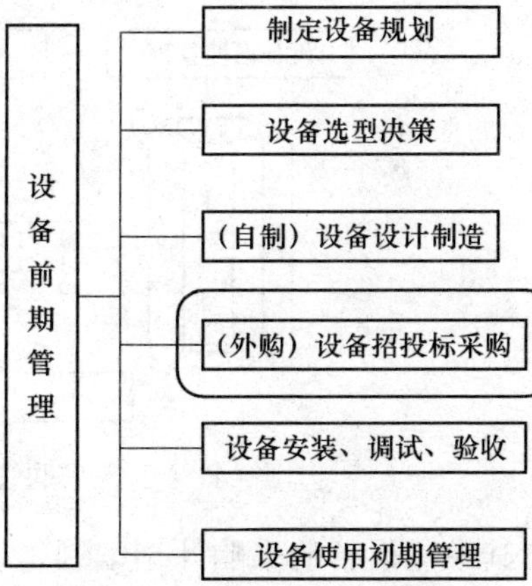

图3-9 设备前期管理示意图

外购设备需要经过设备选型、订货、到货验收等过程。设备选型工作包括：收集市场信息、筛选信息资料、选型决策。在设备选型决策的基础上，按质量、数量及交货期的要求，通过询报价，到最后磋商后签订合同。设备到货后，凭合同及单据进行开箱验收，验收合格后方可办理相应的入库手续。

备件管理的主要任务是为设备检修做好设备零、部件的准备工作。应用设备及备件的ABC分类管理、定额管理、定置管理、协作库存和零库存管理等手段来保证企业的正常生产和经济效益的提高。设备备件管理是设备管理信息系统的一个重要的子系统，如图3-10所示。

在对设备的备品备件进行管理的时候，备件采购计划制定、采购计划实施和订货点等属于设备管理部门中的采购业务范畴。

基于以上分析，将设备管理的前期管理和设备备件管理中的采购业务进行提炼，独立出来设备采购管理模块，在PMIS研究中具备可行性。

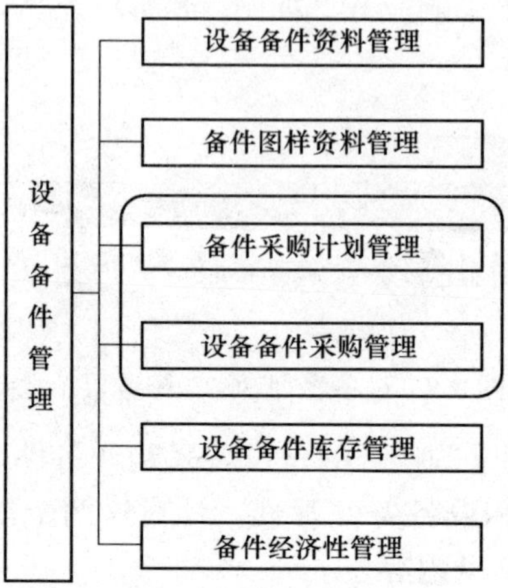

图 3-10　设备备件管理示意图

在 PMIS 的涉及采购业务分析中，现有的模块包括设备前期管理中外购设备的采购和设备备件管理中备件的采购。在引入采购管理后，将这两个模块中的采购职能提炼出来并合并为一个功能模块，如图 3-11 所示。

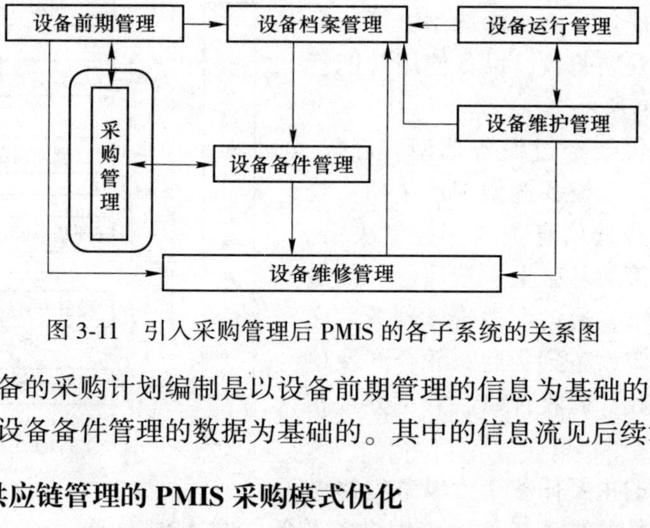

图 3-11　引入采购管理后 PMIS 的各子系统的关系图

其中，设备的采购计划编制是以设备前期管理的信息为基础的；备件的采购计划管理是以设备备件管理的数据为基础的。其中的信息流见后续章节分析。

3. 4. 2　基于供应链管理的 PMIS 采购模式优化

现在大多数企业中，设备及备件的采购需求是设备管理部门和仓储部门通过对历史数据的预测进行设备及备件存储。这种供应链运作模式属于推动方式。如图 3-12 所示。

在设备管理推式供应链中，由于采购需求依赖于设备及备件库存和运行、维修需求预测，这种供应链模式运作相对低效。

首先，由于需求是逐级进行传递的，容易造成信息的延迟，降低整个供应链

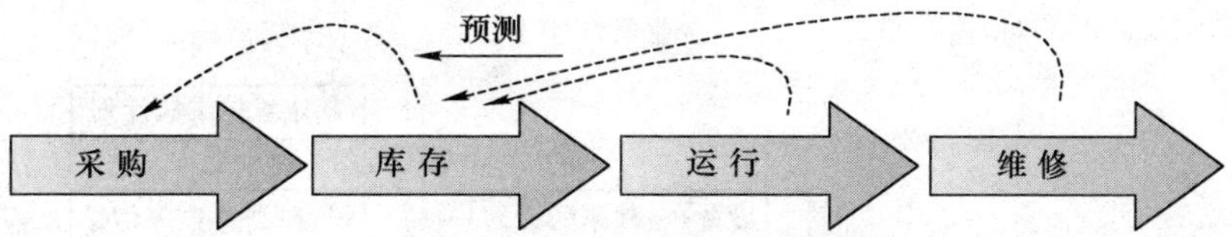

图 3-12　设备管理推式供应链

的信息传递的速度；其次，由于需求是在预测的基础上进行，所以需求的准确性不强。

将推式供应链从信息传递速度和需求两个方面进行优化，设计推-拉型供应链来弥补推式供应链的不足之处。如图 3-13 所示。

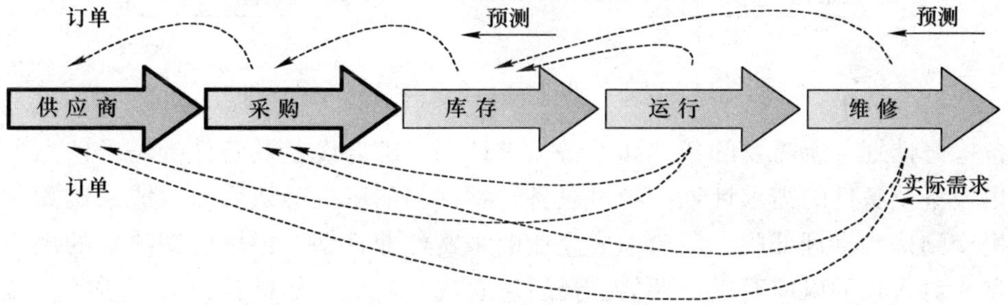

图 3-13　设备管理推-拉结合型供应链示意图

在推-拉结合型供应链模式下，设备及备件需求可以划分为两种：一种保持原有的基于历史数据进行预测的需求，并将此需求反馈给设备采购部门，形成采购清单，采购部门来进行采购的后续活动；另一种需求是依据设备及备件在运行和维修过程中产生的实际需求，将此信息实时反馈到采购部门和供应商两个节点，从而形成采购订单，实现设备及备件的准时采购。

3.4.2.1　基于预测型的设备及备件采购作业

设备管理中的采购过程包括提出购买设备需求、选定设备供应商、洽谈设备价格、签订设备合同和设备交付与验收的过程。

设备及备件采购活动是连接企业设备管理部门和供应商的纽带。如图 3-14 所示，企业根据设备情况制定出维修、维护计划，然后结合点检和历史维护维修记录推算出设备需求计划，再根据此需求计划生成采购计划。采购和设备管理部门根据此计划开始一系列的准备资料、选择供应商、验收入库等活动。

基于供应链管理的设备及备件采购业务，由于将设备管理上游环节——供应商纳入到设备管理工作的范畴中，并按照设备及备件需求进行采购作业计划，并对其整体资源进行配置和优化。

基于预测型采购业务是根据设备及备件需求制定的，包括备件的库存情况、

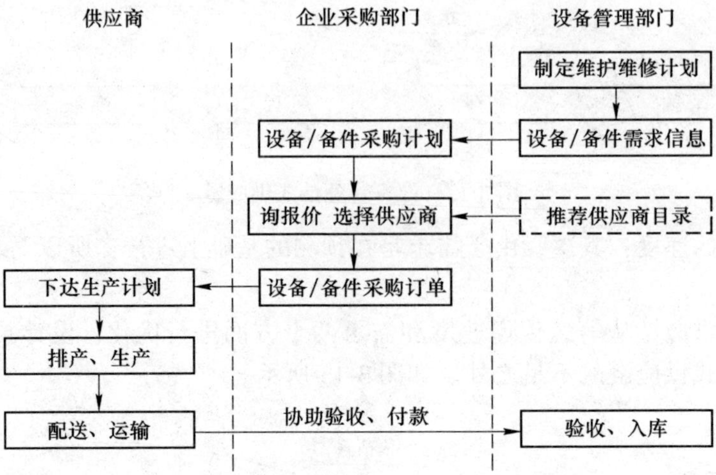

图 3-14　设备管理供应链“推动”模式示意图

设备检修计划、所需要的备件和设备需求计划。综合设备及备件的需求信息，制定出设备及备件的需求计划，经过设备管理部门的审批确认后，生成采购需求计划提交到采购管理部门，最后生成企业的采购作业计划。根据前期收集的供应商信息，对入选的供应商进行评估，最后汇总成供应商供货推荐目录。按照生成的采购作业计划向供应商进行询报价，签订采购合同后，企业生成采购订单，而供应商安排生产订单，在整个生产过程中，企业和供应商共同完成生产的跟踪和监控工作，直到到货验收阶段。在此过程中的信息纳入到“收集供应商信息”作业中，并作为“评估供应商”工作的一部分，持续完善供应商供货推荐目录。设备及备件采购业务环节如图 3-15 所示。

对于基于供应链管理的设备及备件采购作业，设备及备件需求的制订是其中的核心环节之一。设备备件需求源于备件库存情况、设备维检修计划；设备检修计划是根据设备的维护、维修计划而制订的；设备需求可以分为两种情况：一是原型更换设备，则根据设备供应商供货推荐目录和历史设备档案来进行采购决策；二是技术更新设备，则根据生产管理的需要和工艺需求等生产信息结合设备管理寿命周期费用最经济等因素综合考虑，来寻求符合技术、经济等条件的供应商，从而以此为基础开展一系列的采购工作。

在基于供应链管理的设备及备件采购作业与 PMIS 中其他功能模块具有数据关联性，即信息具有共享性，前面采购作业为后续采购作业提供基础信息，后续采购作业基于这些共享信息展开工作。“评估供应商”作业的主要信息基础是来源于“收集供应商信息”作业，“收集供应商信息”的内容是依据“评估供应商”作业来开展的。基于供应链管理的 PMIS 采购工作是一个闭环的、不断完善

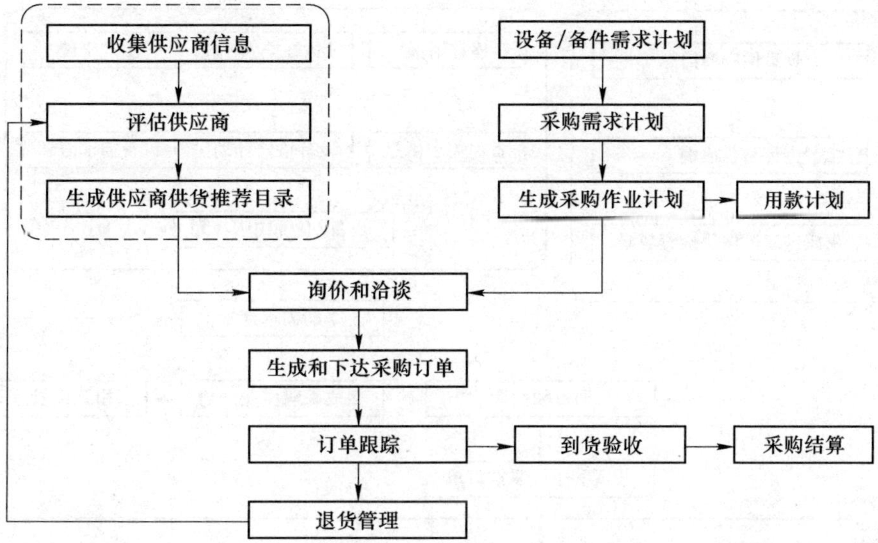

图 3-15　设备及备件采购作业环节示意图

的过程。设备及备件生成采购订单后，在后续的采购实施阶段，也就是订单跟踪、到货验收、退货管理和采购结算全过程的信息作为评估供应商的数据基础，从而不断完善供应商供货推荐目录。在企业内采购过程中的信息也为采购需求计划的制订和决策提供了历史资料，基于供应链管理的设备及备件采购是计划—实施—评价的过程，评价的结果又为下次计划制订的改进提供决策依据。如图 3-16 所示。

3.4.2.2　基于实际需求型采购作业

基于实际需求型采购作业是推-拉供应链中“拉动”的部分。和供应商之间进行战略合作是此模式的基础。供应商掌握企业设备信息，并根据企业发布的维护/维修信息，来安排在维护/维修过程中所需要的设备及备件。供应商在维护/维修的时间要求内，将满足质量要求的数量和产品交付给设备管理部门进行使用。供应商和企业在约定的时间范围内，进行统一的设备及备件费用结算。如图 3-17 所示。

通过这种“拉动”方式的供应链模式，使设备管理部门将库存延伸至企业外部的供应商，减少了库存管理的成本。在采购环节上，通过和供应商建立长期的合作伙伴关系，大大减少了多频次的采购环节以及相应的成本。

拉式供应链适用于多频次、小批量的采购情况。从设备寿命周期费用角度来看，在寿命周期内，采购的次数为 N，采用“拉动”模式的 LCC 为：

$$\text{实际 LCC} = \text{理论 LCC} + \text{供应链评估成本} - N \cdot \text{采购节约成本} \qquad (3\text{-}8)$$

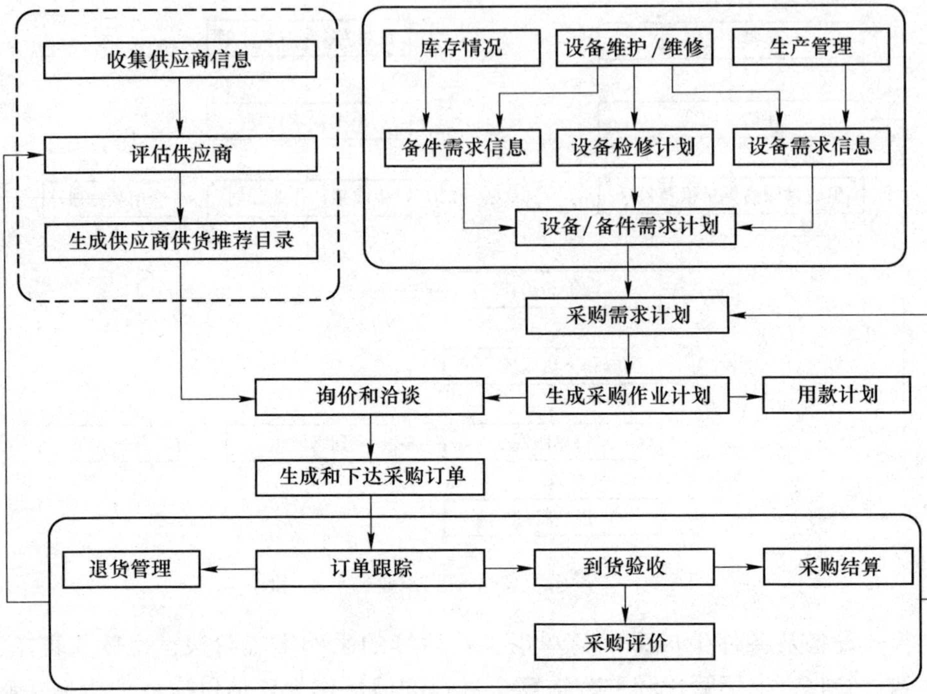

图 3-16　完善采购作业中设备及备件需求计划业务环节示意图

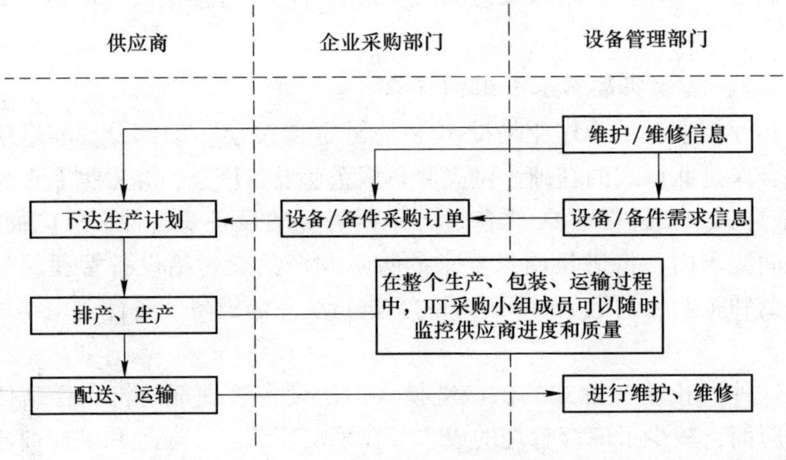

图 3-17　设备管理供应链“拉动”模式示意图

由式（3-8）可以看出，在寿命周期内，采购节约的总成本大于供应链评估成本时，采用“拉动”模式的寻源方式是最经济的。

3.4.3　基于供应链管理的 PMIS 中采购管理信息流分析

在 SCOR 模型中，设 P 为计划，P1 表示“设备及备件寻源”。将 P1 展开，分析具体工作过程，得到进一步细化的流程要素，分别为 P2.1、P2.2、P2.3、P2.4、P2.5。并分析各个流程要素的输入输出信息，如图 3-18 所示。

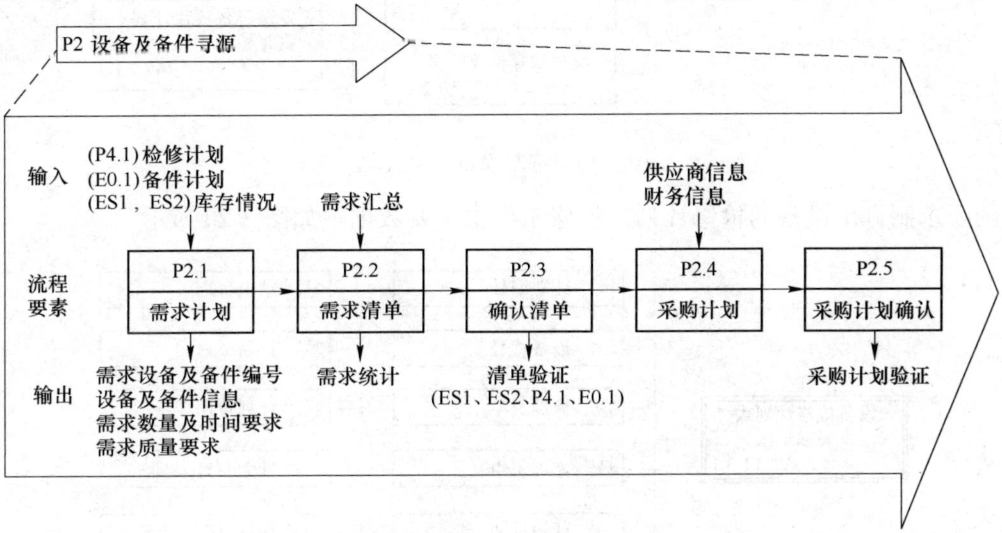

图 3-18　P2 要素展开图

在流程要素分解过程中，看到 P2 的关键信息是需求计划的数据获取。基于供应链管理的采购除了需要传统采购中的库存要素外，还需要根据设备检修计划和备件计划来进行需求计划制订。

分析需求计划信息流中的数据项和信息要素，就要从设备管理中涉及采购管理功能和其他功能模块中数据流向分析入手。

3.4.3.1　设备维护、维修管理和设备及备件采购管理的业务数据流

设备在投入使用过程中，随着零、部件磨损程度的逐渐增大，设备的技术状态也同时在逐渐劣化，从而造成设备的功能和精度难以满足生产的质量和产量要求。为了恢复其功能和精度，采取更换或修复磨损、失效的零部件，并对局部或整机进行检查、调整。在此过程中，需要进行维护、维修计划的制订，从而提炼出更换备件的采购需求信息。在大港石化项目中，经调研维护、维修计划统一为设备的检修计划，在检修计划中，涉及的工作如图 3-19 所示。

编制设备检修计划工作中，涉及设备和备件需求信息的工作包括制订设备检修计划、编制检修中所需备件清单。

设备管理部门根据设备的生产能力、磨损情况等技术状况和产品工艺对设备

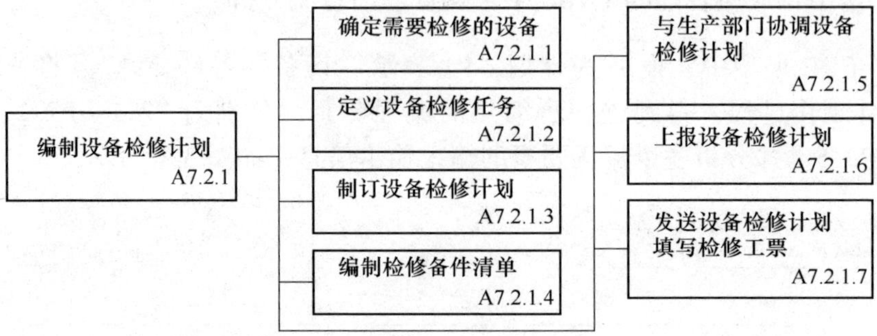

图 3-19　编制设备检修计划

的要求制订出设备的检修计划，检修工作中主要数据项如图 3-20 所示。

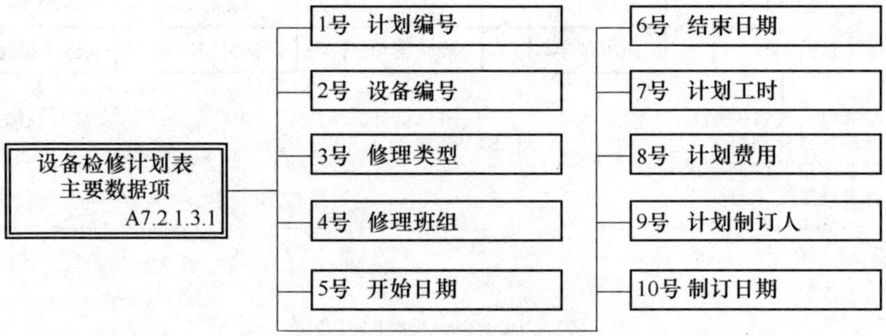

图 3-20　设备检修计划主要数据项

制订设备检修计划工作如图 3-21 所示。

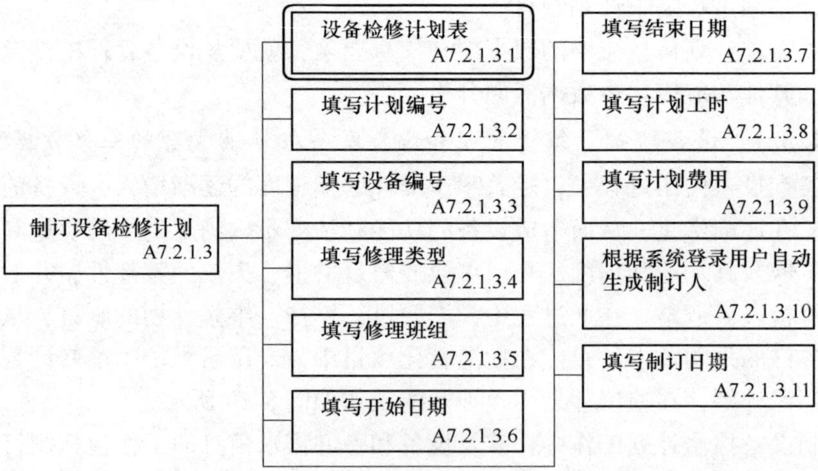

图 3-21　制订设备检修计划

设备检修计划中所需备件清单中涉及的主要数据项如图 3-22 所示。

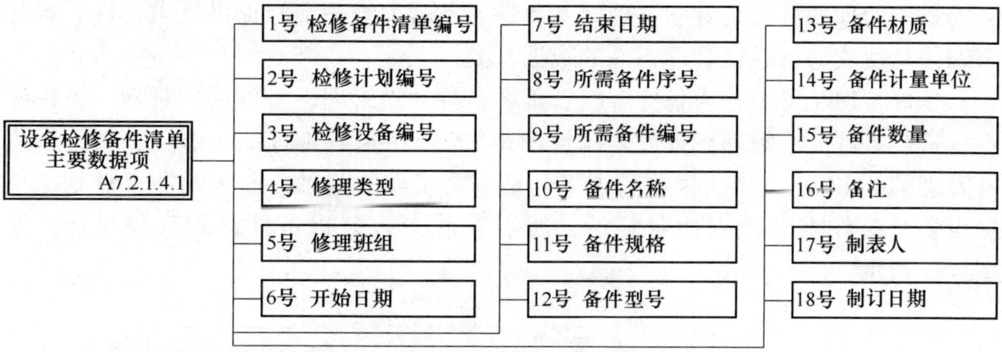

图 3-22 设备检修备件清单主要数据项

编制检修备件清单工作如图 3-23 所示。

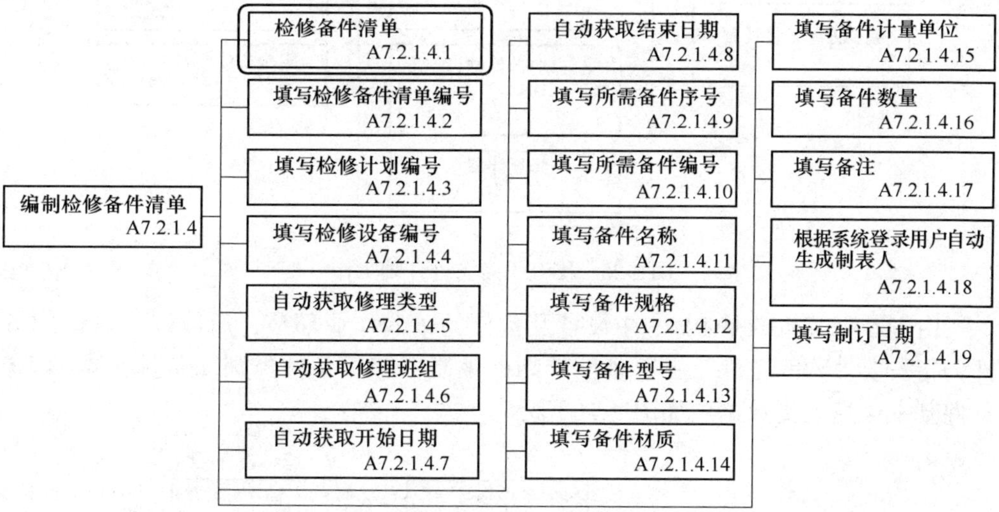

图 3-23 编制检修备件清单

从对编制设备检修计划工作的分析，可以看出设备检修计划的时限和所需更换备件的名称、数量、规格型号是设备需求信息中的基础数据。对应于信息系统中设备及备件自身属性的基本信息数据项包括：设备编号、设备名称、备件编号、备件名称、备件规格、备件型号等。设备维护、维修管理中的检修计划和设备及备件采购管理中的需求计划中的关联情况如图 3-24 所示。

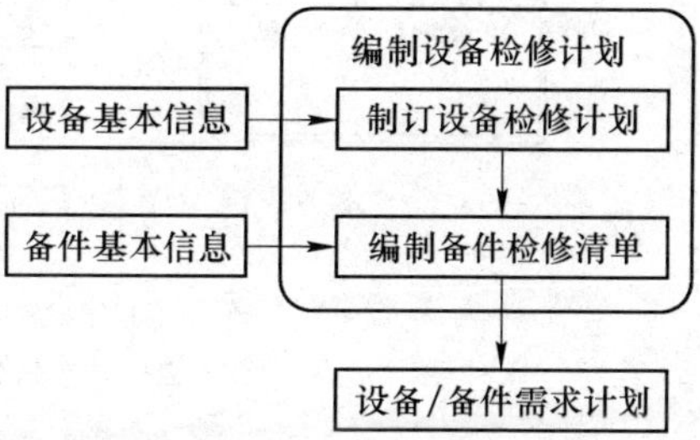

图 3-24 设备检修计划设备及备件的需求计划之间的关系

3.4.3.2　备件管理和设备及备件采购中的业务数据流

备件管理的目的是科学合理储备备件，及时为维护维修提供优质备件。备件采购信息就成为科学化管理备件的数据基础。

备件管理又可细分为备件资料管理、备件计划管理、备件采购管理、备件库存管理、备件经济管理。备件采购管理是PMIS中采购管理的一部分，基于供应链管理的PMIS中，由于采购需求工作是采购工作的基础，而采购需求计划是依据设备及备件需求计划而制订的，所以在此深入分析备件计划管理工作，如图3-25所示。

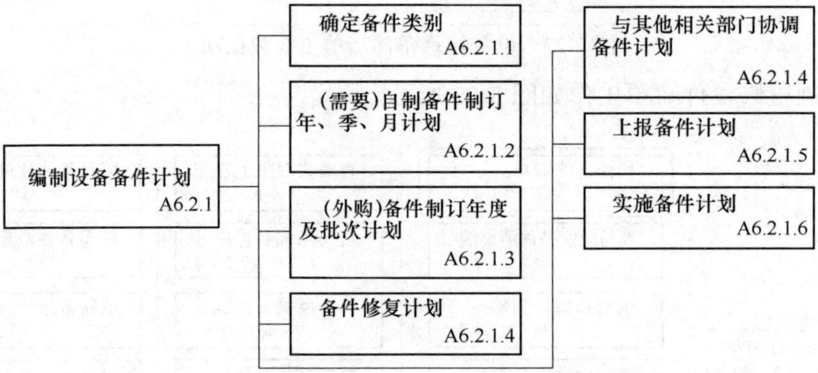

图3-25　编制设备备件计划工作

由于本书分析的是PMIS中设备及备件的采购作业环节，所以以下讨论的备件均指需要外购的备件。由于备件计划的编制依赖于备件类别和备件基本信息，备件基本信息主要数据项如图3-26所示。

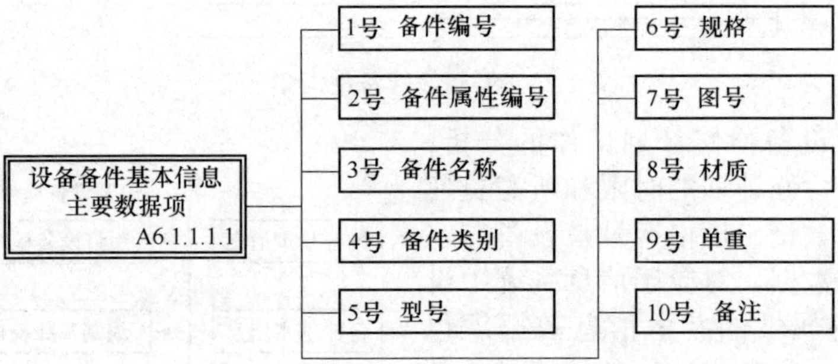

图3-26　设备备件基本信息主要数据项

设备备件计划主要数据项及编制工作如图3-27和图3-28所示。

采购管理需要根据备件管理中的信息：库存情况、订货点与库存控制提供需

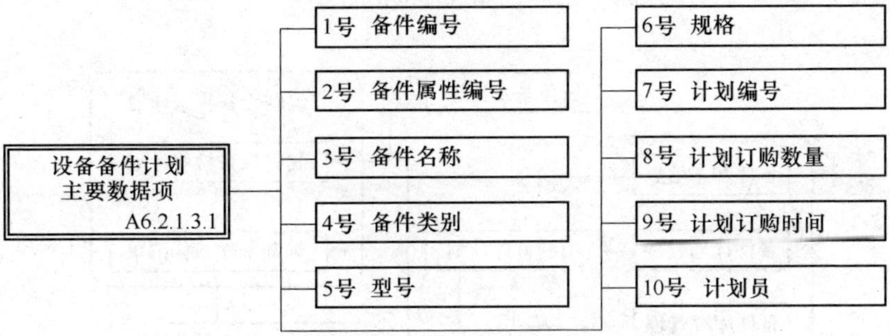

图3-27 设备备件计划主要数据项

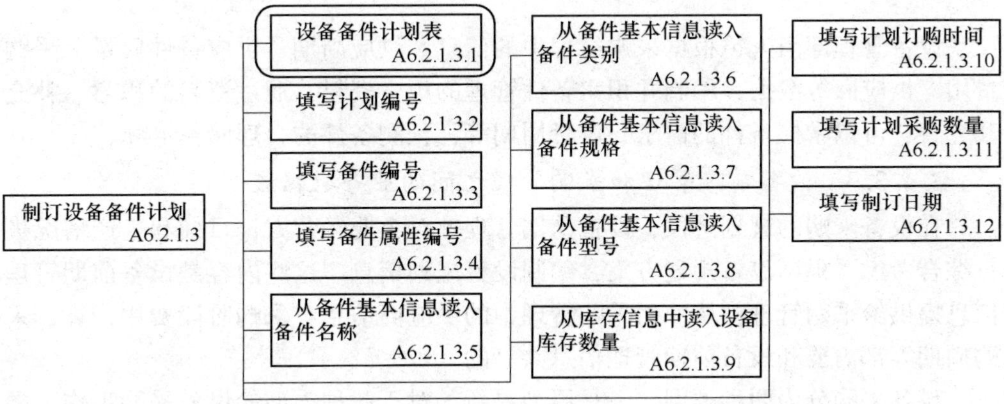

图3-28 制订设备备件计划

要补货时间、补货数量、补货品种等信息进行备件采购计划的编制。设备备件库存信息主要数据项如图3-29所示。

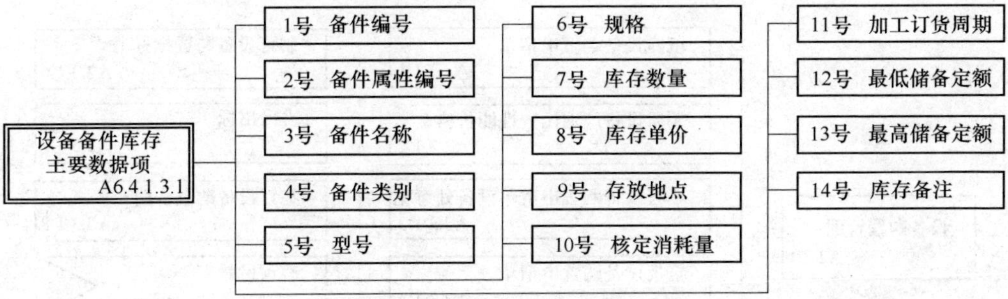

图3-29 设备备件库存主要数据项

基于供应链管理的PMIS中从设备及备件采购需求入手，对备件管理进行分析，将设备计划管理和设备库存管理两个业务活动通过库存数量联系在一起，作为设备及备件需求计划的数据基础。如图 3-30 所示。

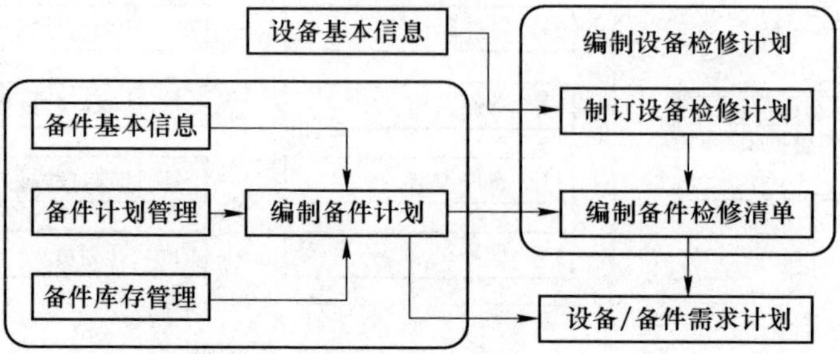

图 3-30　备件管理和设备及备件需求计划的数据关联图

设备管理部门人员根据采购过程中的信息：供应周期、供应备件质量、采购费用、供应商等数据，编制并积累备件管理的历史资料，通过资料的积累、补充和完善，可以掌握备件的需求、供货周期等，预测备件的合理储备定额。

3.4.3.3　设备前期管理和采购管理之间的业务数据流

在设备采购的规划阶段，设备前期管理针对企业经营方针目标和生产情况进行综合考虑，提出设备规划方案，编制设备规划信息。这些内容是设备前期管理信息提供给采购管理模块，而采购管理中的供应商信息、采购阶段费用预算、采购周期等都需要和设备前期管理信息共享的。

设备采购分为两种类型：一是原型更新，对于此种类型的设备采购工作，根据历史收集到的供货商信息，对供货商进行评估，在生成的供应商推荐目录中，开展后续的采购工作。二是设备的采购是新型采购，也就是说选用质量好、效率高或能耗少、环保性好的新型设备，对于此种类型的设备采购工作，如图 3-31 所示。

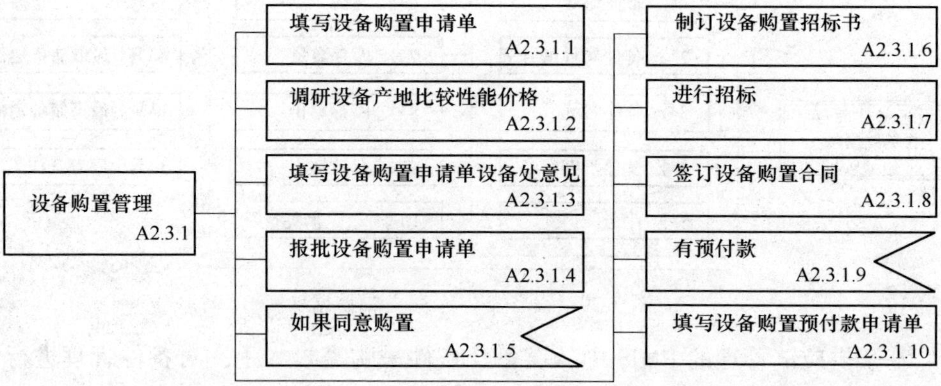

图 3-31　设备购置管理

在设备采购过程中，需要设备管理部门提供：采购设备型号、规格、数量，质量技术要求和验收标准；采购部门将采购信息反馈给设备管理部门：供应方名称、地址、联系方式，设备价款、运输、包装、保险等费用及结算方式。所以说，采购管理模块和设备前期管理模块之间的信息是双向传递的。

由以上分析，整理出由设备需求计划到采购作业计划的信息流向，如图 3-32 所示。

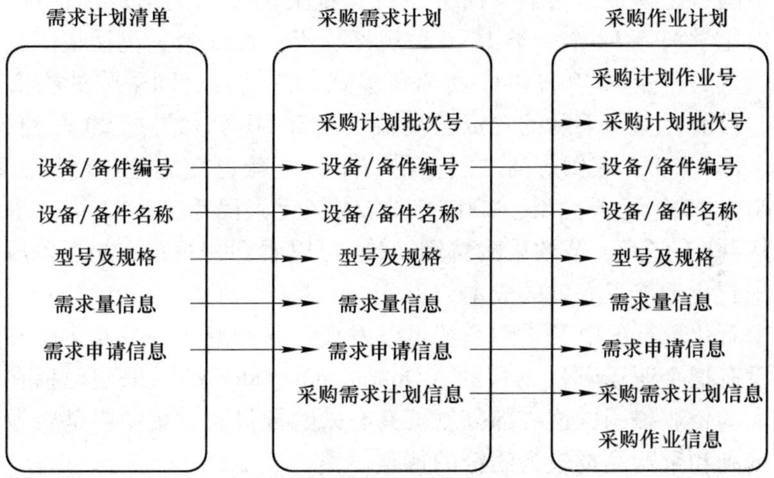

图 3-32　采购作业计划生成过程中信息流向示意图

3.5　基于供应链管理的 PMIS 采购管理实现方法

利用 Internet 进行采购管理是大型企业电子商务战略中最重要的部分[9]，近年来发展非常迅速。Lancioni 等人通过调查发现美国企业的采购职能由于利用 Internet 而普遍得到了优化，例如 GE 通过电子采购减少了 40%的采购成本并精简了 50%以上的采购人员[10]。

3.5.1　电子采购概述

电子采购在英文中有两种说法：E-procurement 和 E-sourcing，虽然都被翻译成了电子采购，但是两者的侧重点是不同的。E-procurement 主要强调企业内部采购活动流程的电子化，目的在于提高采购的自动化程度，提高效率，降低采购操作的成本。而 E-sourcing 则侧重于企业采购的对外商务活动的电子化，这些活动包括寻找供应商、询价、供应商评估认证等。

电子采购作为目前较为流行的电子商务模式，也是比较成熟的一种电子商务模式，是企业实现电子商务的一个重要环节，它已成为 B2B 市场中增长最快的一部分。采购已经从简单的购买行为转化成为企业资源管理的扩展，采购运作模式也开始从原始的手工操作模式转变到网络化的电子采购，这不仅仅是简单的采购作业的电子网络化，更是融合企业流程再造、管理创新的采购新模式。本书中的电子采购是指 E-procurement，侧重于企业内部的采购活动电子化。

3.5.2　现行电子采购现状

例如中国石化物资采购电子商务系统首批上网采购的物资包括钢材、设备、配件、油田化学剂等 12 个大类 15 万种规格物资，首批会员包括集团公司、股份公司总部、直属企业 45 个，供应商 300 多家。并且，上网采购的物资种类正在逐年扩大。目前，上网采购的物资已涵盖了全部 56 个大类近 20 万种规格物资，会员包括全部 2500 多家供应商。网上物资采购金额也随之逐年增加。2000 年网上采购金额为 10 亿元人民币，2001 年为 74 亿元人民币，2002 年一季度网上采购金额已达到 21 亿元，节约采购费用 3%。可以看到，只是在初期阶段，电子采购已经为中石化带来了有效的成本节省[11]。

分析中石化现行的电子采购系统可以发现，采购的物资主要集中在生产性资源上，而没有把企业运营性物资的（Operational Materials）采购包括在内。而作为一个庞大的企业集团，这一部分物资具有采购数目大、集团内部企业采购种类同一化程度高和采购品类较为固定的特点。

目前，大港石化公司信息化管理实施的是电子商务系统，经过调研发现，电子商务系统是涵盖了各个主管部门，如生产管理部门、财务部门、公司办等，而对于设备管理部门即设备处和生产部门即各个车间，如一联合车间、动力车间等都没有覆盖到。所以，设备及备件的采购都是有车间的技术管理人员提出采购申请，而此申请的提出、审核和审批都是由人工进行操作的。

3.5.3　电子采购模式选择

企业建立 B2B 电子采购模式的决策是取决于多方面的因素，主要有以下两方面：一是企业规模的大小；二是企业采购物料的种类。按照不同的规模、不同的采购种类所适用的模式有很大的差别，见表 3-5[12]。

表 3-5　B2B 电子采购实施策略分析表

模式	大 企 业		中小企业	
	直接物料采购	MRO 物料采购	直接物料采购	MRO 物料采购
卖方模式			✓	
买方模式	✓	✓	✓	
市场模式		✓		✓

大港石化规模大、财力雄厚，利用信息技术较早，也有比较充足资金和实力进行更深更广的信息系统开发，属于大规模企业。设备及备件采购属于 MRO 物料采购，所以按照上表，买方模式是进行大港石化设备及备件采购的最佳模式。

3.5.4 基于 Internet/Intranet 的 B2B 电子采购系统

3.5.4.1 电子采购信息集成模式

Internet 是企业获知外界信息资源的重要桥梁，也是联系企业内部各个部门的信息网络。通过 Internet/Intranet 的有效集成，实现企业内部资源和外部资源共享，提高整体业务的运营水平和执行效率。

供应商与采购方的信息交流时通过 Internet，如双方的主页或网站来完成的，而企业内部则采用局域网 Intranet 进行信息处理。如图 3-33 所示。

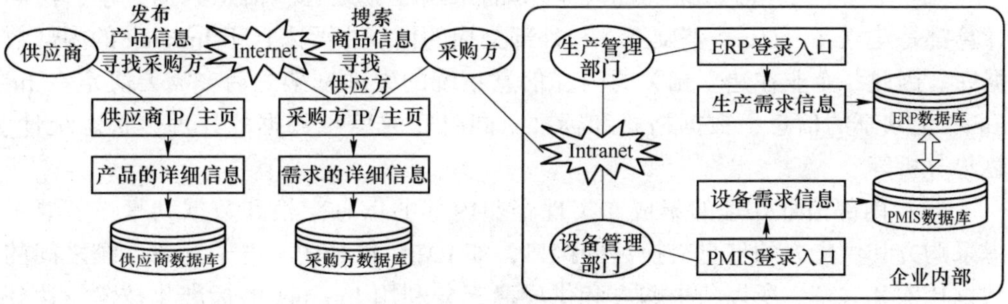

图 3-33 Internet/Intranet 集成模式下 B2B 电子采购实现方式示意图

基于此模式下的电子采购有以下技术优势：

（1）基于传输控制协议/网际协议（Transfer Control Protocol/Internet Protocol，TCP/IP）和 WWW 规范，在技术上与 Internet 同步；

（2）信息沟通便捷、广泛，不分地域和不限时间；

（3）进行超文本的连接和智能支持，简化信息检索和查询；

（4）对外可以进行信息发布、宣传和协调沟通，对内支持日常数据处理和采购决策。

3.5.4.2 技术体系架构

企业可以通过高速数据专线连接到 Internet 网上，通过路由器与本企业的 Intranet 相连，再由 Internet 的主机或者服务器为企业内部提供信息和数据存取服务。在此体系中，包含 3 个层次的系统。如图 3-34 所示。

（1）与供应商的信息交换。通过 Internet，采购方可以和不同地域的供应商进行信息沟通，实现实时收集产品信息，并在 Internet 上完成采购的全过程。这

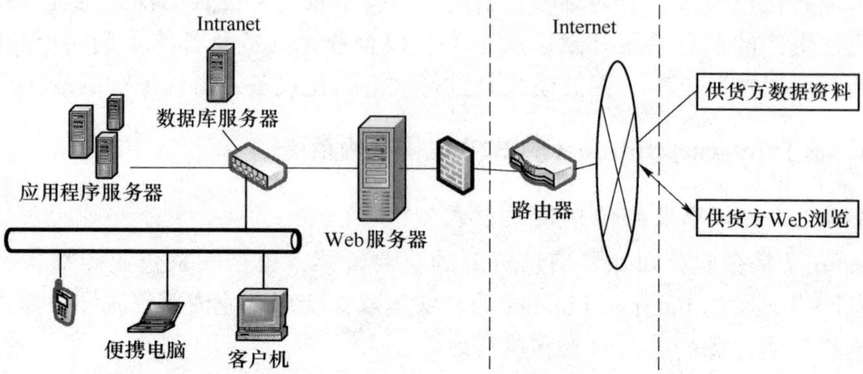

图 3-34　信息系统体系架构示意图

个层次主要是由企业外部的 Internet 信息交换完成。

（2）企业内部信息处理。企业内部的采购业务处理、信息数据共享、协同计算都是建立在 Intranet 基础上，与外部交换的信息主要来自于 Intranet 的内部数据库。因此，企业在建立相关的内部信息系统的硬件框架之后，需要决定在 Intranet 上共享的信息、数据格式和标准，同时完成信息数据的处理、状态统计、趋势分析等。

（3）内部信息处理的集成。实现企业内部的信息交换和数据共享，需要考虑采购方和供应方的信息交换数据接口，如 PMIS 和 ERP、电子商务系统之间的数据传输和共享。所以，采购方和供应商充分利用 Internet 的标准化技术，达到数据的无缝连接。

3.5.4.3　PMIS 中采购管理和 ERP、电子商务系统的整合

目前，在大多数企业中，由于电子商务系统、ERP 系统的投入使用，对于物料的采购管理已有了一定的体系，但是对于 MRO 物资的采购，仍然处于一个“盲区”。所以，将 PMIS 和现有的 ERP、电子商务系统进行整合，既不会造成系统过剩又使企业信息化进行扩展，使得信息系统体系功能进一步加强。

PMIS 和 ERP、电子商务系统整合后的系统功能体系，如图 3-35 所示。

例如，在大港石化公司，中国石化物资采购电子商务系统已经投入使用，ERP 系统正在进行实施的准备工作。所以，将 PMIS 和电子商务系统、ERP 系统进行整合，完成数据交换和信息处理工作。

设备管理中的设备维护、维修计划在 PMIS 中生成设备需求计划并提交到电子商务系统中，形成采购计划；在 ERP 中由订单产生生产计划后，并将生产物料需求计划提交给电子商务系统。这样，大港石化接收 PMIS、ERP 提交的采购需求计划，并由此产生采购订单，由采购部门人员进行采购业务的开展。这样对企业的多种资源进行计划和实现对物流、资金流、信息流统一操作和管理。

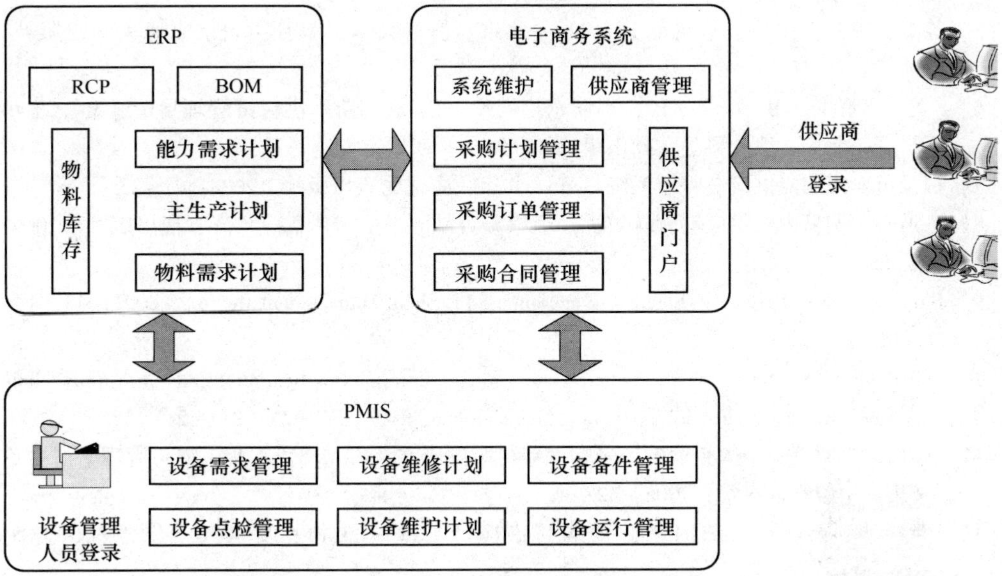

图3-35　PMIS和ERP、电子商务系统整合后的系统功能体系图

将PMIS、ERP、电子商务系统整合后，为公司管理层提供及时、准确、高效的管理信息，强化企业内部控制体系，帮助企业实现精细化成本控制，降低资金运营成本。同时，优化采购和库存管理以及销售与分销管理，提高生产计划的准确性，降低设备故障发生次数，延长设备安全运行周期，有效降低设备检修成本。

3.6　本章小结

本章从供应链理论分析设备管理活动入手，采用价值链理论分析采购业务，并深入剖析PMIS中涉及采购的业务，将采购管理导入到PMIS。深入研究基于供应链管理的PMIS采购管理模块的业务和数据相关性，并分析出由设备及备件需求计划生成采购业务过程中的数据流向。应用电子采购管理的思想实施于PMIS中设备和备品、备件采购管理。实现设备及备件采购的信息化。

参考文献

[1] 迈克尔·波特．竞争优势［M］．北京：华夏出版社，1997：4~6.
[2] 王田苗，胡耀光．基于价值链的企业流程再造与信息集成［M］．北京：清华大学出版社，2002：20~21.
[3] 杨赞，蹇令香．采购与库存管理［M］．大连：东北财经大学出版社，2008：4~6.
[4] ［荷］威尔，梅绍祖，阮笑雷．采购与供应链管理——分析、规划及其实践［M］．巢来

春，译．北京：清华大学出版社，2002：11～12.

[5] 徐杰，田源．采购与仓储管理［M］．北京：清华大学出版社；北京交通大学出版社，2004：3.

[6] [美] 罗伯特·B，坎菲尔德，小埃尔尼斯特·L，尼克斯．供应链管理导论［M］．王小征，译．北京：社会科学文献出版社，2003：2～3.

[7] 白世贞．采购与供应链管理系统［M］．北京：中国物资出版社，2008：22～23.

[8] 王道平，鲍新中．供应链管理教程：理论与方法［M］．北京：经济管理出版社，2009：39～42.

[9] Barua A，et al. Driving e-business excellence [J]. Sloan Management Review，2001，43（1）：36～44.

[10] Lancioni R A，Smith M F，Schau H J. Strategic internet application trends in supply chain management [J]. Industrial Marketing Management，2003，32（2）：211～217.

[11] 李瑶，李明琨．中国企业电子采购发展与案例研究［C］．现代工业工程与管理研讨会论文集．中国管理科学，2006：32～36.

[12] 龚国华，吴嵋山，王国才．采购与供应链［M］．上海：复旦大学出版社，2005：306～309.

4 基于供应链管理的设备供应商管理

4.1 供应商管理理论

供应商是指可以为企业生产提供原材料、设备、工具及其他资源的企业。供应商对企业物资供应起着非常重要的作用，由于采购管理的内涵是直接和供应商打交道而从供应商处获得物资。因此，做好供应商管理也是采购的一项重要工作。

所谓供应商管理，就是对供应商的了解、选择、开发、控制和使用等综合性的管理工作的总称。供应商关系管理（Supplier Relationship Management，SRM）是企业供应链上的一个基本环节。这种关系建立在对企业的供方以及与供应商相关信息完整有效的管理与运用的基础上，对供应商的现状、历史，提供产品或服务，沟通、信息交流、合同、资金、合作关系、合作项目以及相关的业务决策等进行全面的管理与支持[1]。

在传统的供应链管理中，供应商成员之间处于一种对立竞争的局面，供需双方进行零和博弈[2]。因此，成本是传统供应商选择指标的主要侧重点。一般在众多供应商参与竞标的情况下，中标的往往是报价最低的供应商。企业在选择供应商时只注重成本的短期行为，往往会引起供需双方的敌对关系，从而导致产品质量下降和交货期限的拖延。现代供应管理强调从战略性角度选择合适的供应商，建立其长期的合作伙伴关系。

供应商选择与管理对企业技术层面和战略层面具有重要意义：

（1）技术层面：供应商管理有利于降低商品采购成本；供应商管理可以减少库存压力，协调库存管理；信息技术和计算机网络技术为企业和供应商实时传递与交换信息提供了必要条件。

（2）战略层面：供应商管理有助于企业提升核心能力；有利于企业集成供应链；有利于新产品开发。

4.2 设备供应商管理策略

例如，在大港石化公司现有的 PMIS 系统中，共有设备 16 种大类，159 种中小类，总计设备 7183 台。面对数量庞大的设备及备件，如果对供应商进行全部、全面的统一管理，是一件非常繁重和复杂的工作。从供应链管理的角度来看，对所有供应商实行方法一致的管理也是不符合价值流最经济的。将设备“区别主次，分类管理”，有针对性地抓住主要因素，针对不同特点的设备对其供应商进行分别管理，提高整个供应链的绩效。

4.2.1 按设备采购属性一般分类方法

由于设备品种的多样性和复杂性，采购部门一般将其按照对生产影响和供应渠道分为4个大类。见图4-1。

Ⅰ对生产影响大，供应渠道少的设备；

Ⅱ对生产影响大，供应渠道多的设备；

Ⅲ对生产影响小，供应渠道少的设备；

Ⅳ对生产影响小，供应渠道多的设备。

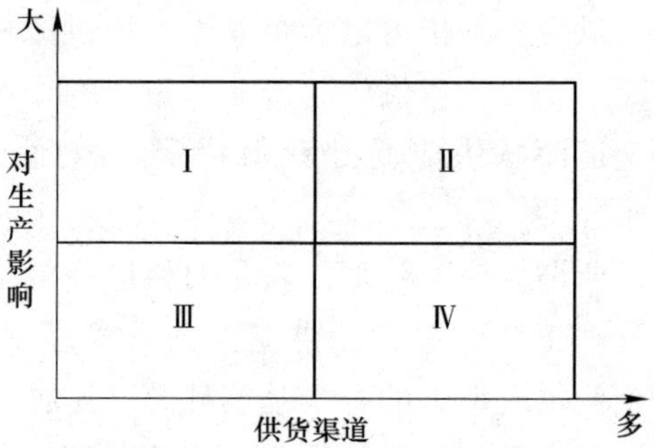

图4-1 设备分类

在以上分类中，所谓对生产影响大的设备指的是如果缺乏这类设备将造成大面积的停产，而对生产影响小的设备指的是如果缺货对正常生产的影响没有或很小。基于以上划分，第Ⅰ类的设备是指关键性的专用设备，供应渠道窄，仅一两个供应商可选，如果缺货将在短时间造成停产；第Ⅱ类设备应是大量采购且占采购资金比率很大的设备，或如果缺货对生产的影响会很大的设备，但供应商的选择余地很大，而且供货周期较短；第Ⅲ类设备是指不重要的专用设备，供应商的选择余地很小，但如果缺货，短时间内没有什么不良影响；第Ⅳ类设备是指采购量不大、占用资金较少且供应商的选择余地较大供货周期也较短的设备。

4.2.2 设备分类的指标确定

采购部门将设备按照对生产影响大小和供应渠道多少分为四类。对生产影响大小和供应渠道属于一个定性的分类参数，将此定性的参数细化并量化成设备指标是本节研究重点。

上节的分类目的是针对不同的设备特点，对其供应商进行分类管理。所以，对设备以下方面对其分类量化，最终按照设备的重要程度定义为：关键级、重要级、一般级。

（1）供应渠道。收集设备供应商信息，将对设备的供应商数目进行分类，按照供应商数量的多少进行划分。供应商数目分为：

A级：极少，供应商数目在0~5个；

B级：少数，供应商数目在5~10个；

C 级：多，供应商数目在 10 个以上。

（2）对生产影响。在《中国石油天然气股份有限公司炼油化工企业设备管理规定（试行）》中，根据在生产中直接影响生产过程进行，并决定生产能力的设备划分为主要设备。目前，在系统中主要设备一共 517 台，占设备总数的 7.2%，将这些设备重要程度定义为：关键级。在《规定》中的一般设备进一步细分，将其按照停产损失费（由于设备供应不及时可能会产生停产）考量。那么停产损失费用计算方法为：

$$\text{停产损失费} = \text{停机小时} \times \text{每小时生产成本费用} \tag{4-1}$$

由于停产损失费和停机时间成比例。所以，在一般设备中，将每小时生产成本费用高的作为设备重要程度定义为：重要级。其余设备的重要程度为一般级别。

（3）采购属性。供应商和企业在采购过程中产生的采购属性，采购属性也是作为设备分类一个重要参考因素。采购属性中包括采购金额、采购数量、采购频次。

对于采购属性，按照每年采购金额平均值进行统计计算，设在 N 年时间内，每年采购金额均值为：

$$\text{年采购金额} = \frac{1}{N}\sum_{i=1}^{N} \text{单台设备金额} \times \text{采购数量} \tag{4-2}$$

在统计的时限内，将一般设备按其年采购金额由高到低进行排序，前 20% 的设备定义为重要程度的：重要级。其余设备的重要程度为一般级别。

基于以上研究，可以将图 4-1 进一步细化后，按照定义的级别划分为如图 4-2 所示。

4.2.3 供应商分类管理

根据上节对设备重要程度和供应渠道分级，将设备供应商进行如下定义：

（1）关键供应商：设备重要程度属于关键级且供货渠道属于 A、B 级的设备，对应图 4-2 中位于部位“1”和“2”的设备，如图 4-3 所示阴影部分。

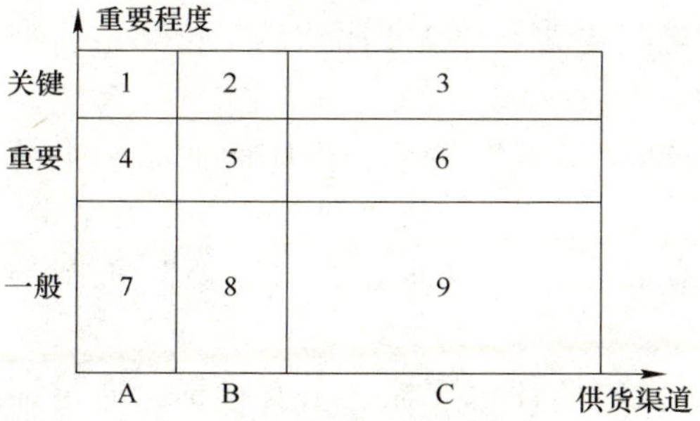

图 4-2 设备分类细化图

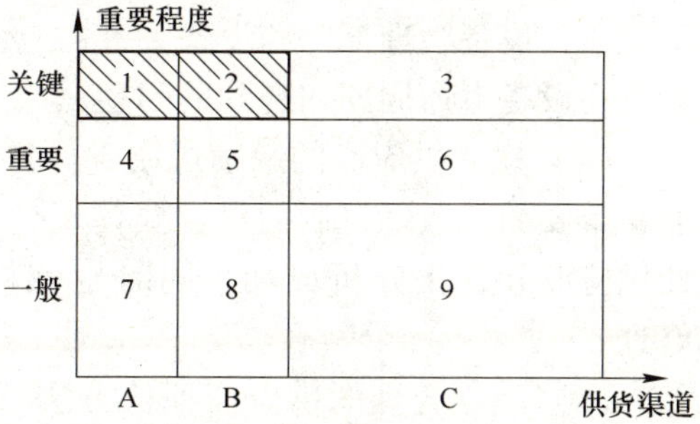

图 4-3 关键设备供应商

(2) 重要供应商：设备重要程度属于重要级别的设备，和属于关键级别且供货渠道属于 C 级的设备，对应图 4-2 中位于部位“3”、“4”、“5”、“6”的设备，如图 4-4 所示阴影部分。

(3) 一般设备供应商：设备重要程度为一般的设备，对应于图 4-2 中位于部位“7”、“8”、“9”的设备，如图 4-5 所示阴影部分。

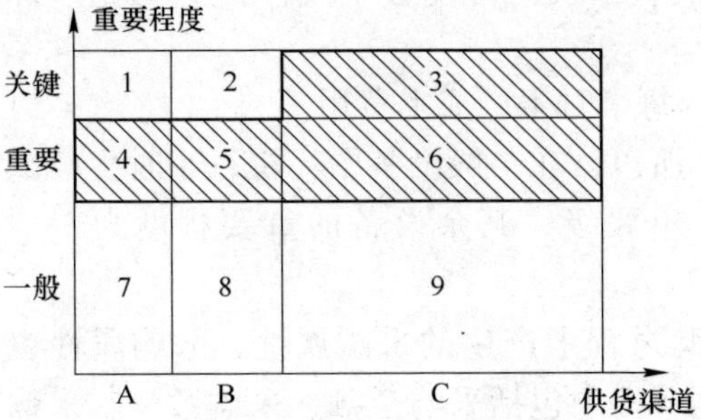

图 4-4　重要设备供应商

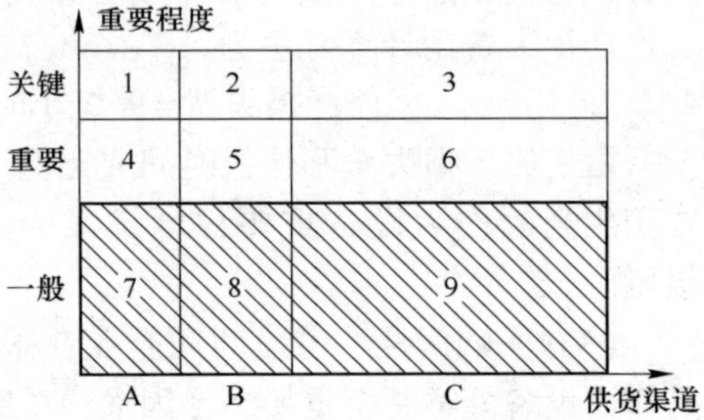

图 4-5　一般设备供应商

4.2.3.1　关键设备供应商管理策略

供应链管理环境下，关键设备供应商与企业是一种战略性合作关系，提倡双赢（win-win）机制。要在采购管理中体现供应链思想，对供应商的管理集中在如何和关键设备供应商建立“双赢”关系以及维护“双赢”关系。

对于设备管理日常工作，可以从以下几个方面着手：

(1) 与供应商信息共享。在 PMIS 数据库中，建立供应商信息表，以方便设备管理人员及时了解供应商信息。在 PMIS 系统中，分配给关键设备供应商权限，以便供应商及时了解、跟踪设备信息。

(2) 实施并行工程。鼓励供应商早期参与。设备寿命周期费用主要取决于设备规划阶段，所以供应商和设备共同参与设备规划和设计，供应商在设备设计阶段就让企业参与进来，企业可以在设备的性能和功能方面提供有关信息，这样可以将价值需求及时转化为供应商的质量与功能要求。

(3) 双方建立联合任务小组共同解决出现问题。在设备运行及维修等后期管理中，设备管理部门和设备关键供应商之间建立一种基于团队的工作小组，来解决在设备寿命周期内遇到的问题。

(4) 建立供应商的激励机制。保持长期“双赢”关系，供应商的激励也是非常重要的。激励机制的设计要体现公平、公正、一致的原则。在合作关系中，使供应商和企业分析成功，同时也使供应商在合作中体会的“双赢”机制的好处。

(5) 建立合理的供应商评价方法。对供应商评价要抓住主要指标，通过评价，把结果反馈给供应商，和供应商一起共同探讨问题产生原因，并采取相应措施予以改进。

4.2.3.2 重要设备供应商管理策略

对于重要程度为重要级别、供应渠道为 A、B 级的设备，管理重点应放在降低供应风险上。管理策略要积极与供应商进行合作。

供应商收到采购订单后，设备管理部门可以介入供应商生产过程，对设备的生产、配送和质量进行全过程的监控、跟踪。对此类的设备供应商，可以选择独家供应，也可以选择多家供应。基于企业和设备具体情况，采用 JIT 式的采购方式。但是，为了避免独家供应可能产生断供的风险，可以采用 2~3 家供应商供货，这样可以保持供应商适度竞争，实现优胜劣汰，也可以保证及时供货，使供应链得以高效运作。

4.2.3.3 一般设备管理策略

相比以上两类供应商管理方式，处理这类设备供应商关系比较容易。在以往供应商管理的基础上，结合设备管理方面的特性，可以从如下方面进行改进：一是，在进行招标比价的时候，价格只是其中一个参考，还应考虑售后提供的服务、技术支持和供应商资质等方面的因素；二是，可以通过网络技术等发布需求信息或寻找供应商来扩大供应商选择范围；三是，根据 20/80 原则，一般设备应该占到总设备数的 65%~80%，所以对于设备采购管理尽可能地去简化采购流程，以提高效率，降低交易成本。也可以将采购流程进行分阶段设置，减少审核、审批环节。

4.2.3.4 供应商管理策略的持续改进

由于企业和供应链关系是动态的，设备供应商的级别划分不是固定不变的。采用多种方式进行供应商管理，全面回顾和评估双方的初步合作关系，主要包括合作关系建立以来，双方各自的业务表现，在采购、市场调研、行业发展趋势预测以及新产品和新技术推广方面的合作情况，合作中的主要问题和存在的障碍以及持续改进的建议、措施和方法等。

4.3 设备供应商评价指标体系的建立

4.3.1 评价原则

供应商评价问题涉及很多因素且评价指标多种多样，既有定性又有定量因素，而且指标权重各不相同。因此，有必要建立一套通用的、可扩充的供应商评价指标体系。为科学、客观地反映供应活动的运作情况，建立与之相适应的供应商绩效评价指标体系。准确地选择评价供应商的指标，应遵循以下原则[3]：

(1) 系统全面性原则。评估指标体系必须全面反映供应商目前的综合水平，包括企业发展前景的各方面指标。

(2) 简明科学性原则。评估指标体系的设置应具有一定的科学性。若指标体系过大，指标层次过多，指标过细，则评估者的注意力转移到细小烦琐的问题上；指标体系过小，指标层次少，指标过粗，又不能充分反映供应商的水平。

(3) 定量与定性相结合的原则。供应链的竞争力水平是一个抽象的概念，在综合评价供应商时应综合考虑影响供应商竞争能力的定量指标和定性指标。对定性指标要明确其含义，并按照某种标准赋值，使其能够恰如其分地反映指标的性质。定性和定量指标都须具有清晰的概念和确切的计算方法。

(4) 可重构和可扩充性原则。评价指标体系不仅要有数量的变化，而且还要有指标内容上的变化，可以根据不同的要求对指标体系进行修改、增加和删除，并根据具体情况将评价指标进一步具体化。

4.3.2 建立供应商评价指标体系

基于供应链思想的设备管理信息系统中，供应商的评价指标选择不同于原材料供应商指标体系。设备从采购后投入使用到报废更新，基本保持原有的物质形态，维持其功能和精度是设备管理日常的重要工作之一。所以，对于供应商的售后服务和技术支持等方面的指标要求不同于消费型物料供应商。供应商核心能力、企业与供应商产品关联性成为主导因素，而原材料供应商指标体系中如质量指标、价格指标、交货期、供应商生产柔性也都在考虑范围内。

从设备供应商的特殊性出发，从供应商产品角度、组织角度和供应链信息共享角度，建立其对应的指标体系。

(1) 供应商产品角度。

供应商的产品对于企业来说也就是设备，所以从设备在供应链采购过程中，涉及的指标包括供应商产品质量、产品价格、供应商柔性、交货情况等。

(2) 供应商组织角度。

供应商组织角度，包括供应商的售后服务、技术能力这两个方面应进行深入评价。而供应商的财务状况和研发能力也作为一个重要的参考指标。

(3) 信息共享方面。

企业和供应商信息共享是基于供应链思想的 PMIS 特色，信息共享的程度是衡量供应商和企业合作关系的深度。信息共享属于一个定性的指标，信息共享又可以细化为在企业和供应商信息传递过程中的准确性、时效性、有效性和供应商信息系统的先进性。

设备管理供应商评价体系如表 4-1 所示。

表 4-1 设备管理供应商评价体系

评价角度	评价参数	评价指标
产品角度	产品质量	产品合格率
		产品退货率
	产品价格	采购价格
	柔 性	时间柔性
		数量柔性
	交货情况	准时交货比率
		订单完成率
组织角度	售后服务	服务响应速度
		抱怨满意处理比率
	技术能力	工业标准达标率
		ISO 认证率
		生产产能
	财务状况	资产负债率
		流动比率
		资产周转率
信息流	信息共享程度	信息传递准确性
		信息传递时效性
		信息传递有效性
		信息系统先进性

4.3.3 供应商评价指标量化

在供应商评价指标中，一些指标无法通过定量的方式得出评价结果，职能对其进行定性的评价并划分等级后进行考量。

4.3.3.1 产品角度

（1）产品质量可以从产品合格率和退货率两个指标进行评价。产品合格率是在一定时期内合格产品数量占总供货数量的百分比。这一指标可反映出产品质量状况。只有在供应链上游保证高质量设备，才能保证最终设备的质量。设在评价期限内，向供应商采购设备 A 共计 N 次，第 $i(1 \leqslant i \leqslant N)$ 次的采购数量为 $P_{ur}T_i$。其中，合格设备数量为 $P_{ur}Q_i$，该段时间内供应商供应产品的合格率为：

$$RPQ_A = \frac{\sum_{i=1}^{N} P_{ur}Q_i}{\sum_{i=1}^{N} P_{ur}T_i} \times 100\% \tag{4-3}$$

产品退货率是在一定时期退货产品数量占总供货产品百分比。退货率过大将对供应商的形象产生负面影响。设在一定时期内，向供应商采购设备 A 共计 N 次，第 $i(1 \leqslant i \leqslant N)$ 次的采购数量为 $P_{ur}T_i$，其中退货产品数量为 $E_{xc}T_i$，则该段时间内该供应商供应产品退货率为：

$$REP_A = \frac{\sum_{i=1}^{N} E_{xc}T_i}{\sum_{i=1}^{N} P_{ur}T_i} \times 100\% \tag{4-4}$$

（2）柔性。数量柔性是企业在正常运营的情况下，生产产品的数量范围。该指标可反映出供应商对企业数量需求变化的适应能力。设顾客需求 D 是一个随机变量，同时服从均值为 μ、标准差为 σ_D 的正态分布，即 $D \sim N(\mu, \sigma_D^2)$，供应商的最小获利产量为 O_{min}，最大获利产量为 O_{max}。则定义数量柔性为[4]：

$$VF = \phi\left(\frac{O_{max} - \bar{D}}{\sigma_D}\right) - \phi\left(\frac{O_{min} - \bar{D}}{\sigma_D}\right) \tag{4-5}$$

时间柔性是供应商对企业需求变化的反应能力，反映了供应链对企业需求的响应速度。此参数可以采用减少交货时间的松弛时间百分比表示。设 t^* 为当前日期，L_j 为完成工作 J 的最迟时间，E_j 为完成工作 J 的最早时间。若系统中供有 $j = 1, 2, \cdots, J$ 项 工作，则时间柔性 DF 可表示为：

$$DF = \frac{\sum_{j=1}^{J} (L_j - E_j)}{\sum_{j=1}^{J} (L_j - t^*)} \tag{4-6}$$

（3）交货情况。准时交货率是在一定时限内，供应商准时交货的次数与总交货次数的百分比。供应商准时交货率越高，则此供应链生产能力越强，管理水平越高。设在一定时间内供应商准时交货次数为 VS_{OTD}，总交货次数为 VS_{TD}，则该段时间内准时交货率为：

$$R_{OTD} = \frac{VS_{OTD}}{VS_{TD}} \times 100\% \tag{4-7}$$

订单完成率是在一定时限内实际送达的订货数量占总订货数量的百分比。设在一定时间内向供应商采购设备 A 共计 N 次，第 $i(1 \leqslant i \leqslant N)$ 次的采购数量为 $P_{ur}T_i$，其中实际送达的产品数量为 $D_{el}T_i$，则该段时间内供应商供应设备的订货完成率为：

$$R_{\mathrm{of}} = \frac{\sum_{i=1}^{N} D_{\mathrm{el}} T_{\mathrm{i}}}{\sum_{i=1}^{N} P_{\mathrm{ur}} T_{\mathrm{i}}} \times 100\% \tag{4-8}$$

4.3.3.2 组织角度

（1）售后服务。作为设备管理考察供应商的重要指标，售后服务水平可选择服务响应速度、服务质量和抱怨满意处理比率来描述。

设备管理部门对不合格设备、不满意的服务希望供应商在尽可能短的时间内解决问题。所以，响应速度是衡量供应商服务水平的指标。设供应商每次对设备管理人员的响应时间为 t_{RSi}，则指定时间内 T 的平均响应时间为：

$$\overline{RS^T} = \frac{1}{N}\sum_{i=1}^{N} t_{\mathrm{RSi}} \tag{4-9}$$

抱怨满意处理是供应商及时、有效地解决抱怨的情况。设时段 T 企业内共向供应商发出 N_{comp} 次抱怨，其中得到满意解决的次数为 N_{SHcomp}，则抱怨满意处理比率可表示为：

$$p_{\mathrm{STCC}} = \frac{N_{\mathrm{SHcomp}}}{N_{\mathrm{comp}}} \times 100\% \tag{4-10}$$

（2）技术能力。技术能力是从企业角度反映供应商的绩效水平。

工业标准达标率不仅反映企业的技术能力，也影响产品质量、价格等因素，对现代企业来说，满足所需的工业标准也是基本技术能力的体现。设企业所达到工业标准数量为 IS，该行业所需达到的工业标准数量为 NIS，则该企业的工业标准达标率为：

$$R_{\mathrm{IS}} = \frac{IS}{NIS} \times 100\% \tag{4-11}$$

ISO 认证率是供应商通过 ISO 认证的数目和需要通过认证数目百分比。设企业所达到 ISO 认证数量为 ISO，该行业所需达到的 ISO 认证数量为 $NISO$，则该企业 ISO 认证率为：

$$R_{\mathrm{ISO}} = \frac{ISO}{NISO} \times 100\% \tag{4-12}$$

供应商产能即在单位时间内生产产品的能力。供应商的产能是企业满足设备需求的决定因素。对供应商的选择是在横向供应商之间，所以只需在供应商之间横向比较产能。设供应商在单位时间内生产设备 A 的数量为 MC_{A}，行业中产能的平均水平是 $\overline{MC_{\mathrm{A}}}$，则该供应商企业的优势为：

$$P_{\mathrm{cap}} = \frac{MC_{\mathrm{A}} - \overline{MC_{\mathrm{A}}}}{\overline{MC_{\mathrm{A}}}} \times 100\% \tag{4-13}$$

(3) 财务状况。供应商的财务状况可从财务数据上反映其经营情况。

资产负债率是供应商在一定时期内负债总额同资产总额的比率。该指标是衡量供应商负债水平及风险程度的重要判断标准。供应商风险大小将会影响到供货水平以及产品需求方的缺货损失。其表示为：

$$资产负债率 = 负债总额 / 资产总额 \times 100\% \tag{4-14}$$

流动比率是供应商在一定时期流动资产同流动负债的比率。该指标衡量供应商短期债务偿还能力，从中反映供应商是否有足够的流动资金进行生产，以供应产品给需求方。其表示为：

$$流动比率 = 流动资产 / 流动负债 \times 100\% \tag{4-15}$$

资产周转率是供应商在一定时期内销售收入净额同平均资产总额的比值。该指标体系供应商经营期间全部资产从投入到产出的流转速度，是综合评价全部资产经营质量和利用效率的指标。其表示为：

$$资产周转率 = 销售净额 / 平均资产总额 \times 100\% \tag{4-16}$$

4.3.3.3　信息流角度

信息传递时效性是指信息在供应链传递过程中的及时程度，是数据及时传递的次数占总传递次数的百分比。设在考察期 T 内，供应商向企业传递有效数据 N 次，其中及时传递的次数是 n_1，则该时段内此过程传递信息时效性为：

$$P_{\mathrm{DI}} = \frac{\sum_{t=1}^{T} n_{\mathrm{t}}}{N \cdot T} \times 100\% \tag{4-17}$$

准确性是信息在各个流程环节中传递准确、无误。此指标可以采用数据正确传递的次数占总传递次数的百分比表示。设一定时间内某一环节向下游环节传送的总次数为 TN_{data}，其中正确传送的次数为 CN_{data}，则该环节正确传送的比例为：

$$P_{\mathrm{cl}} = \frac{CN_{\mathrm{data}}}{TN_{\mathrm{data}}} \times 100\% \tag{4-18}$$

在信息准确、及时地传递之后，还需要关注信息有效性。信息有效性可采用有效传递次数占总传递次数的百分 比表示。设考察期 T 内，供应商第 $t(1 \leqslant t \leqslant T)$ 天传递的次数为 S_{t} 次。其中，及时传递的次数为 n_{t}，则该时段内供应商传输信息的有效性比率为：

$$P_{\mathrm{VI}} = \frac{\sum_{t=1}^{T} n_{\mathrm{t}}}{\sum_{t=1}^{T} S_{\mathrm{t}}} \times 100\% \tag{4-19}$$

信息系统是信息共享的硬件基础，是信息传递的工具。可以用在一定时间内信息系统投入成本占总销售收入的百分比来评价其先进性。设一定时期内，供应商对信息系统投入为 C_{forls}，该时段的总销售收入为 TG_{sales}，则该供应商信息系统的先进性为：

$$P_{\text{AI}} = \frac{C_{\text{forls}}}{TG_{\text{sales}}} \times 100\% \tag{4-20}$$

4.4 构建设备供应商评价模型

有评价指标体系，还需要选择合适的评价方法对供应商进行评估。

4.4.1 评价方法比较及选择

目前，针对供应商选择问题的评价方法很多。其中，比较常用的几种方法有层次分析法[5]（analytical hierarchy process，AHP）、数据包络分析[6]（data envelopment analysis，DEA）和模糊综合评判。

AHP 方法具有系统性、实用性和简洁性的特点，非常适用于对具有多个层次结构的评价问题。但是，从建立层次结构模型到给出成对比较矩阵，主观因素对整个过程的影响较大，而且当决策方案的数目非常多的时候，决策方案之间的两两判断矩阵无法构造。

DEA 方法能够对供应商的效率作出评价，但所要求的指标全为定量的指标，并且在评价指标很多而评价的决策单元数量不够时，非常容易出现大部分决策单元都为 DEA 有效的情况，会严重影响评价结果的有效性。

模糊综合评判方法适合对具有“模糊概念”的定性指标进行评价，但在应用中其隶属函数的确定方法存在着主观随意性，而且这种方法对定量指标的评判不够直接有效。

基于群决策的 AHP 方法可以克服单纯采用 AHP 方法的缺点：通过综合平衡多位专家的意见，可以在一定程度上减轻权重的主观性问题；再通过逐一对两两判断矩阵进行一致性检验，可以克服判断矩阵不一致的缺点。

4.4.2 建立供应商选择的层次结构模型

在建立供应商评价指标体系后，根据指标所含因素及其相互关系，按照是否具有某些共性，将问题所包含的因素划分为不同的层次，用框图形式说明层次的递阶结构与因素的从属关系。当某个层次包含较多因素（大于9）时，可将该层次进一步划分为若干子层次。这样就构成了由最高层、若干中间层和最低层组成的递阶层次结构模型。如图 4-6 所示。

图 4-6 中，总目标是最高层，一般只有一个；准则层可以有 m 层；指标层是

中间层，表示实现手段所采用的各项指标；最低层为方案层，为实现目标而选用的各种方案或措施、手段，通常有几个方案可选。

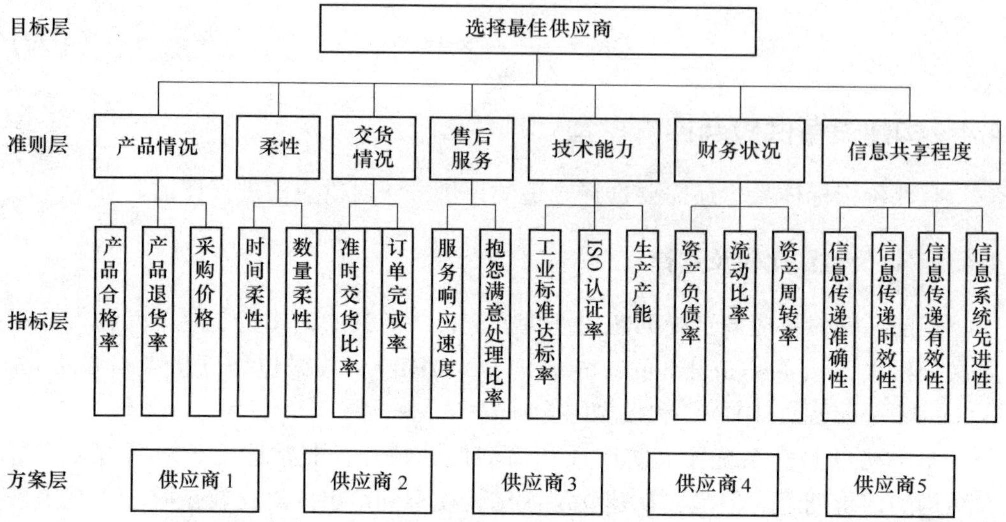

图 4-6 递阶层次结构模型

4.4.3 构造判断矩阵

在所建立的层次结构模型中，除总目标层外，每一层都由多个元素组成，而同一层各个元素对上一层的某一元素的影响程度是不同的。因而要求判断同一层次的元素对上一级某一元素的影响程度，并将其量化。元素的值反映人们对各因素相对重要性的认识，Saaty 运用模糊数学理论，集人类判别事物好坏、优劣、轻重、缓急的经验方法，提出了一种 1~9 标度法，对不同的情况比较结果给以数量标度。表 4-2 为层次分析法对重要程度的划分情况。

表 4-2 1~9 标度法

标　度	定　义
1	同等重要
3	略微重要
5	明显重要
7	强烈重要
9	极端重要

根据设计的专家调查表确定最终的评价指标体系和各层次指标的权重。在统

计计算每份问卷的各因素权重的基础上，对各专家的权重进行算术平均，即可得到最终的各因素权重。

为简化计算，采用方根法计算每个判断矩阵各因素针对准则的相对权重。设判断矩阵 $\bar{A} = (a_{ij})_{n\times n}(i = 1, 2, \cdots, n)$，先求判断矩阵 $\bar{A}$ 的几何平均值：

$$M_i = \prod_{j=1}^{n} a_{ij}(i = 1, 2, \cdots, n)$$

$$\bar{\omega}_i = \sqrt[n]{M_i} \tag{4-21}$$

然后对向量 $\bar{\omega}_i = (\bar{\omega}_1, \bar{\omega}_2, \cdots, \bar{\omega}_n)^T$ 归一化处理得：

$$\omega_i = \frac{\bar{\omega}_i}{\sum_{i=1}^{n} \bar{\omega}_i} \tag{4-22}$$

向量 $\omega = (\omega_1, \omega_2, \cdots, \omega_n)^T$ 即为所求的特征向量。

计算判断矩阵的最大特征根 λ_{max}：

$$\lambda_{max} = \sum_{i=1}^{n} \frac{(A\omega)_i}{n\omega_i} \tag{4-23}$$

式中，$(A\omega)_i$ 表示向量 $A\omega$ 的第 i 个元素。

4.4.4 一致性检验

复杂事物的各因素进行两两比较时，如果因素个数过多，会存在着判断前后不一致的情况，这样就会导致矩阵的特征值和特征向量的误差。为保证应用层次分析法得到的结论基本合理，需要对构造的判断矩阵进行一致性检验。只有通过检验，才能说明判断矩阵在逻辑上是合理的，才能继续对结果进行分析。引入度量判断矩阵一致性的指标 CI（Consistent Index），则

$$CR = CI/RI \tag{4-24}$$

$$CI = (\lambda_{max} - n)/(n - 1)$$

式中 λ_{max}——判断矩阵的最大特征根；

n——矩阵的对角线元素个数；

RI——可查表确定，如表 4-3 所示。

表 4-3 一致性指标

阶数	3	4	5	6	7	8	9
CR	0.58	0.90	1.12	1.24	1.32	1.41	1.46

当 $\lambda_{max} = n$ 时，$CI = 0$，为完全一致；CR 值越大说明判断矩阵一致性越差。

一般认为当 $CR < 0.1$ 时，层次总排序的计算结果具有满意的一致性。否则应对判断矩阵作适当修正。

通过以上构造判断矩阵并进行一致性验证，可得到供应商评价体系各指标权重。

4.5 设备供应商评价

4.5.1 收集供应商原始数据

收集可供选择供应商相关信息，设备管理部门和企业人员组成评估小组进行实地调研，通过面对面的交流来向供应商了解各方面的实际情况。调研时，可根据设计好的调查问卷考查供应商各方面的情况，并做好相关记录，等调研结束后再对收集到的基本情况和相关数据进行整理得到供应商在各指标上的原始数据。

4.5.2 数据标准化处理

在供应商选择评价体系中，各指标意义不一样，表现形式也不一样，有的是定性指标，有的是定量指标；有些指标要求越大越好，有些指标要求越小越好。所以首先必须对各指标的原始数据进行无量纲处理，才能符合可比性的原则。

4.5.3 计算评价值

设基于群决策的 AHP 得到的指标组合权重为：

$$\partial = (\partial_1, \partial_2, \cdots, \partial_m)^T \tag{4-25}$$

供应商 $i(1 \leqslant i \leqslant N)$ 在各个指标上进行无量纲化后的数值为：

$$R_i = (R_{i1}, R_{i2}, \cdots, R_{im}) \tag{4-26}$$

则供应商 i 的评价值为：

$$\overline{S_i} = R_i \cdot \partial = (R_{i1}, R_{i2}, \cdots, R_{im}) \cdot (\partial_1, \partial_2, \cdots, \partial_m)^T \tag{4-27}$$

4.6 本章小结

本章首先根据设备采购属性按照设备重要程度进行划分类别，并提出对应设备进行供应商的分类管理策略。根据设备供应商的特点，建立评价指标体系，提出采用基于群决策的 AHP 方法进行供应商评价方法。基于群决策的 AHP 供应商评价方法可以综合多名专家的意见，能有效克服运用层次分析法时权重的主观性问题，通过构建判断矩阵和一致性检验确定各因素权重。

参考文献

[1] 白世贞．采购与供应链管理系统［M］．北京：中国物资出版社，2008：163~165.
[2] 马士华．新编供应链管理［M］．北京：中国人民大学出版社，2008：28~29.
[3] 周艳军．供应链管理［M］．上海：上海财经大学出版社，2004：92~93.
[4] 霍佳震，马秀波，朱琳婕．集成化供应链绩效评价体系及应用［M］．北京：清华大学出版社，2005：99~101.
[5] 谭跃进．定量分析方法（修订版）［M］．北京：中国人民大学出版社，2006：139~153.
[6] 许晓东．定量分析方法［M］．武汉：华中科技大学出版社，2008：254~269.

5　基于供应链管理的 PMIS 系统设计

5.1　系统需求

5.1.1　现行设备管理信息系统问题分析

信息系统基础数据的建立、采集、传输是系统建设的重要环节，数据收集是否准确和及时是整个系统能否顺利执行的保障。目前，企业内部大部分已经实施了管理信息系统，但是由于是从手工操作向电子化操作的过渡阶段，现行系统存在的问题可归纳为以下几点：

（1）信息的真实性、可靠性差。经过调研、分析，现行的现场数据主要依靠作业人员进行人工收集。这种单纯的人工管理方式，不仅收集速度慢、成本高，而且在多次纸、笔、键盘录入过程中出错率很高，不仅降低了工作效率，而且不能保证数据的准确性和实时性。对于 PMIS 来说，数据采集具有重要意义，设备和备件的数据采集不准确，会导致“错误的输入造成错误的结果”，使 PMIS 功效大打折扣。

（2）设备编码不规范。每台设备基本都有设备编码，但是目前此编码不是唯一可识别码，有部分编码是重复的，少数一般设备没有设备编码；设备的编码方法是由设备管理人员手工编制的，这样就会人为地造成编码扩展性和通用性受到影响。编码不规范还会造成由于设备编码不一致导致的分析、统计数据不准确等问题。

（3）信息不透明，数据不能完全不共享。由于企业中有些部门的业务数据未和设备管理信息系统同步，存在手工报表和电子报表数据冲突的问题。企业内采购、库存、设备管理等部门的一些数据是独立的，信息更新不及时，系统数据无法共享。现有业务往往对分厂难以进行查询统计，造成数据失效。

（4）整个供应链过程不可见。现有 PMIS 管理工作仅局限于设备管理部门，未在其他相关部门开展，使企业内的信息传递不畅，数据反馈速度慢，各个部门不能及时掌握设备管理的最新相关数据。设备管理部门和供应商之间缺乏有效沟通和合作，使得设备及备件的库存不透明，供应商无法实时了解企业需求并安排生产。

在基于供应链管理的设备管理系统中，企业首先应使内部管理信息系统标准化；其次需要打通设备管理各个环节，增加管理的透明度，监控整个流程的管理过程，达到物流、信息流、资金流的统一，降低成本提高管理效益。

5.1.2 现行PMIS中问题解决方法

针对现行的设备管理信息系统中存在的问题，从以下几个方面进行改进：

（1）在数据采集方面应用自动识别技术。应用自动识别技术，可以克服传统纸单作业存在的劳动强度大、效率低、容易出错、数据重复录入、处理延迟、工作量大等缺点，大大提高基础数据采集准确性，将PMIS系统的应用人员从手工录入的繁杂工作中解脱出来，使他们有更多的时间从事数据检查与监控的工作，大大提高了工作效率，进而提升了企业的管理水平。

（2）建立设备及备件编码体系。充分考虑设备编码的通用性和可扩展性，应用编码技术对全公司的设备及备件进行标准编码；在PMIS、ERP和电子商务系统中采用统一的标准编码，使设备编码作为设备的唯一标识，并在分布式应用程序中建立关联关系，以确保数据的同步与统一。

（3）对设备管理中的数据进行统一管理。系统数据统一管理的前提是系统中基础数据和运行数据等设备及备件资料在各个部门之间保持一致，并由计算机自动生成相应的报表；日常公用查询统计的报表，直接按级别按角色在权限范围从系统中直接获得；专用查询统计的报表，由下属部门负责人制作生成，形成文档并在系统中传输给上级部门。

（4）在PMIS中加入采购管理模块，形成PMIS综合管理平台。通过采购管理模块建立企业与供应商之间的信息桥梁。

基于供应链管理的设备管理信息系统是在原有的PMIS基础上，从以下几个方面提出新的功能需求：

（1）构建PMIS平台。将PMIS作为设备管理信息化的支撑平台，将设备管理各项工作都在此平台上开展。PMIS平台本身应具有数据一致性、架构开放性、应用集成性、安全性等。

（2）编码体系。PMIS中的编码要求在设备管理的全过程中实行一码到底的原则。而且编码除了尽量保留原有编码规则外，还要有通用性和可扩展性的特点。

（3）PMIS平台的业务数据。PMIS平台中的业务模块是独立的系统，它们之间又通过设备编码联系在一起，对于业务数据的输入只有唯一入口，而数据在PMIS平台设定的权限下完全共享。

（4）PMIS平台数据采集。在PMIS平台中，数据的采集不再是原有的手工输入的原始方式，尤其对于涉及数据采集工作频繁的业务部门如仓储部门和设备维护部门，而是采用自动识别技术，以提高设备管理工作的效率。

(5) 开放的 PMIS 平台。在基于供应链管理的设备管理工作中，设备管理的工作除了在企业内部进行，还要和企业外部的供应商进行信息传递。所以，这就要求系统具有一个开放的结构。模块可以根据情况进行扩充以满足企业变动的需要。

5.2 自动识别技术在基于供应链的设备管理中应用研究

设备数据采集在传统方式下采用手工方式录入，速度慢，采集的数据差错率高。随着超大规模集成电路和超高速计算机技术的迅速发展，迫切需要改变原有的数据输入方法，大幅提高输入质量和速度，自动识别技术就是为消除数据录入的"瓶颈"问题而研究产生的。它是以计算机技术、光电技术和通信技术的发展为基础的一项综合性科学技术，是信息数据自动识别、输入的重要方法和手段。如表 5-1 所示。

表 5-1 手工输入和条码自动识别的比较

项 目	手 工 输 入	条 码 识 别
采集速度	200 字符/每分钟	4000 字符/每分钟
出错率	1/300	1/1000000
基材价格	无	低
扫描器价格	无	低
优 点	操作简单，可用眼识读，键盘本身便宜	输入速度快，设备便宜，设备种类多，可非接触式识读
缺 点	识读率高，输入速度低，输入受个人因素影响	数据不可更改，不能用眼直接阅读

5.2.1 自动识别技术概述

自动设备识别技术是目前国际上发展很快的一项新技术，英文名称为 Automatic Equipment Identification，简称 AEI。自动识别技术是将数据自动采集和识读并自动输入计算机的重要方法和手段[1]。自动识别技术近几十年在全球范围内得到了迅猛发展，初步形成了一个包括条码技术、光学字符识别、磁卡技术、智能卡、射频技术、声音识别及视觉识别等集计算机、光、机电、通信技术于一体的高新技术学科自动识别技术[2]。目前，已广泛应用于商业流通、仓储、图书情报、邮政、铁路、交通运输、生产自动化管理等领域。

我国条码自动识别技术发展较晚，但进展很快。1991 年和 1997 年我国以中国物品编码中心和中国自动识别技术行业协会名义分别参加了国际物品编码协会和国际自动识别制造商协会，促使我国条码自动识别技术推广应用和条码自动识别技术装备生产得到了迅速发展[3]。截至2003年底，已成功发展中国商品条码系统成员10万家，名列世界第三位，保持系统成员10%的增长率[4]。

5.2.1.1 条码技术

条码技术诞生于20世纪40年代，于20世纪70年代逐渐形成了规模，近30年则取得了长足的发展[5]。条码是利用光电扫描阅读设备来实现数据输入计算机的一种代码[6]。目前，条码技术在欧美、日本已得到普遍应用，而且正在世界各地迅速推广普及，其应用领域还不断扩大。

(1) 一维条码。根据中华人民共和国国家标准GB/T 12905—2000《条码术语》定义为：条码（bar code）是由一组规则列的条、空及其对应字符组成的标记，用以表示一定的信息。这些条和空组成的数据表达一定的信息，并能够被识读，转换成与计算机兼容的二进制信息[7]。条码系统（bar code system）由条码符号设计、制作及扫描识读组成的自动识别系统。

目前，使用频率最高的几种码制是EAN、UPC、39码、交插25码和EAN128码[8]。其中，UPC条码主要用于北美地区；EAN条码是国际通用符号体系，它们是一种定长、无含义的条码，主要用于商品标识；39码主要用于工业、图书及票证的自动化管理，目前使用极为广泛；EAN128条码是由国际物品编码协会（EAN International）和美国统一代码委员会（UCC）联合开发、共同采用的一种特定的条码符号。它是一种连续型、非定长有含义的高密度代码，用以表示生产日期、批号、数量、规格、保质期、收货地等更多的商品信息。另有一些码制主要是适应特殊需要的应用方面，如库德巴码用于血库、图书馆、包裹等的跟踪管理，25码用于包装、运输和国际航空系统为机票进行顺序编号，还有类似39码的93码，它密度更高些，可代替39码。

(2) 二维条码。二维条码技术是在一维条码无法满足实际应用需求的前提下产生的[9]。由于受信息容量的限制，一维条码只能充当物品的代码，而不能涵盖更多的物品信息。二维条码具有信息量大、可靠性高，保密、防伪性强等特点，所以可以用它表示数据文件（包括汉字文件）、图片等。它是各种证件及卡片等大容量、高可靠性信息实现存储、携带并自动识别的最理想的方法[10]。

目前，二维条码主要分为堆积或层排式、棋盘或矩阵式两大类，包括以下几种：PDF417码由美国SYMBOL公司研制，是目前应用最为广泛的一种二维码；Data Matrix码主要用于电子行业小零件的标识，如Intel的奔腾处理器的背面就印制了这种码；Maxi Code码由美国联合包裹服务（UPS）公司研制的，用于包裹的分拣和跟踪等领域。

作为一种先进的自动识别技术，二维条码具有以下特点[11]：

1）成熟的标准：目前国际上已有完善的标准体系，国内也有相应标准；

2）存储容量大：相对于一维条码极低的存储量，二维条码存储大于 1 KB 的信息，证卡专用的 CM 存储量甚至可到 32KB；

3）信息密度高、范围广：在一个不大的图形内，可存储数字、英文、汉字、指纹、声音和图片等信息；

4）采集速度快：识读速度在 300ms 以下；

5）制作成本低：从 0.01 元到 0.09 元；

6）纠错能力强：在条码污损的情况下，仍然能够识读，识读误码率在千万分之一以下；

7）安全性高：内容不可改写，需专用设备识读，信息可加密等。

5.2.1.2 无线射频识别

无线射频识别（Radio Frequency Identification，RFID）[12]技术是一种直接继承了雷达的概念，并由此发展起来的具有革命性的自动识别技术。1948 年，哈里·斯托克曼（Harry Stockman）在无线电工程师协会（Institute of Radio Engineers）学报上发表的《利用能量反射进行通信（Communication by Means of Reflected Power）》奠定了 RFID 技术的理论基础[13]。

无线射频识别技术是一种非接触的自动识别技术，其基本原理是利用射频信号和空间耦合（电感或电磁耦合）传输特性，实现对被识别物体的自动识别[14]。如图 5-1 是 RFID 系统配置示意图[15]。

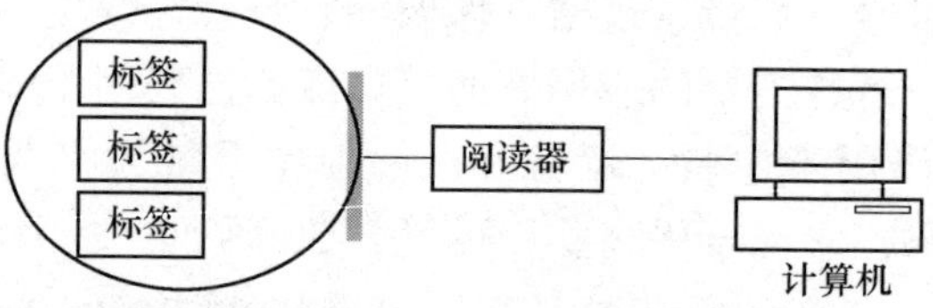

图 5-1 RFID 系统配置示意图

该项技术的基本思想是通过采用一些先进的技术手段，实现人们对各类物体或设备（人员、物品）在不同状态（移动、静止或恶劣环境）下的自动识别和管理[16]。

随着无线通信和大规模集成电路技术的发展，RFID 产品成本逐渐降低，进入了实用化阶段[17]。射频识别技术可以广泛应用于工业自动化、商业自动化、交通运输控制管理等众多领域，如汽车、火车等交通监控，高速公路自动收费系统，停车场管理系统，物品管理，流水线生产自动化，安全出入检查，仓储管理，动物管理，车辆防盗等[18]。

5.2.2 PMIS 中自动识别技术的建立

在现有企业中，由于设备及备件品种多，而且属性比较复杂，要求码位比较长，要以简明设备及备件名称缩写进行编码。所以，需要选择的码制必须包括字母和下划线等符号。考虑到设备及备件编码的可扩展性，编码的长度应是可变的。

5.2.2.1 自动识别技术的类型

目前，应用比较广泛的自动识别技术是：条码、磁条、射频。结合各种自动识别技术特点，三种识别技术的比较如表 5-2 所示[19]。

表 5-2 条码、磁条（卡）、射频的比较

项 目	条 码	磁条（卡）	射 频
输入 12 位数据速度	0.3~2s	0.3~2s	0.3~0.5s
误读率	1/100000000~1/15000		
印刷密度	最大 20 个字符/英寸	48 个字符/英寸	4~8000 字符
印刷面积	长 15mm×宽 4mm	6.4mm 高	直径 4 mm×长 32 mm 至纵 54 mm×横 86 mm
基材价格	低	中	高
扫描器价格	低	中	高
非接触识读	接触约 5m	不能	接触约 5m
优 点	输入速度快，设备便宜，设备种类多，可非接触式识读	数据密度高，输入速度快	可在灰尘油污等情况下使用，可非接触式识读
缺 点	数据不可更改，不能用眼直接阅读	不能直接用眼阅读，不能非接触式识读，数据可变更	发射、接收装置昂贵，发射装置寿命短，数据可改写

由表 5-2 对比，可以看出，目前现有企业采用条码技术是最佳的选择。

5.2.2.2 条码技术中一维条码和二维条码的比较

信息容量大、安全性高、读取率高、错误纠正能力强等特性是二维条码的主要特点。一维条码同二维条码的对照可见表 5-3[20]。

表 5-3 一维条码和二维条码的比较

项 目	一维条码	二维条码
信息密度与信息容量	信息密度低，信息容量较小	信息密度高，信息容量较大
错误校验及纠错能力	可通过校验字符进行错误校验，没有纠错能力	具有错误校验和纠错能力，可根据需求设置不同的纠错级别
垂直方向是否携带信息	不携带信息	携带信息
用 途	对物品的标识	对物品的描述

续表 5-3

项 目	一维条码	二维条码
对数据库和通讯网络的依赖	多数应用场合依赖数据库及通信网络	可不依赖数据库及通信网络而单独应用
识读设备	可用线扫描识读，如光笔、线阵 CCD、激光枪	对于行排式二维条码可用线扫描器的多次扫描识读；对于矩阵式二维条码仅能用图像扫描器识读

5.2.2.3 条码的选择

条码技术作为一种常用的自动识别技术，其种类较多，选型时需要结合条码技术与企业的自身情况考虑，主要有以下几点：

(1) 成本。企业实施条形码管理的初衷在于提高对产品质量的要求及各个部门之间的工作效率，其最终目的在于提高生产效率，使生产成本最低化，效益最大化。企业的生产环境千差万别，如高温、粉尘、辐射等各种情况。随着对环境适应能力的不同，条形码耗材的价格也会有很大的差异。除了耗材成本外，有些条码应用是需要相关认证或版权费用的，实施时需要考虑条码技术的综合成本。

(2) 可行性。一般企业都偏重于成熟的技术，对项目的可行性都比较慎重，要做多方面的调研。一旦项目启动，发生因可行性论证错误所造成的投资损失代价将是非常可怕的。

(3) 技术的稳定性、可靠性及可移植性。不同的条形码对技术的要求不同，制造业的生产规模较大，只有选用稳定、可靠的条码技术才能保证工厂的连续生产能力，并且在将来系统升级时能够保证现有系统的升级与迁移。

基于上述几点的考虑，PMIS 选择了技术最为稳定、成本低廉的一维条码。Intermec 公司于 1975 年推出的三九码条码具有编码规则简单、误码率低、所能表示字符个数多等特点，主要用于工业、图书以及票据的自动化管理，且不需要支付专门的版权费用。

5.2.3 条码技术在备件管理中的应用模型

利用条码技术，通过对企业设备信息进行采集和跟踪，可以满足供应链企业之间针对设备供应、生产制造、仓储运输等全方位的信息管理需求。

没有应用条码技术之前，虽然有些企业应用了 PMIS，由于企业中设备编号混乱，设备信息不共享，所以设备的库存、维护、维修、点检信息分别都是由各个相关部门独立管理的，造成设备信息不完善，设备数据管理混乱。

条码技术在设备全过程管理中的应用模型，如图 5-2 所示。

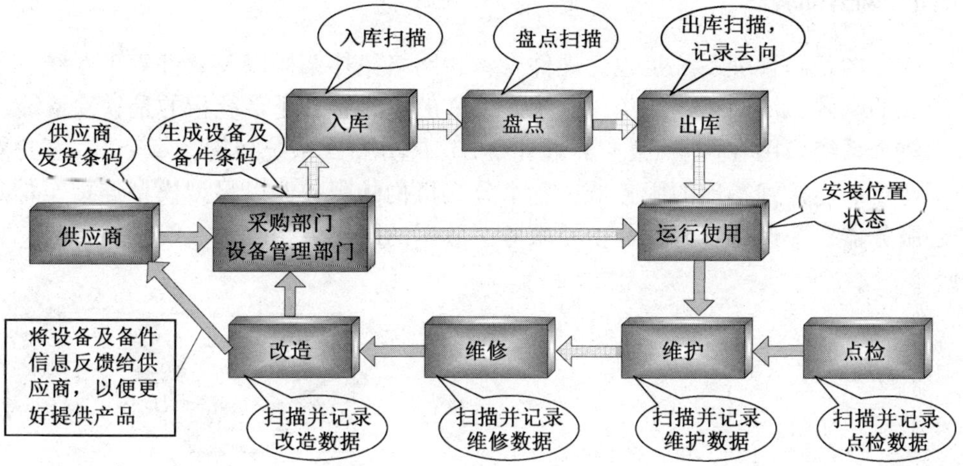

图5-2 条码技术在设备全过程管理中应用的模型

首先，在采购设备及备件时，采购单位有发货的标签，有可能是一维条码或二维条码，具体由供应商决定。

采购部门收到供应商的设备及备件，经验收后将生成设备及备件的编号，此编号在PMIS中是唯一的。此编号显示供应商、采购时间、设备属性等信息。

库存管理部门扫描设备及备件条码，并进行入库操作，添加设备及备件的入库信息。在库存部门进行盘点的时候，可以直接扫描设备及备件条码进行盘点，不需要人工的核对设备及备件信息；出库时，按照领用需求，仓储管理人员扫描条码，并进行出库操作，添加设备及备件的出库信息，包括：领用单位、领用日期、领用数量及领用人等。

对于JIT采购的设备及备件，经采购部门验收后，直接投入运行使用；在设备及备件运行使用时，由设备管理人员添加设备及备件的使用信息，包括使用部门、安装位置、安装日期等。

对于设备及备件的点检及维护，由相关人员扫描条码后，再实时添加点检及维护信息。这样省去了相关人员首先记录在纸介质上，然后重复录入到系统中的工作量，大大提高了这种移动式的信息维护的工作效率。

由以上模型可以看出，由于条码的使用，使得设备的条码贯穿于设备管理全过程的所有工作，设备及备件数据更加完善，并可以为设备管理工作提供决策的数据基础。设备及备件的信息同时可以及时反馈给相应的供应商，供应商可以根据发货条码追踪产品的批次和质量，改进生产工艺为企业提供更好的设备及备件，达到供应商和企业共同合作并双赢的目标。

5.2.4　网络部署

广义的条码管理系统是包含硬件设备、网络拓扑架构以及软件管理系统三部分组成的高效、协同运作的集成系统。狭义的条码管理子系统指的是软件系统。

整个系统采用客户端/服务器端（C/S）的分布式系统架构，每个 PC 客户端或手持终端连接到本地的服务器，各个分支机构的服务器以星型模型连接至信息中心服务器，并保持各分支与中心服务器数据的同步。条码子系统网络部署，如图 5-3 所示。

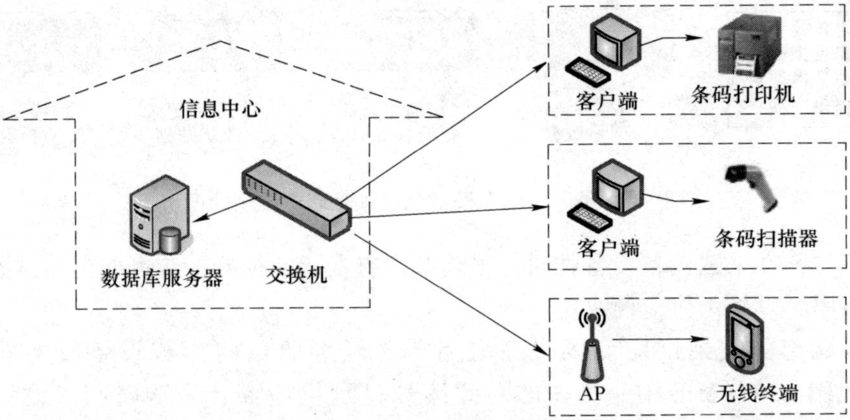

图 5-3　条码子系统的网络部署

条码管理子系统又是由手持端程序、PC 端程序、服务器端程序三类应用程序组成。由于手持设备进行条码采集具有极高的识别准确率及迅捷的反应速度，因此现场操作主要以手持端程序为主，其特点是快速、准确且操作简单。与手持端程序相对的，PC 端程序是运行在客户端的应用程序。除了可以实现手持程序的功能外，其主要作用是动态监控和进行其他设备管理工作，例如仓库出入库时，使用手持在现场采集出入库数据，在 PC 端可以对当前的出入库情况一目了然。PC 端程序面向的是参与或管理业务运作的人员，因此其功能全面，界面应当友好、人性化。此外，所有单据的打印程序也都是由 PC 端调用。服务器端程序主要包括数据同步及系统集成，与 PC 端程序不同，服务器端程序持续运行在服务器上，对程序稳定性要求较高，且根据预设的方案自动运行及调用，通常不需要人工干预。

5.3　系统架构

5.3.1　系统功能结构体系

基于供应链管理的 PMIS 平台是在原有 PMIS 系统中加入采购管理模块和自

动识别系统后，构成了 PMIS 平台。PMIS 平台和企业内部的 ERP 系统共享生产信息和设备信息，向企业外部的供应商提供求购等设备信息。如图 5-4 所示的企业系统结构体系图。

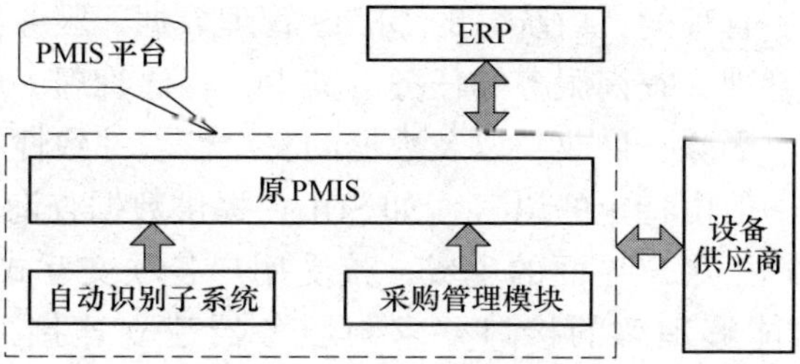

图 5-4 企业系统结构体系图

基于供应链管理的设备管理信息系统作为设备信息化管理的支撑平台，将设备管理各项工作都在此平台上开展。如图 5-5 所示。

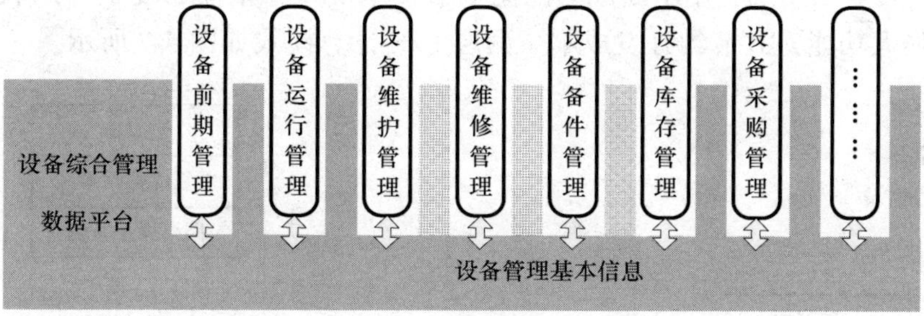

图 5-5 设备综合管理平台

在 PMIS 平台上，包括设备管理工作中涉及的各项业务，即：设备档案管理、设备前期管理、运行管理、维护管理、维修管理、设备备件管理等。PMIS 平台具有开放性，根据业务的需求可以添加业务模块。划分后的各模块，业务数据通过设备编码联系在一起，以实现系统数据的共享。

5.3.2 软件体系结构

软件体系结构是主要由系统采用的计算模式决定，应用系统的计算模式主要包括集中式计算和分布式计算。近些年来，随着网络技术的迅速发展，利用分布式环境构建的分布式应用系统已成为计算机应用系统的主流，分布式计算技术成为支撑网络应用的核心技术。

客户机/服务器（C/S）技术是一种以支持信息共享为目标的面向过程的分布式计算技术。近些年，C/S 技术得到最为广泛的应用，成为最成功的技术之一。较为典型的有：两层 C/S 模式、两层浏览器/服务器（B/S）模式[21]。

5.3.2.1　两层 C/S 模式

两层 C/S 模式是最早使用的 C/S 模式，主要用于企业局域网内有共享数据要求的应用系统中。如图 5-6 所示。

系统数据是集中管理的，由统一的 DBMS 管理数据。服务器负责应用系统中使用的数据的存储管理、查询服务等任务。其中，存储管理一般包括数据结构的定义，数据的增加、删除、修改，以及数据的安全性、一致性、共享冲突等方面的控制。查询服务一般由特定的语言（如 SQL）提供数据查询服务。客户端承担主要的业务逻辑处理、用户界面的生成，接受用户各项交互式操作等系统任务。客户端依据服务器能够理解的接口要求与服务器建立连接，并实现数据访问操作。

5.3.2.2　两层 B/S 模式

随着 Internet 和 Web 技术的不断发展，基于 Web 的应用开始出现。浏览器/服务器（B/S）模式利用不断成熟的浏览器技术实现原来需要复杂专用软件才能实现的强大功能，并节约开发成本。两层 B/S 计算模式如图 5-7 所示。

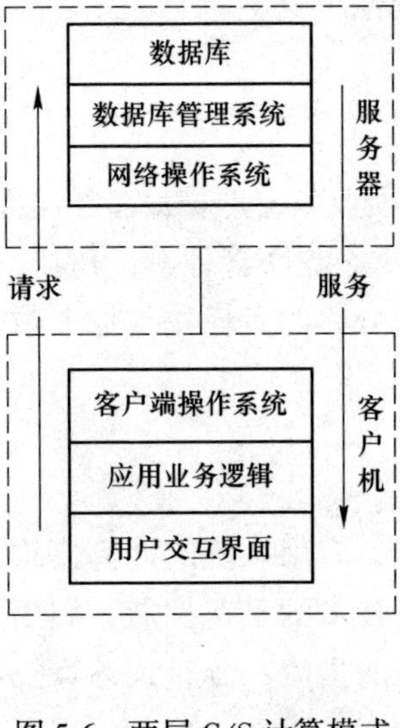

图 5-6　两层 C/S 计算模式

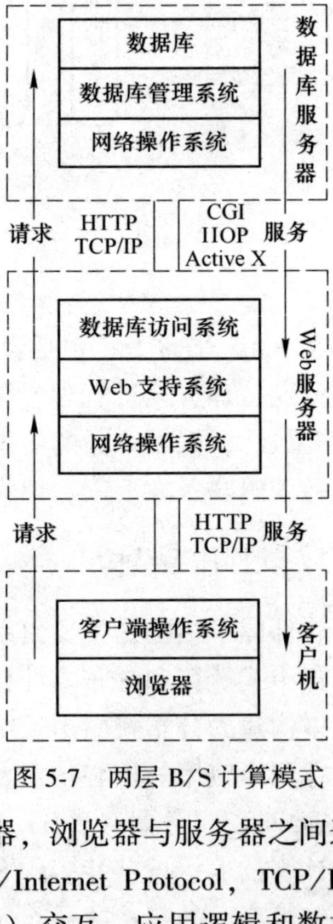

图 5-7　两层 B/S 计算模式

在 B/S 模式中，客户端只需要一个通用的浏览器，浏览器与服务器之间通过传输控制协议/网际协议（Transfer Control Protocol/Internet Protocol，TCP/IP）、超文本传输协议（Hypertext Transfer Protocol，HTTP）交互，应用逻辑和数据处理均由服务器端完成。与传统的C/S模式相比，B/S模式增加了Web服务器层。由于客户端仅仅是通用的Web浏览器，而业务逻辑及数据库操作均由Web服务器完成。因此，B/S模式下的客户端称为“瘦客户端”。

B/S模式的交互方式增强了系统的跨平台性，使应用系统的灵活性得到了极大的提高。B/S模式可在Internet环境中部署，使得企业应用系统的跨地区性得到了很好的解决。

5.3.2.3 C/S和B/S模式的优缺点和选择策略

C/S模式具有明显的优点，也有其缺点。优点是：交互性强；软件功能设计个性化；数据的可靠性和安全性好；事务数据处理能力强；分布处理与集中数据操作有机结合；降低网络通信量。但C/S模式也存在以下缺点：开发和应用成本高；对客户端软、硬件要求较高；软件开发需要具有一定专业水准的技术人员才能完成；移植困难；维护和升级较为复杂；兼容性差。

B/S模式出现得相对晚一些，具有很多优点，但也有其不足之处。B/S模式的优点：简化客户端，操作简单，可跨平台操作，维护简单，共享性强，具有良好的系统扩展性，可随用户需求增加新的功能。B/S模式的不足之处也很明显：数据访问请求与响应需经过Web服务器的转换，不适合大量实时数据的处理。页面动态刷新，响应速度明显降低；安全性不高；实现复杂操作和数据处理比较困难；大量重复传送文本，造成带宽浪费，增加了用户反馈时间。

在构建系统结构时，应当综合考虑系统需求的各个方面，选择最为合理的系统结构。可根据系统中各个功能模块的功能需求差异，综合运用C/S模式和B/S模式。通过以上对C/S模式和B/S模式的分析和比较，可以将C/S和B/S模式的选择策略总结为：在安全性要求高、交互性强、处理数据量大、地点固定且计算机分布范围小的情况下，应选用C/S模式；在安全性和交互性要求不高，用户地点分布范围广的情况下，应选用B/S模式。

例如，具体针对大港石化的设备管理工作，PMIS系统分为多个子系统，这些子系统中适合采用C/S模式的子系统应具备以下特点：安全性要求高，要求具有较强的交互性，要求处理大量数据等，使用范围小且地点固定。适合采用B/S的子系统应具备以下特点：安全性、交互性要求不高，使用范围广且地点灵活，功能变动频繁等。

5.3.2.4 两层C/S和两层B/S混合模式的体系结构

例如，在大港石化PMIS系统结构设计时，综合考虑各方面的需求，将各子功能按照需求关系、用户数量、信息处理密度、安全保密要求等要素分类，有些功能模块只需要支持企业内部设备管理人员的运用，适合采用C/S结构。有些功能模块需要支持企业外部供应商的运用，适合采用B/S结构。

针对PMIS系统结构的这种需求，将C/S和B/S结合起来，对PMIS中的各个模块分别根据其特点选择 C/S 或 B/S 结构模式，两种结构的应用程序存取同一个数据库，把多个应用不同模式的子系统集成为一个混合式的系统。基于两层 C/S 和两层 B/S 混合模式的体系结构如图 5-8 所示。

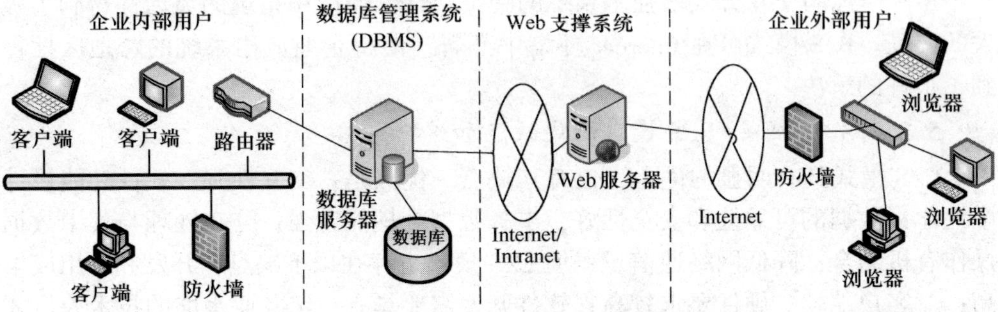

图 5-8 两层 C/S 和两层 B/S 混合模式的体系结构

两层 C/S 和两层 B/S 混合式的体系结构可以容纳不同地域、不同网络结构的系统。采用不同应用程序开发工具开发的，子系统功能相对独立的 MIS 结构。混合结构模式的构造原则及技术实现基于成熟安全的 C/S 模式和先进的 B/S 模式。采用了一种比较灵活的 C/S 与 B/S 结合的策略，系统维护简便，布局合理；简化了一部分可以简化的客户端；保证敏感数据的安全性，特别是对数据库的修改和新增记录加强了控制；保证了一般功能的易用与统一，又保证了复杂功能的交互性；经济有效地利用企业内部计算机的资源，网络效率最高。

例如，根据大港石化的 PMIS 需求，系统的用户可以划分为两类：一类是企业内部的设备管理人员，他们负责对设备进行全方面的管理，他们是 PMIS 的主要用户，需要使用到 PMIS 中 80%以上的功能，即设备基本信息、设备维护、设备维修、设备运行、统计和分析等子系统；另一类是企业外部的设备、备品、备件供应商，他们是 PMIS 的辅助用户，需要查询设备、备品、备件的求购信息，登记与求购目录对应的供应信息，即供应商管理子系统。

综合以上分析，考虑到 PMIS 的功能和用户群，决定采用 C/S 与 B/S 的混合模式来开发。其中，对于企业内部的设备管理人员，由于他们需要大量频繁地操作数据，且数据库是位于局域网内，所以这部分采用两层 C/S 模式。对于企业外部的设备、备品、备件供应商，他们所处的地域比较分散，符合 B/S 模式的特点，对于这部分比较适合采用 B/S 模式。

5.4 系统数据管理和数据库设计

5.4.1 数据流向图

根据设备综合管理基本理论，将 PMIS 平台的数据划分为系统基础信息和各个业务模块数据。如图 5-9 所示。

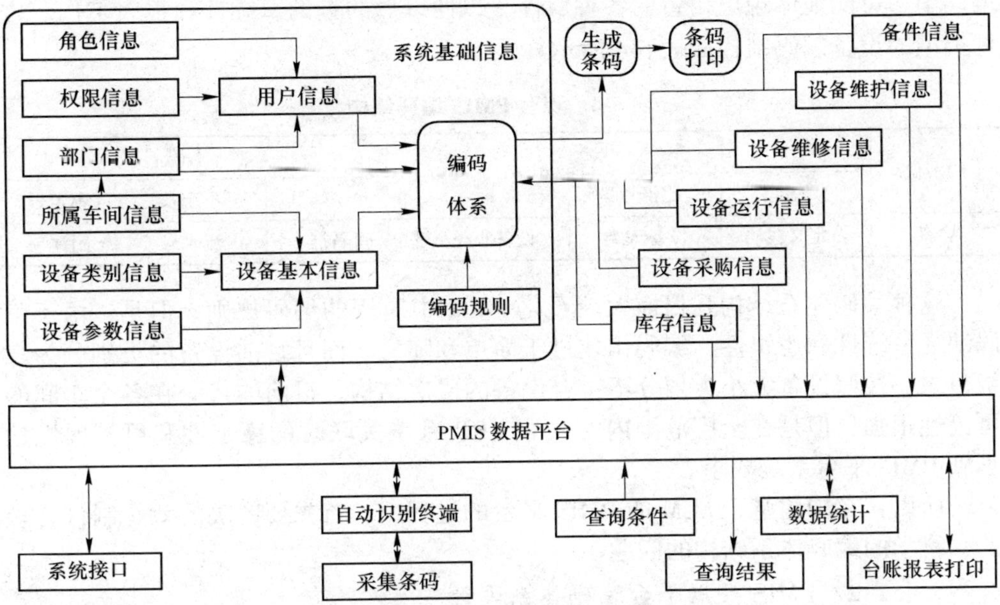

图 5-9 PMIS 平台数据流向图

在此平台基础上，设备管理信息分为系统基础信息和应用信息。系统基础信息分为用户数据和设备基本数据。根据设计的编码规则，分配给系统中的用户和设备及备件唯一可识别码。对于设备而言，设备基本信息是其重要的属性，包括设备所属车间、设备类别和设备技术参数。用户根据所属的角色组合，赋予相应的权限来对系统进行操作。应用信息包含设备管理应用的模块：设备采购模块、设备运行模块、设备维修模块、设备维护模块、设备备件模块等。

5.4.2 编码管理

编码的目的在于建立设备的标识，方便设备的维护维修和日常管理，有利于设备的档案管理，是设备管理信息化的首要工作。

5.4.2.1 现有设备编码体系分析

例如，炼油化工企业是典型的资产密集型企业，一般规模的企业设备种类多至几百种、数量更可多达几千台，甚至几万台。多数炼油化工企业都不同程度地采用了计算机管理。目前，各炼油化工企业使用的设备管理系统主要用于记录和跟踪种类繁多的设备的各种动、静态信息，管理设备的检维修计划及其执行情况。

截至 2006 年 12 月，大港石化有设备 159 小类，共计 7183 台。在一期设备管理系统开发和实施过程中，就遇到设备编码重复、同类设备编码规则混乱，设备编码结构不合理的问题。目前，设备编码采用单一设备码的体系结构，即在设备编码中尽可能地体现出设备的各种属性，以便以后的查询、统计和报表工作。这种类型的设备编码结构如表 5-4 所示。

表 5-4 现有 PMIS 编码结构

码 位	主 码				辅 码		
	字母	文字代码	5	6		不定长	不定长
含义	自定义代码	设备大类	设备小类		间隔符	流水号	附注项

这种编码体系结构是目前大港石化 PMIS 中应用的编码规则。但是，由于编码缺乏系统性和逻辑性，编码构建过于简单和随意。而且目前设备的类别分为三级目录，按照设备大小类划分不符合设备的层次结构。目前的代码在各个车间的可读性很强，但是在全厂范围内尤其和 ERP 系统关联时的稳定性和可扩展性达不到 PMIS 平台系统要求。

所以，在构建基于 SCM 的 PMIS 平台的过程中，首先要解决的就是制订合理的、科学的编码体系结构的问题。

5.4.2.2 PMIS 数据平台编码体系设计

为做好设备管理工作，必须掌握设备的基本信息、使用状态和维检修信息。在设备管理中，每台设备都需要有唯一的 ID 进行识别，设备编码的应用是贯穿在设备的一生管理中，设备管理人员可以通过设备编码进行科学的、分类的、详尽的管理。PMIS 中设备编码体系应遵循以下原则：

（1）设备编码的唯一性。每一代码必须保证其所提供的实体（或属性）是唯一的；反过来，每一个所描述的实体（或属性）都必须有对应一个确定的代码。

（2）系统性和可读性。编码要有系统的观点，尽量照顾到各种需要，并从实际管理需要出发具备一定的可读性，如设备编码中应能体现设备类别等信息。

（3）可扩展性。编码设计要留有相应的扩展余度，包括设备类别的扩展和设备数量的扩展。

（4）稳定性。为了便于管理在编码时应充分考虑设备类别、型号和数量。防止频繁地重新编码而造成占用更多资源、影响历史信息识别等体系混乱。

（5）与其他系统的兼容性。企业内容通常还有其他管理系统，如 ERP。在制定编码规则时保证与系统之间的统一，方便系统间进行数据交换。

根据 PMIS 编码体系的构建原则，采用一系列相互关联的编码来描述设备的属性。此编码体系包括以下内容：

（1）设备编码；

（2）部门编码；

（3）人员编码；

（4）其他编码。

5.4.2.3 设备编码结构设计

设备的现有属性包括类别、所在车间、所属部门、工艺属性等。如果按照部门和车间属性进行编码，一旦企业组织结构调整或设备所在生产线位置发生移动，相应的代码就失去其意义。设备工艺属性也会在工艺系统中的移动中造成不稳定而使被调拨的设备编码失去意义。相比较而言，设备的类别属性在其管理方面具有的稳定性最高。

例如，2002 年 2 月由中油股份总裁办印发的《炼油化工企业设备管理规定（试行）》（石油化字［2002］34 号）中提出了石油化工设备分类目录。按照设备的属性，确定了炼油化工企业设备的十三大类分类标准和其对应小类的分类目录。但是，在这个分类中没有包括管道等类型设备。

根据以上分类目录，考虑到编码体系的逻辑性和可扩展性，将设备大小类信息进一步细化分为三级目录，即设备大类、设备中类、设备小类。设备大类中增加了《炼油化工企业设备管理规定（试行)》中未涉及的压力管道大类、仪表回路大类和气体报警器大类。中类根据设备大类划分后原有的小类，现有的设备小类是对中类中的设备再进一步细化。设备的大类保持原有的 16 类，中类最多的是化纤机械大类为 15 类。

仅以部分设备编码表为例。通用设备类别编码见表 5-5。

表 5-5 通用设备类别编码表

<table>
<tr><th>大类代码</th><th>设备大类</th><th>中类代码</th><th>设备中类</th><th>小类代码</th><th>设备小类</th></tr>
<tr><td rowspan="18">08</td><td rowspan="18">通用机械类</td><td rowspan="9">01</td><td rowspan="9">泵</td><td>01</td><td>离心泵</td></tr>
<tr><td>02</td><td>往复泵</td></tr>
<tr><td>03</td><td>比例泵</td></tr>
<tr><td>04</td><td>齿轮泵</td></tr>
<tr><td>05</td><td>真空泵</td></tr>
<tr><td>06</td><td>螺杆泵</td></tr>
<tr><td>07</td><td>旋涡泵</td></tr>
<tr><td>08</td><td>刮板泵</td></tr>
<tr><td>09</td><td>屏蔽泵</td></tr>
<tr><td rowspan="5">02</td><td rowspan="5">压缩机</td><td>01</td><td>离心式压缩机</td></tr>
<tr><td>02</td><td>往复式压缩机</td></tr>
<tr><td>03</td><td>螺杆式压缩机</td></tr>
<tr><td>04</td><td>回转（刮板）式压缩机</td></tr>
<tr><td>05</td><td>其他压缩机</td></tr>
<tr><td rowspan="3">03</td><td rowspan="3">鼓风机</td><td>01</td><td>离心式鼓风机</td></tr>
<tr><td>02</td><td>罗茨鼓风机</td></tr>
<tr><td>03</td><td>轴流式鼓风机</td></tr>
<tr><td>04</td><td>冰机</td><td></td><td></td></tr>
</table>

设备编码根据其类别属性，将其大、中、小类分别设计为两位数字。设计如下复合式编码结构，如图 5-10 所示。

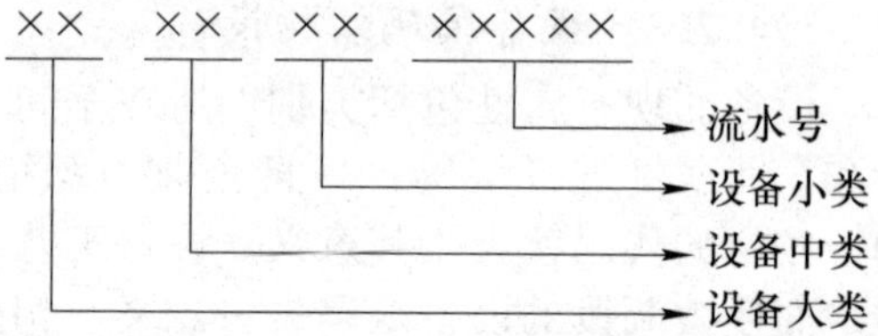

图 5-10 设备编码体系结构图

目前，大港石化设备共有 7000 余件，考虑到其将来可能增加设备数量，设备的流水号设置为 5 位。流水号可以进行顺序编排，也可以依据具体的小类把数字赋予特殊定义，如材质、规格等。

5.4.2.4 部门和人员编码设计

PMIS 中涉及的设备管理部门分别是设备管理处和生产车间。考虑到和 ERP 系统之间的数据转换关系，部门代码和人员代码信息按照 ERP 系统中的编码规则设计。

在 PMIS 系统中，分别对设备管理业务工作设置相应的角色，并将角色所对应的权限赋给人员代码，使设备管理人员拥有相应的设备管理访问权限。

5.4.3 数据同步设计

如今，大型企业往往在多个地点建立生产基地，并且建设了公司内部网络，以保证各机构之间的办公通信。因此，各生产工厂和管理部门可以通过 Intranet 与信息中心进行数据通信连接。

5.4.3.1 数据同步

数据同步分两种情况，一种是基础数据同步，对实时性要求不高，通常每隔一段时间进行批量更新，也可以在基础数据发生变化时，人工触发程序将信息中心基础数据同步更新到生产车间和管理部门的本地数据服务器上。另一种是实时数据同步，如现场生产和在线监测数据，对实时性要求较高。首先连接本地数据服务器并进行业务处理，然后通过数据同步机制立即上传至信息中心服务器上。

5.4.3.2 SQL Server 复制技术

SQL Server 提供了一组高效、便捷的数据同步技术——复制（Replication），该技术将数据和数据库对象从一个数据库复制和分发到另一个数据库，然后在数据库之间进行同步，以维持源数据库和目标数据库的一致性。使用复制技术，可以在局域网和广域网、拨号连接、无线连接和 Internet 上将数据分发到不同位置以及分发给远程或移动用户。

5.4.3.3 复制的模型

复制的模型可表示为图 5-11。

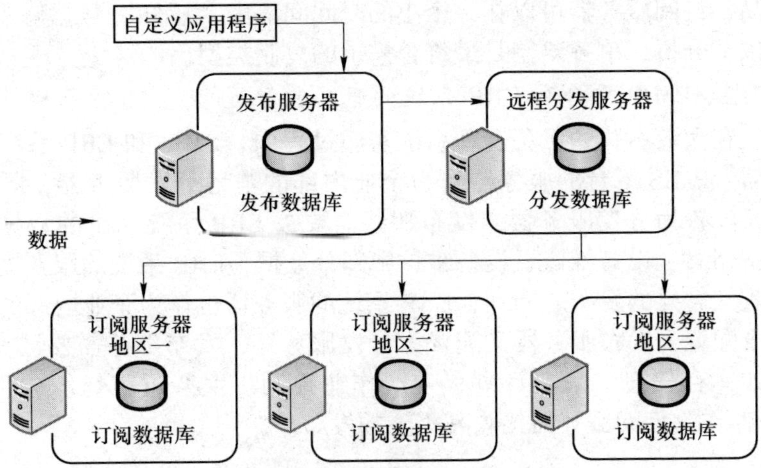

图 5-11　复制的模型

在该模型中，发布服务器是提供数据以便复制到其他服务器的服务器。发布服务器可以具有一个或多个发布，每个发布代表一组逻辑相关的数据。除了指定其中哪些数据需要复制之外，发布服务器还检测事务复制期间发生更改的数据并维护有关此站点上所有发布的信息。分发服务器是作为分发数据库宿主并存储历史数据和事务以及元数据的服务器，远程分发服务器是独立于发布服务器并配置为复制的分发服务器的服务器，本地分发服务器是既配置为复制的发布服务器又配置为复制的分发服务器的服务器。订阅服务器是接收复制数据的服务器，订阅服务器订阅的是发布而不是发布中分离的项目，并且订阅服务器只订阅其需要的发布，而不是发布服务器上所有可用的发布。

5.4.3.4　复制类型的选择

SQL Server 提供了三种可在分布式应用程序中使用的复制类型：快照复制、事务复制和合并复制。快照复制适用于：数据主要是静态数据，不经常更改；一个时期内允许有已过时的数据复本；复制小批量数据；站点经常脱接，并且可接受较长的滞后时间。事务复制通常用于：服务器到服务器环境中，如果希望发生增量更改时将其传播到订阅服务器，或者从发布服务器上发生更改，到更改到达订阅服务器之间具有较低的滞后时间时，适合采用事务复制；当发布服务器有大量的插入、更新和删除活动，或者发布服务器或订阅服务器不是 SQL Server 数据库（例如 Oracle），也适合使用事务复制。合并复制适用于：多个订阅服务器需要在不同时刻更新数据，并将这些更改传播到发布服务器和其他订阅服务器；订阅服务器需要接收数据、脱机更改数据，然后将更改同步到发布服务器和其他订阅服务器；站点独立很重要。

在实现 PMIS 数据平台和 ERP 系统的信息共享时，根据数据的使用方式对数据进行物理分隔。对共享信息的数据同步不能有过长的滞后时间，否则过时的数据复本会影响管理计划和决策的正确性。但共享信息的数据同步对实时性要求也不是特别高，订阅服务器可以在一个小的时间间隔内“感知”数据修改。

基于以上分析，事务复制是最符合需求的复制类型。

5.4.3.5 PMIS 平台和 ERP 系统的服务器配置

例如，在大港石化的设备管理系统实施过程中，PMIS 和 ERP 系统各自有独立的服务器。PMIS 平台的服务器作为企业内部的本地分发服务器，既配置为发布服务器又配置为分发服务器，发布那些需要被 ERP 系统共享的数据，如设备前期、设备档案、设备维修、设备维护中部分数据，ERP 系统的服务器作为订阅服务器接收其需要的发布。同理，ERP 系统的服务器也作为企业内部的本地分发服务器，既配置为发布服务器又配置为分发服务器，发布那些需要被 PMIS 共享的数据，如库存信息、采购计划、生产作业控制、生产过程组织中部分数据，PMIS 服务器作为订阅服务器接收其需要的发布。

5.4.4 数据库设计

设备管理中涉及了大量的设备相关信息和各种数据，所需信息完全通过数据库存储。因此，建立一个良好的数据库结构和文件组织形式，使其能够迅速准确地找到所需要的数据，并能方便快捷地进行相关的数据分析处理，是系统开发中的一项非常重要的内容。在进行数据库的设计和建立的过程中，应从系统的安全性、实用性、易维护性等原则出发，充分考虑到系统的通用性和灵活性。同时，消除不必要的数据冗余、避免数据异常、保证数据的一致性，以实现各个数据表之间连接合理，关系直接、明了的目的。

5.4.4.1 数据库总体规划

数据库设计的一个最基本的问题是如何建立一个好的数据库模式，即给出一组数据，如何构造一个适合于它们的数据模式，使数据库系统无论是在数据存储方面，还是在数据操纵方面都有较好的性能。最近十年出现的最重要工具是通过数据库管理系统（DBMS）提供可靠、方便的存储、恢复和更新数据的方法。

数据库管理系统 DBMS 是管理数据库的软件，它实现数据库系统的各种功能，应用程序通过 DBMS 访问数据库。数据库系统为用户、应用程序员与计算机之间的接口，其作用如图 5-12 所示。

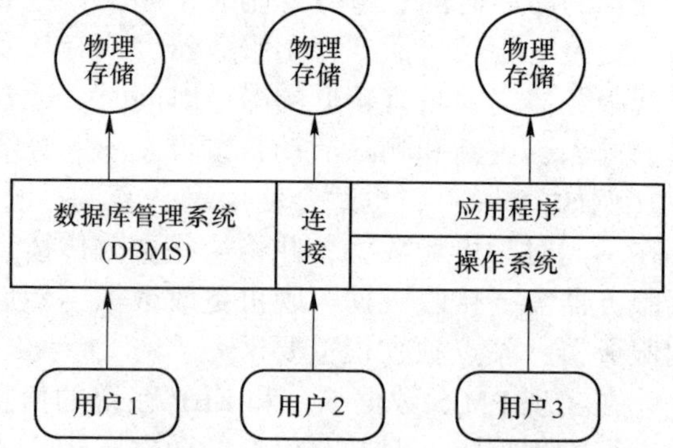

图 5-12 数据库管理系统

SQL（Structured Query Language，结构化查询语言）是目前使用最为广泛的关系数据库查询语言，它具有查询（Query）、数据操纵（Manipulation）、定义（Definition）和控制（Control）四个方面的功能，是一种综合、通用、功能极强的关系数据库语言。SQL Server 提供的 Transact-SQL 不仅可以完成数据查询，而且具有数据库管理功能。

数据库是基于供应链管理 PMIS 平台的基础，选择合适的数据库管理系统很重要。目前，支持 SQL 标准查询语言的关系数据库主要有 Oracle、Sybase 和 SQL Server 等。各个数据库产品在功能、性能和价格方面有些差异，都能满足一般企业管理信息系统的要求。为了提高系统与数据的安全性、可靠性，考虑到大港石化企业在实施设备管理信息系统时使用 SQL Server 数据库和 Powerbuilder 9.0 进行程序编写，为了兼顾 PMIS 平台与企业原有的管理系统的相容性，该系统采用 SQL Server 2000 后台数据库进行开发。

5.4.4.2　概念模型设计

概念模式设计是整个数据库设计的关键，它通过对用户需求进行综合、归纳与抽象，形成一个独立于具体 DBMS 的概念模型。其主要工作是设计概念模型，该模型能将用户的数据明确地表达出来。概念模型是面向问题的模型，它反映了用户的实现环境，并指出了从用户角度看到的数据库，它是处理多种应用数据的方法组合。

概念模型的设计方法有多种，其中实体-联系模型（E-R 模型）是一个典型代表，它是描述现实世界的一个简明而有力的工具。

E-R 模型具有三种基本要素：实体、联系和属性。

实体：客观存在并可以互相区分的事物。它可以指物，也可以指人，可以指实际的东西，也可以指概念性的东西。

属性：实体所具有的某一特性。一个实体可以由若干个属性来刻画。属性的取值范围为域。

联系：实体之间的相互关联。联系有一对一、一对多、多对多三种不同类型。

关键字：能唯一标识实体的属性或属性组称作候选码。从所有的候选码中选定一个用来区别同一实体集中的不同实体的称作关键字，也叫主码。一个实体集中，任意两个实体在主码上的取值不能相同。

采购计划业务流程图描述设备及备件采购计划制订、审批业务的网络流程实现。该业务包括以下流程环节：车间需求分析、备件库存分析、采购需求生成、采购计划生成、采购计划审批、采购计划下达。采购计划的制订是采购管理中重要的业务环节。其 E-R 图如图 5-13 所示。

采购到货业务流程图描述设备及备件采购合同达成、采购到货业务的网络流

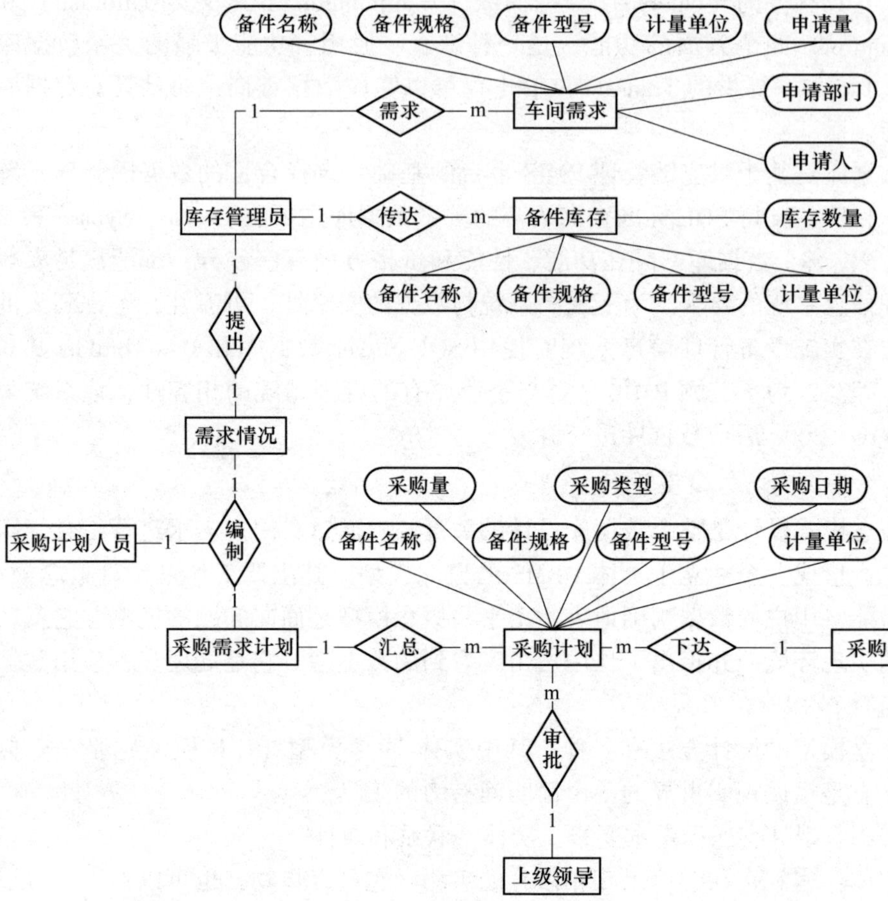

图 5-13 采购计划管理 E-R 图

程实现。该流程包括以下流程环节：采购计划接收、编制采购订货单、编制采购合同、供应商供货、编制到货单。其 E-R 图如图 5-14 所示。

在与供应商的业务来往中，采购员要获得供应商基本信息，并作为信息档案保存，同时可作为后期评价的基本依据。因此，供应商的信息必须要完善，要足以作为综合分析和评价的依据。其 E-R 图如图 5-15 所示。

入库业务流图描述设备及备件采购入库业务的网络流程实现。该流程包括以下业务环节：库存管理人员（一般是质检员）验收待入库的备品备件，验收合格后生成采购入库单，仓库保管员核实实物并入库。领料出库业务流活动图描述备品备件领料出库业务的网络流程实现。该流程包括以下流程环节：领料单位填写领料单，库存管理人员核实领料单并出库，领料人员领料确认。其 E-R 图如图 5-16 所示。设备管理信息系统的基本 E- R 图，如图 5-17 和图 5-18 所示。

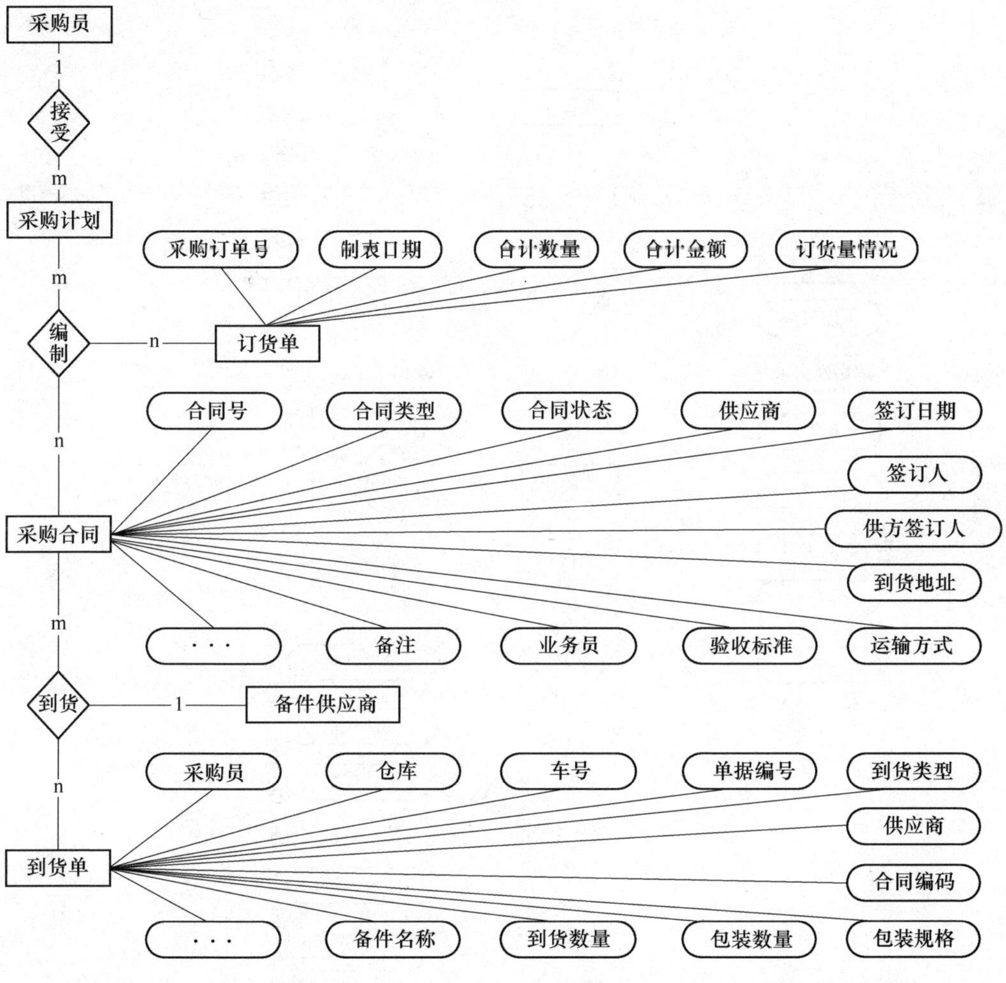

图 5-14 采购到货管理 E-R 图

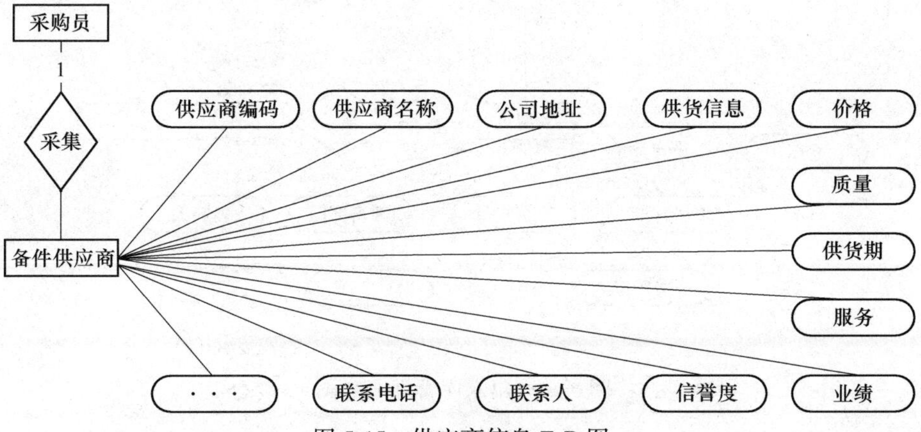

图 5-15 供应商信息 E-R 图

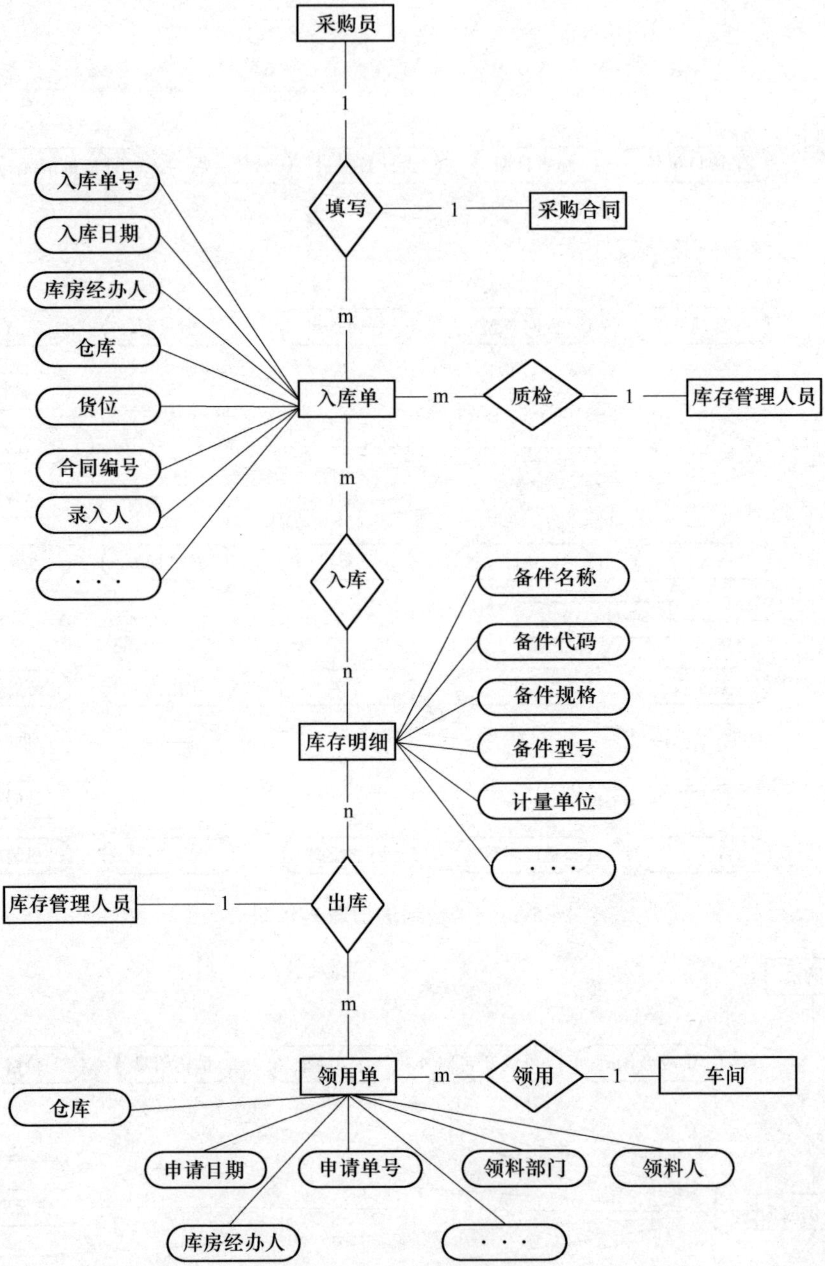

图 5-16　出入库管理 E-R 图

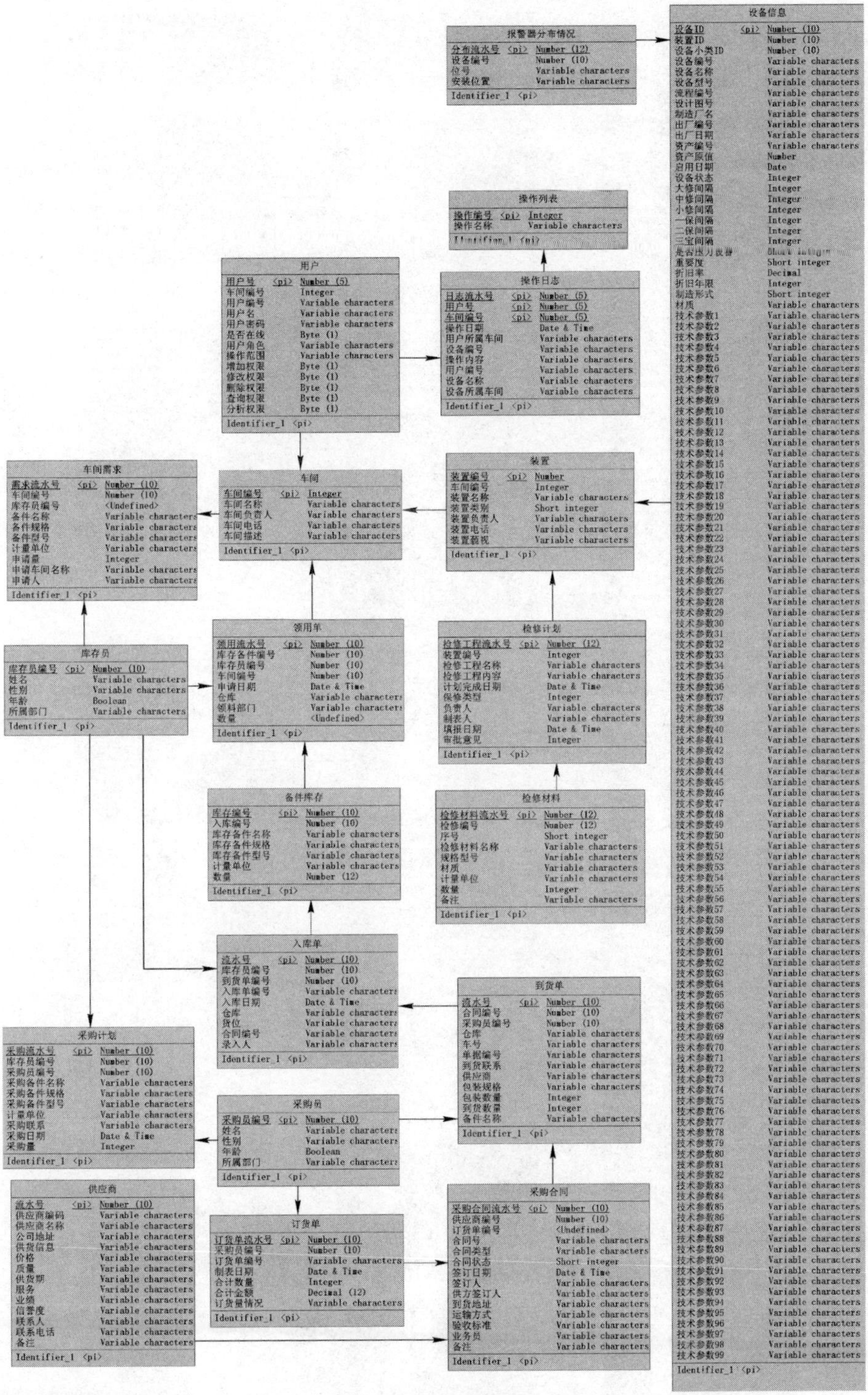

图 5-17　PMIS 平台的 PDM 文件（1）

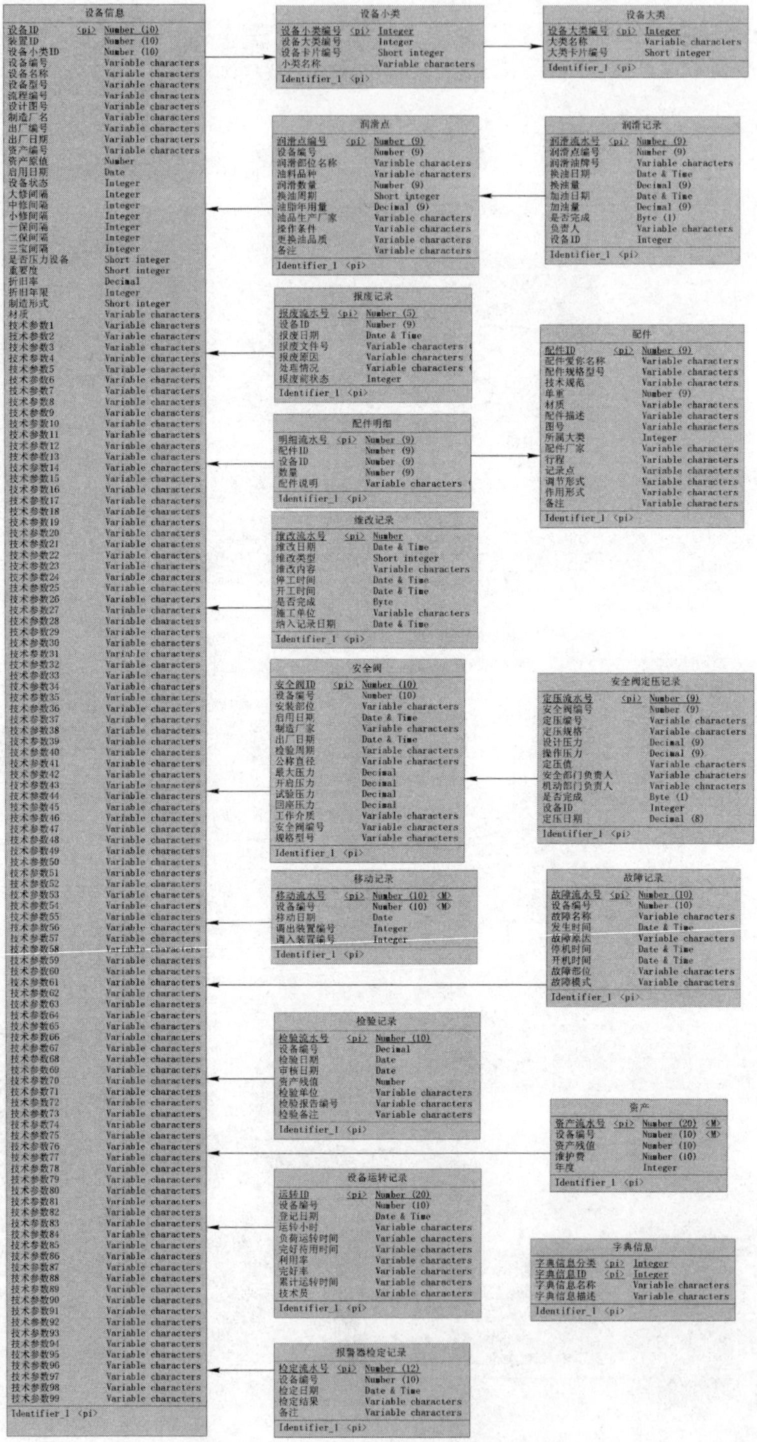

图 5-18 PMIS 平台的 PDM 文件（2）

5.5 功能设计

设备综合管理平台是在原 PMIS 系统中加入采购管理模块、自动识别子系统。例如，由于大港石化项目中在一期成功实施 PMIS 系统。所以，本书针对一期 PMIS 改进的模块和新增模块如采购管理模块、自动识别子系统进行功能模块设计。

5.5.1 B2B 电子采购模块功能设计

B2B 电子采购在企业内部一般通过 Intranet 实现，然后再通过 Internet 与供应商相联。电子采购模块分为两个层次：一个是企业的内部的电子化采购；二是企业对外的供应商采购门户系统的建设。

对外的门户系统是作为合作伙伴的门户网站，供应商通过登录访问电子采购的网站，及时了解设备及备件的需求信息，实现采购方和供应商之间的协作；物流机构、分销商、其他相关行业企业通过访问电子采购平台，在不同程度上建立合作伙伴关系，这种合作伙伴关系建立在电子交易平台的基础上，并形成电子协作。电子采购平台改变了原有采购活动的模式，将采购过程自动化，极大地提高了效益，降低了采购成本，将社会资源进行了有效的配置。

由于对外的门户由电子商务系统承担，所以在本书中的电子采购是指企业内部设备及备件的电子化采购。

对内部的采购模块也就是对于采购方来说，设备及备件的 B2B 电子采购包括：采购申请、采购审批、采购管理 3 个子模块。

（1）采购申请。在采购申请模块，是由设备管理部门和车间设备管理人员人工提出采购申请；在电子采购模式下，PMIS 可以根据维护、维修计划和库存情况自动生成采购申请。采购申请经设备管理人员确认后，进入采购审批环节。

（2）采购审批。在电子采购模式下，根据预设的审批规则自动进行审核流程，并根据批准所收到的申请进入审核的下一环节，对于未通过的申请，系统立即通知申请人由于何种原因未获批准，进而修改申请或进行相应处理。

利用 PMIS 系统中邮件通知审核人和审批人，登录系统进行审核和审批工作；将通过审批的设备及备件采购申请提交到电子商务系统中去，进入采购业务下一个流程。

（3）采购管理。按照年度或季度进行设备及备件的采购计划分析，根据设备维护、维修计划和库存情况完善采购需求计划，使之尽量减少库存并满足设备管理部门的需要。

辅助采购部门和库存部门进行设备的验收入库工作，加强和生产单位的沟通，及时掌握设备性能和生产能力；辅助采购部门对供应商进行评估、审核，并在提交采购申请时推荐合格供货商，以减少采购部门筛选供应商的环节。

对于供应商准备配送的采购订单，在PMIS系统中实时更新数据，设备管理部门安排人员进行验收、入库工作；将设备及备件供应商信息从电子商务系统中传输至PMIS，以便设备管理人员在调试、试运行阶段将设备信息及时反馈给供应商；对于系统已存在的设备及备件，经设备管理人员确认后，自动更新库存数量。

5.5.2　权限管理功能设计

在本系统中，用户权限可控制到功能模块级、记录级，也就是说，如某用户对一个功能模块有操作权限，此用户并非对模块的所有数据项都有操作权限，对数据的操作还受到该用户的记录与字段权限的限制。

用户对模块的操作权限分为六级：查询、增加、修改、删除、打印、统计。用户对记录的操作权限分为四级：查看、修改、删除、分配权限。用户对字段的操作权限分为两级：可读、可写，可写必须先有可读权限。

系统的权限设计为两个方面：一个是用户本人所具有的特殊权限——个人权限；另一个是用户组的公共权限——角色权限。一个用户的最终操作权限是用户的个人权限和此用户所隶属组的角色权限的合并值。

根据设备管理人员岗位不同，形成不同的操作角色。然后将系统应用权限和资源权限灵活地赋予每个角色，而不同的用户通过与一个或多个角色进行绑定，可以得到被赋予的不同权限，进入系统后可自动得到与其权限相对应的系统操作菜单。

通过设置应用内部不同的权限控制，角色的操作权限不仅可以精细到应用层，而且可以深入到应用的内部，达到权限控制粒度的无级可调性。可以根据管理需要灵活调整权限控制粒度，这样不同的用户在操作应用时，其操作权限都可以得到非常严格的限制。

5.6　本章小结

对系统的功能需求进行详细分析，构建PMIS综合管理平台。在原有PMIS系统中引入自动识别技术和采购管理功能模块，并对系统功能进行详细需求分析和系统功能模块的设计，根据设计要求选择了基于C/S和B/S混合模式的体系架构来进行系统开发。在系统数据平台基础上，深入分析系统各个模块之间的数据流向后，构建PMIS平台的编码体系，采用事物复制技术在分布式应用程序中保持数据同步，实现数据共享。为兼顾PMIS平台与原有管理系统的相容性，采用SQL Server 2000后台数据库进行开发和设计。

参 考 文 献

[1] 中国自动识别技术编辑部．自动识别技术基础知识（一）[J]．中国自动识别技术，2006，8（1）：70~73.

[2] Automatic Identification Manufacturers.（1998）. Antomatic identification and data capture techniques - an overview. http：//www. aimi. org/techinfo/ aidc. html.

[3] 易昌惠．条码识别技术的发展 [J]．企业标准化，2004，2：62~64.

[4] 李正子．国际条码自动识别技术发展趋势和我国的对策 [J]．金卡工程，2005，8：69~71.

[5] 陈丹晖，刘红．条码技术与应用 [M]．北京：化学工业出版社，2006：1~2.

[6] 董琳媛，钱叶，苏艳．条码技术在物流信息系统中的应用 [J]．商场现代化，2007，5（14）：152.

[7] Theo Pavilidis，Jerome Swartz，Ynjiun P Wang. Fundamentals of Bar Code Information Theory [J]. Computer IEEE，1990，4：74~86.

[8] 锦程．自动识别技术最新发展动态 [J]．水路运输文摘，2004（2/3）：80.

[9] 中国物品编码中心．QR code 二维码技术与应用 [M]．北京：中国标准出版社，2002：15~38.

[10] 中国自动识别技术编辑部．自动识别技术基础知识（二）[J]．中国自动识别技术，2006，10（2）：70~73.

[11] 张得煜．二维条码技术、标准及应用 [J]．信息技术与标准化，2007（10）：18~22.

[12] 胡兴军，白木．条码自动识别技术及市场 [J]．中国防伪报道，2004（1）：17~22.

[13] 谭民，刘禹，曾隽芳，等．RFID 技术系统工程及应用指南 [M]．北京：机械工业出版社，2007：1~2.

[14] 游战清，李苏剑．无线射频识别技术（RFID）理论与应用 [M]．北京：电子工业出版社，2004：8~9.

[15] 游占清，刘克胜，吴翔，林汉宏，等．无线射频识别（RFID）与条码技术 [M]．北京：机械工业出版社，2006：1~2.

[16] 纪震，李慧慧，姜来．电子标签原理与应用 [M]．西安：西安电子科技大学出版社，2006：1~2.

[17] 刘建康．浅谈射频识别技术的发展和应用现状 [J]．中国防伪报道，2008（6）：18~25.

[18] 康东，石喜勤，李勇鹏，等．射频识别（RFID）核心技术与典型应用开发案例 [M]．北京：人民邮电出版社，2008：15~25.

[19] 韦元华，舟子．条形码技术与应用 [M]．北京：中国纺织出版社，2003：20~21.

[20] 中国物品编码中心．条码技术与应用 [M]．北京：清华大学出版社，2003：111~112.

[21] 徐立中，李臣明，王建颖．信息与系统集成技术与应用 [M]．北京：科学出版社，2006：51~56.

6 基于供应链管理的设备管理信息系统的业务流程管理

PMIS 平台构建并实施将对企业的业务流程、组织机构和岗位设置产生一定的影响，企业必须具有与 PMIS 平台运行相适应的业务流程。这客观上要求实施企业业务流程再造。由于实践中业务流程再造工作影响到整个企业，所以在不进行组织机构调整的原则上，进行局部业务流程改造。

6.1 通过企业流程再造实现信息技术与设备管理的融合

信息技术和网络技术的飞速发展为我国企业提高自身核心竞争力带来了发展机遇。国家大力强调开展企业的管理信息化建设，企业也在不断地运用信息技术“武装”自己。这些企业当中，绝大部分从管理信息化建设过程中逐步获得竞争优势；不少企业在进行信息技术变革时，例如在实施 ERP 系统时，收益很少，投入却不断增多，这个问题被称为投资无底的 IT“黑洞”[1]。

有许多企业的信息技术未能发挥其作用的原因就在于：企业非常重视信息技术的引进和人员培训，但是没有改变原有的工作方式，流程没有优化或重组，组织结构也没有进行相应的调整。信息技术是现代企业经营管理重要的技术，企业业务流程必然要受信息技术的约束，组织结构也必须做出相应的调整。有许多致使信息技术未能发挥潜力的原因，其中之一就是应用原有的流程且没有改变原有的工作方式。

事实上，对于企业管理信息化首先带来的就是对企业管理的变革，包括对企业组织结构、业务流程以及管理模式等的变革。而在国内，企业往往强调技术的重要性，却忽略了商务的管理本质。而传统企业原始的、陈旧的管理模式成为最主要的障碍。因此，如何改变企业原有管理模式，将管理与信息技术融合为当前中国企业进行信息化管理最为关键的问题。企业进行业务流程再造是解决这一问题的最为有效的手段[2]。以流程为中心建立战略、组织和 IT 技术实施紧密衔接的业务管理体系是企业的发展方向[3]。

6.2 业务流程再造理论和实施方法

1990 年，原麻省理工学院教授迈克尔·哈默博士（Dr. Michael Hammer）提出了业务流程再造（Business Process Reengineering，BPR）的概念，确立了以业务过程为中心的思想[4]。

6.2.1　BPR 理论概述

作为一种基于信息技术的、为更好地满足顾客需要服务的、系统化的、企业组织工作流程的再造哲学，业务流程重组突破了传统的劳动分工理论的思想体系，强调以“流程导向”替代原有的“职能导向”的企业组织形式，为企业经营管理提出了一个全新的思路[5]。

6.2.1.1　流程与业务流程定义

对于企业业务流程的定义，至今尚未有一个统一的认识。

Allan M. Schert 提出一个关于流程输入/输出关系的认识，他认为，流程对输入的处理可能是转变、转换或仅仅是原样输出[6]。M. Hammer 博士对流程（Process）的定义为：流程是把一个或多个输入转化为对顾客有价值的输出的活动[7]。ISO9000（2000）的过程（Process）的定义为：一组将输入转化为输出的相互关联或相互作用的活动。如图 6-1 所示。

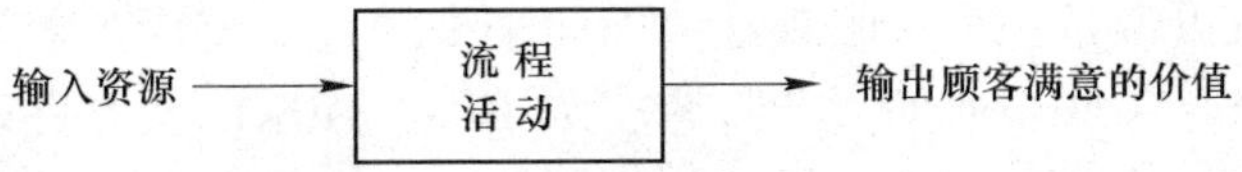

图 6-1　流程示意图

一般将业务流程定义为：完成某一特定业务目标而进行的一系列逻辑相关的、有序的活动集合[8]。业务流程是指有组织的活动，相互联系，为客户创造价值。流程按其范围分为：部门内流程、部门间流程、企业内流程、企业间流程。

6.2.1.2　业务流程再造理论

迄今为止，已经有多位学者对 BPR 做出了不同的定义，如企业流程再设计（Business Process Redesign，BPR）[9]、核心流程再设计（Core Process Redesign，CPR）[10]、组织制造（Organization Reengineering，OR）[11]、企业流程变化管理（Business Process Change Management，BPCM）[12]的概念。

M. Hammer 提出：BPR 是针对竞争环境和顾客需要的变化，对企业的业务流程进行根本的（Fundamental）再思考和彻底的（Radical）再设计，从而获得在成本、质量、服务和速度等方面绩效的显著（Dramatic）改善[13]。业务流程再造也称之为业务流程重组，是指彻底分析流程，并予以重新设计，以在各项运营指标上有突破性的进展。其中，运营指标包括：质量、反应速度、成本、灵活性、满意度等[14]。

6.2.2　企业业务流程再造的目标

实施业务流程再造的目标简单说就是：推动组织战略的实现；提高组织绩效；最终构建“流程企业”。如图 6-2 所示。流程企业的共同特点是：把流程放在组织和管理中心，克服传统组织形式和管理方法在效率和灵活性方面的不足，以适应市场环境为导向，提高企业的效率和灵活性[15]。

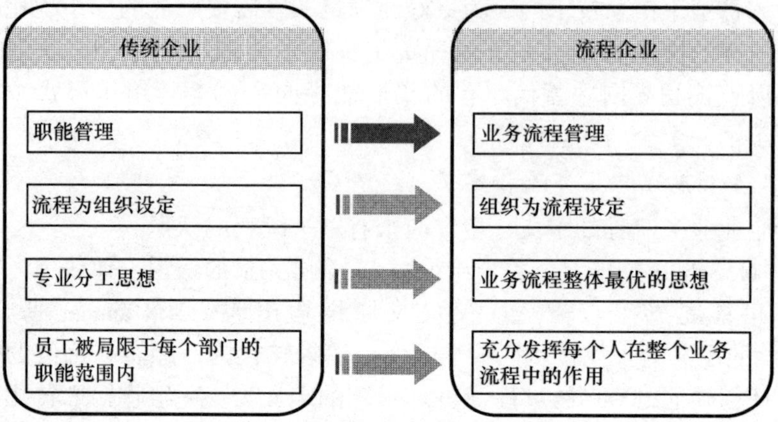

图 6-2 传统企业与流程企业的比较

流程企业可以说是一个着眼现在、面向未来的企业设计，在理论基础上没有现成的模板，但是一些企业的大胆探索，如 IBM、DUKE 电力公司等，确实给很多企业可供借鉴的成功案例和一个看好的前景。以 IBM 为例，出色的标准化流程管理使得它的新产品上市时间比以往减少 75%，其最直接的结果就是大大提高客户的满意度。

6.2.3 业务流程改进

业务流程重组的理论是强调对流程的全新设计，但在实际操作过程中，大多数项目（包括国外的一些经典 BPR 项目）采用的并非是一种全新设计的方法，而融入了 BPI（Business Process Improvement）的思想[16]。

目前的 BPR 多数是对企业核心流程的局部重组与 BPI 结合的阶段性的重组。第一，BPR 是一个复杂的系统工程，实施风险较大；第二，BPR 着眼于大型的、跨职能边界的整个企业运行系统，是彻底的变革，需要一个较长的过程；第三，企业的现状和在短期内所能达到的目标对 BPR 具有一定的影响力和约束力，完全脱离现有的流程达到全新设计多数情况下是不切实际的。因此，为了规避风险，为了符合企业的现实情况，将改进与重组技术进行糅合的思想：分析现有情况，了解存在问题，确定核心优化流程，利用从零开始、设计远景、逆向思维的 BPR 思想考虑企业方案，并结合企业约束条件，最终提出在现有阶段切实可行的目标流程设计和其他配套方案的设计。

6.2.4 BPR 的实施步骤

BPR 实施过程包含以下几个方面[17]：

(1) 系统调研、了解现有的业务流程。

(2) 组建、重建队伍。

(3) 选择需要重建的业务流程。

(4) 设计新的业务流程。

(5) 结合企业需求和企业目标，对新的业务流程进行仿真或评价。

(6) 实施修正。

6.2.5 设备管理中的业务流程管理方法

业务流程管理作为企业内部的一种管理方式，主要是通过它来挖掘企业的潜力，减少浪费，提高对资源的整合能力，进而提高企业的市场竞争能力[18]。

在一般情况下，企业有许多不同的业务部门，一次性重组所有业务会导致其超出企业的承受能力。所以，在实施 BPR 之前，要选择好重组的对象。应该选择那些可能获得阶段性收益或者对实现企业战略目标有重要影响的关键流程组为重组对象，使企业尽早地看到成果，在企业中营造乐观、积极参与变革的氛围，减少员工的抵触情绪，以促进 BPR 在企业中的推广。

本书业务流程再设计采用的方法：

(1) 清除非增值流程。对于增值的流程尽量优化，即降低流程周期和流程费用。对于非增值流程通过清除、简化、合并以及利用信息技术降低到最低程度。

(2) 精简流程。去除多余的流程、子流程或操作，简化流程程序，减少沟通协调时间，如压缩不必要的行政、审批和文书工作，即可在一定程度上精简管理流程。

(3) 整合流程。合并在不同流程中或不同阶段中重复的工作，减少流程的重复交接，实现流程之间的单点交接，使流程顺畅。

(4) 减少流程周期的时间。利用 BPR 将串行作业转换为并行作业；调整作业顺序，减少等待时间。

例如，在设计大港石化 PMIS 的过程中，当然也应该全面考虑设备管理的业务流程再造问题，虽然在实施过程中可能会制约于企业全面信息化的水平和现有的组织机构，但至少可以做到对设备管理流程的局部优化，即在 BPR 的基础上融合 BPI 思想。设备管理的业务流程在得到 PMIS 的支持后，可以循序渐进地进行调整，并逐步建立起流程导向型的组织机构。

6.3 基于供应链管理的 PMIS 中采购管理业务流程设计

6.3.1 新增设备及备件编码业务流程设计

在管理信息系统中，系统采集、加工、处理、存储和传输大量业务数据，最终为用户提供有价值的信息。设备作为信息系统的管理对象，设备编码是在系统中唯一识别的标识。在信息化过程中，对于一些新增加的设备或备件，需要对其进行属性确认和编码，并录入到信息系统中去，进行统一管理。

目前，对设备的编码都是由设备管理人员按照原有的编码方法进行制订的，由于以前的编码都是手工操作即由设备管理人员编制并进行登记，对于编码的申请流程仍然是空白。由于信息系统在企业中的广泛应用，所以对于新增设备及备件的编码申请业务需要有一个标准的、规范的流程。

为满足现有设备管理信息系统的需要，并且规范化日常工作模式，将新增设备及备件编码业务流程设计如图 6-3 所示。

序号	活　动	活动承担者	描　　述
1	填写新增申请表	仓储管理人员	当设备及备件入库时，填写新增申请表
2	核实内容 确认是否属实	设备管理人员	在系统内核实，是否确认是新增的设备或备件
3	审核确认 进行编码和属性填写	设备管理人员	核实确认后，将新设备或备件按照设备的属性及技术参数等基本信息给予编码
4	需要其他部门协助?（是：转 5；否：转 6）	设备管理人员	检查设备属性信息是否填写完整，如果不完整，转下一步
5	补充属性	相关部门人员	有可能是技术部门、采购部门、仓管部门、工艺部门等，相关部门人员协助将新设备或备件的属性信息填写完整
6	新增设备属性汇总表 并审核签字	设备管理人员	将填写完整的属性信息汇总成表，设备管理部门主管审核
7	在系统内增加信息	设备管理人员	在设备管理信息系统中，将新增设备或备件的基本信息、技术参数和其他属性信息录入到系统中
8	下发新增编码通知	设备管理人员	发放新设备或备件编码通知，以方便其他各个部门在管理信息系统中进行操作
	结束		

图 6-3　新增设备及备件编码业务流程图

在新增编码业务过程中，涉及仓储部门、设备管理部门和需要提供新增设备属性的相关部门等多个部门配合协作完成新增设备的编码业务。

6.3.2　供应商管理业务流程设计

在现有 PMIS 中，没有涉及供应商管理工作，在引入采购管理后的 PMIS 中，增加了对设备及备件供应商的管理。所以，针对供应商管理分别从供应商数据维护、供应商评审流程设计业务流程。见图 6-4、图 6-5。

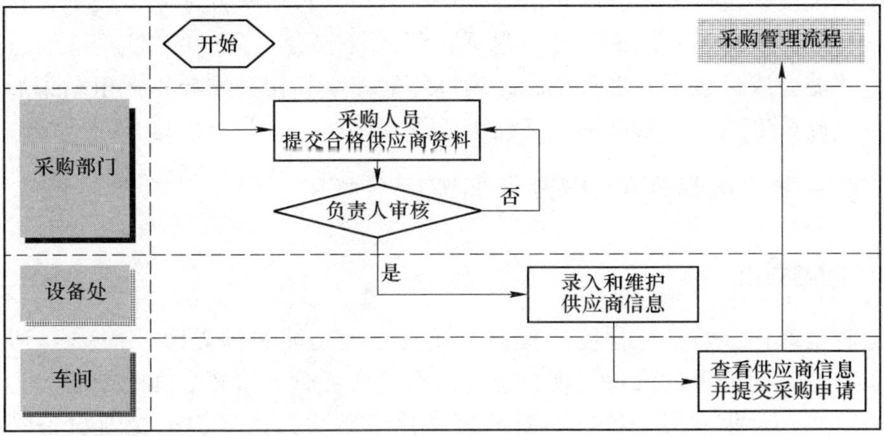

图 6-4 供应商数据维护业务流程图

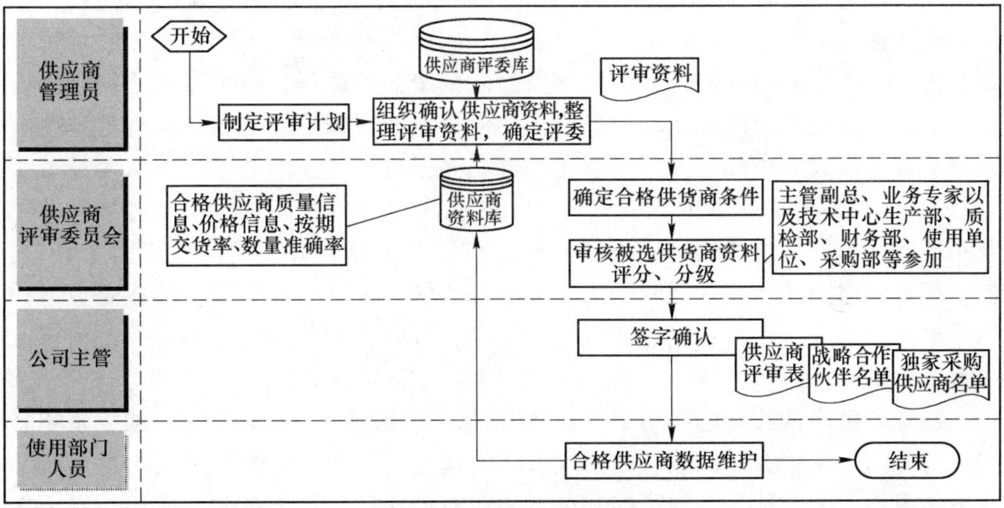

图 6-5 供应商评审流程

每次采购结束，对本次采购活动中的供应商进行评价打分。供应商数据是在每次采购验收入库后，由采购人员将供应商资料提交给采购部门的管理人员进行审核。采购部门管理人员审核资料后，将供应商数据发送给设备管理部门，由设备管理部门将供应商信息录入系统中，包括供应商的供货质量、发货速度、售后服务等信息。以便后续进行采购申请提交时，附带备选供应商信息。

供应商的评审业务是为了更好的将所有供应商进行分级，并进行有效的筛选。供应商的评审一般是一年举行一次。对于设备供应商，由设备管理部门制订评审的计划和评委信息，一般包括设备的生产部门、工艺部门、质量部门等；然后确定合格供应商评审条件，对供应商的评估可参考：质量保证体系、财务信息、生产规模、运输能力、商业信誉、资源分布、售后服务体系、技术支持能力等；制订好评委信息和评审条件信息后，组织评委会对合格的供应商进行评分、分级，评委会成员包括：主管副总、制订好的评委和相关领导；评审结束后，由公司主管确认生效，并制订供应商评审表等文档。

6.4 基于供应链管理的PMIS业务流程分析

6.4.1 问题提出

随着全球化、信息化程度的提高，设备管理功能和种类由“简单”到“非常复杂”造成了先进的设备管理思想与落后的业务管理模式之间的矛盾。为了解决这一矛盾，企业采用了各种不同的信息技术解决方案来提高企业设备管理效率。但是，企业在分阶段实施信息化建设的过程中，各部门针对各自某方面管理需求而引入的各种应用系统，在单个业务领域的管理上的确有自己的特点。但是，这些孤立不兼容的硬件系统和设备、异构网络及平台、不兼容且无法移植的开发语言不兼容的数据格式，使之难以面向整个业务流程，各个系统之间也难以紧密集成，形成了应用孤岛和信息鸿沟，使得企业原应连贯的业务流程被这些分散的系统分隔成多个环节，致使系统和部门间很难无缝连接与通信，从而造成了“系统鸿沟”现象。企业的职能式组织结构为部门群体的面对面信息传递创造了有利环境。但是，这种结构同样使原应连贯的业务流程被人为的割成多个环节，各个环节各自为政，相互之间的沟通欠缺有效的方式，信息脱节，造成企业运作的基本元素如人、财物、信息和流程等资源，难以突破各种屏障和边界进行调配和紧密的整合。

在基于供应链管理的环境下，设备管理业务流程由设备管理部门独立承担转变为跨部门、跨企业、跨领域的协同方式。但是，“系统鸿沟”造成信息系统与业务流程不匹配，信息系统不能充分发挥应有的作用，从而影响人使用信息系统完成任务的效率（即人-信息系统交互效率），设备管理人员之间不能有效沟通，以及信息脱节和失真，最终导致设备管理效率不高，甚至PMIS实施的失败。可见，流程管理不仅是企业信息化环境下人-信息系统交互效率提高的基础，也是保证PMIS实施成功的关键。

6.4.2 设备管理业务流程分析

6.4.2.1 PMIS业务流程维度分析

设备管理全系统的概念是由时间维、空间维、资源维和功能维构成的四维空间[19]。设备管理业务流程包含时间场、空间场、资源场，所以从时间、空间和信息三个维度对设备管理业务流程现状进行研究。

在时间维度上，业务流程是按照一个线性的过程展开的。在业务流程中，信息的流程通常是单向的，往往是从一个活动流向下一个活动，反向的信息流程只有在审核/审批未通过时才会出现，从而造成信息在活动间传递的等待和迭代问题。在空间维度上，业务流程是由一些相互独立的部门来承担的，如设备管理部门、仓储部门、采购部门等。在信息维度上，信息在业务流程的环节中依次传递，在各个活动中，输入上一活动信息后，经过此活动进行处理输出信息并流向下一活动。如图 6-6 所示。

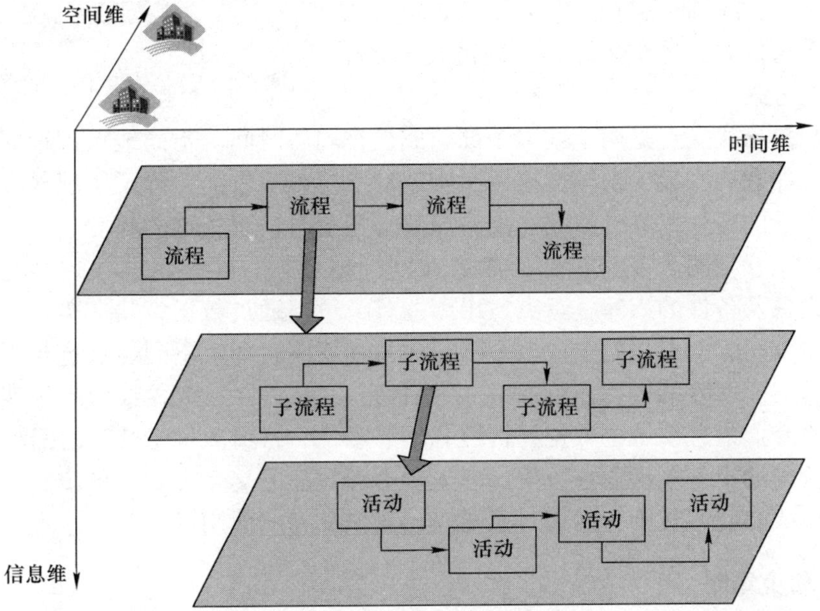

图 6-6 PMIS 业务流程三维模型图

基于时间的业务流程是指从流程的角度优化，目标是通过对业务流程建模，使设备管理活动有序进行，尽可能地将冗余活动消除、信息依赖度大的下游活动提前，从而解决信息的等待和迭代问题，提高时间方面的协同。基于空间的业务流程是指通过组建跨部门的设备管理团队打破部门的界线与壁垒，共享设备管理过程中所涉及的信息和知识。基于信息的业务流程是指通过信息交互使设备管理数据和信息同步。业务流程数据同步的主要目标是对设备管理中信息进行建模，使处于不同活动的人员能够基于统一的数据库进行设备管理工作；数据同步强调对数据对象的信息共享和并发控制，数据同步是信息同步的基础。因此，企业的设备管理水平不仅依赖于其技术水平，而且更依赖于整个业务流程对 PMIS 的系统化、科学化的控制和管理。

6.4.2.2　PMIS 业务流程信息交互方式分析

基于供应链管理的设备管理业务是在信息化环境下企业内外部门成员之间的信息传递，通常是通过交互完成的。设备管理人员的工作方式由单一的面对面交互方式转变为多种形式的交互方式，根据交互方式的空间位置和应答方式，设备管理的工作方式可分为面对面交互、同步分布式交互、异步交互及异步分布式交互四类，如图 6-7 所示。

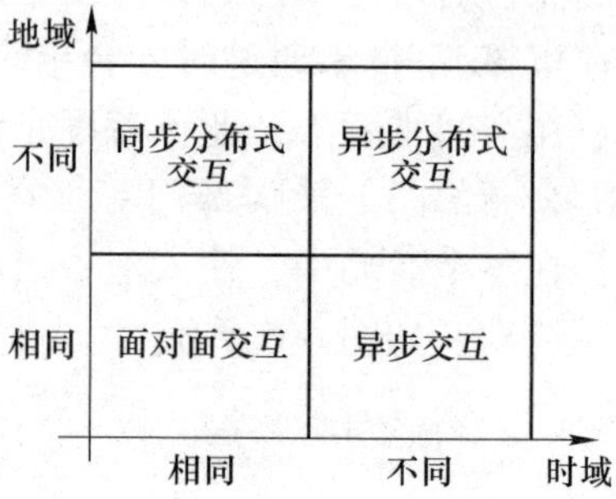

图 6-7　设备管理工作方式分类

面对面交互方式是两个或多个部门成员在同一时间、同一地点进行的活动，如审批签字、领取备件等，传统的设备管理模式多采用这种交互方式。

同步分布式交互是两个或多个部门成员在同一时间、不同地点进行同一流程的活动，如联合决策、视频会议等，实现的支持难度较大，除了实现异步分布式交互时所需的各种工具外，还需要有能够支持实时信息传递的环境。

异步交互是两个或多个部门成员在同一地点、不同时间进行同一流程的活动，如设备及备件的入库、盘点、出库业务，可以通过数据库共享实现。

异步分布式交互是两个或多个部门成员在不同时间、不同地点进行同一流程的活动，需要网络的支持，可通过文件管理、E-mail、分布式数据库等实现。但是，由于企业信息系统的数据异构性和不兼容性，常造成信息交互的困难。

企业内的设备管理业务流程信息主要为面对面的交互方式、异步交互方式和异步分布式交互。其中，以面对面交互、异步交互的使用最为广泛。

6.4.3　研究策略

BPR 是一个复杂的系统工程，涉及多种学科门类，也是集 20 世纪 90 年代前各种先进的管理思想之大成。综观 BPR 技术，在流程获取和建模阶段常用的方法为数据流图、基于活动的成本分析、分层彩色 Petri、IDEF 等，在流程评估和诊断阶段常用的方法为鱼骨分析法、认知图、矩阵技术等。这些方法多是采用现场调研、调查问卷统计等方法进行流程的活动评价，多是采用定性的方法判断流程中的冗余活动。

信息系统是流程的基础，而流程是信息系统的支撑。在供应链管理的环境下，从信息维度对设备管理各项业务分析，将设备管理流程进行科学化建模是信息共享与集成的基础。因此，如何用定量的方法进行设备管理业务流程建模与优化是企业设备流程管理中需解决的问题。

6.4.4　PMIS 业务流程与产品设计过程对比研究

业务流程是指为了完成某一目标或任务而进行的一系列跨越时空的逻辑相关活动的有序集合，这些活动通过一定的规则组织在一起，并按照事先安排好的先后顺序，以自动或人工参与的方式逐步执行[20]。

产品设计过程是从产品定义到产品批量生产前的一段时间，包括与设计有关的所有技术活动和管理活动，是特定的组织为满足某一需求利用资源、使用相关工具和方法进行的创造性活动，此过程交付的内容包括产品设计的相关数据。

在信息维度，PMIS 业务流程是以设备管理业务活动之间的信息传递为研究对象的，产品设计过程管理是以任务之间的信息依赖为研究对象的，所以，二者都有如下共同点：

(1) 时序性，流程和活动都是通过一定的规则组织在一起，并按照安排好的先后顺序逐步执行的。

(2) 迭代性，在设备管理和产品设计过程中，都存在由于某一活动结果不满足要求而导致此活动序列的重复。

(3) 协同性，二者的管理都需要多人员、跨部门、全生命周期的协作。

(4) 层次性，设备管理业务活动可以按照管理阶段分解为一定的层次，产品设计过程也可以根据设计活动分解为不同阶段并划分成对应层次。

PMIS 业务流程和产品设计过程具有相似的特征，因此，将产品设计过程的建模思想运用于 PMIS 业务流程的建模中，通过分析 PMIS 业务流程活动间的信息交互模式，建立流程活动间信息交互模型，量化活动间的信息的交互量，根据流程中活动间的关系，用结构设计矩阵理论中基于活动关系建立结构矩阵的思想，建立 PMIS 业务流程结构矩阵模型。

6.5　基于设计结构矩阵理论的 PMIS 业务流程再造研究

6.5.1　设计结构矩阵理论

设计结构矩阵（Design Structure Matrix，DSM）最初是由美国学者 Steward 博士提出的，用于对产品开发过程进行规划和分析的矩阵工具[21]。最初的 DSM 是由有向图发展而来的，一个 DSM 是由排列顺序相同的行列元素组成的一个方阵。在 Steward 定义的 DSM 中，用矩阵的行列元素表示过程中的活动，用矩阵的非对角线的上下位置来描述对应行列元素之间的联系，用矩阵单元相对于对角线的上下位置来描述对应行列元素之间联系的方向，在对角线下方表示关系/信息的发布是正向的，在对角线的上方表示关系/信息的反馈[22]。

布尔型 DSM（Binary Design Structure Matrix，BDSM）是指在矩阵的单元格中

以二值的形式标示（如“×”和空白，或者“0”和“1”）。如图6-8所示。

	A	B	C	D	E	F
A			×		×	
B	×		×			×
C						
D		×			×	
E						
F	×		×			

图6-8 布尔型DSM简单示意图

20世纪90年代中后期，Smith、Eppinger等提出了数字化的设计结构矩阵（Numeric Design Structure Matrix，NDSM）[23,24]，运用具体的数值来定量地描述DMS模型中行列元素之间联系的强弱。NDSM是在布尔型DSM基础上的数字化。与布尔型矩阵相比较，NDSM能够更加详细和具体地表示行列元素之间联系的强弱，使得DSM模型能够更真实地反映实际目标系统，并且有利于对DSM模型进行进一步的运算和分析。

近年来，Yassine、Browing等人又提出了Multi-DSM的概念，用来把一个大的DSM模型分解成多个小的DSM模型或者把几个小的DSM模型合并成为一个大的DSM模型[25]。

6.5.2 业务流程的信息交互模式

设备管理业务流程的信息是反映设备管理各种活动的知识、资料、图表、数据、文件的总称。设备管理业务流程中的信息交互就是设备管理各种活动的信息在设备管理相关部门或组织之间的传递活动。通过分析设备管理流程活动的特点，根据不同活动间信息的交互关系，设备管理流程模型中的活动基本结构可以分为串行、并行以及耦合三种，活动基本模式及其布尔结构矩阵，如图6-9所示。

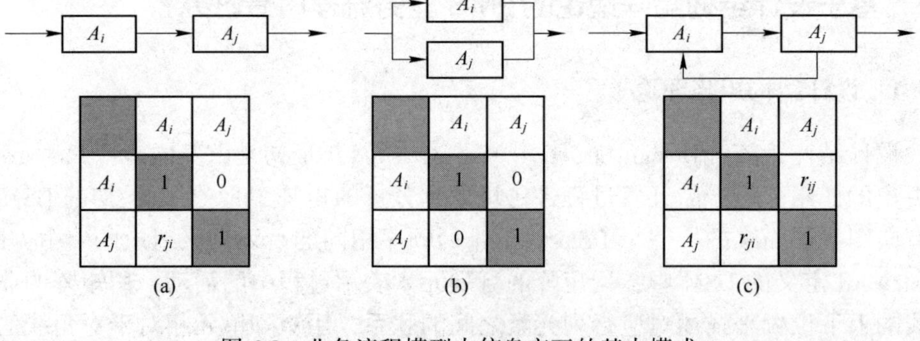

图6-9 业务流程模型中信息交互的基本模式
（a）串行模式；（b）并行模式；（c）耦合模式

（1）串行模式如图6-9（a）所示。在串行模式中，一个活动受到另一个活动的影响，也就是说只有活动 A_i 执行完毕，活动 A_j 才能够开始执行，即活动 A_j 接收来自活动 A_i 的信息；

(2) 并行模式如图 6-9 (b) 所示。在并行模式中，各个活动间彼此相互独立，相互间不存在信息依赖关系，也就是活动 A_j 和活动 A_i 之间不存在任何信息交互；

(3) 耦合模式如图 6-9 (c) 所示。在耦合模式中，一个活动既要接受来自上游活动的输出信息作为自身的输入信息，又要把自身的输出信息反馈给上游活动，作为其输入信息，从而使活动间的信息交互在活动元素间形成一个闭环。

假设一个流程包含 n 个活动 $A_i(i = 1, 2, \cdots, n)$，那么矩阵对角线元素就是活动自身，即 $r_{ii} = 1$，非对角线元素 $r_{ij}(i \neq j)$ 表示不同活动间的依赖关系，即：

$$\begin{cases} r_{ij} = 0，活动 A_j 不向活动 A_i 提供信息 \\ r_{ij} \neq 0，活动 A_j 向活动 A_i 提供信息 \end{cases} \tag{6-1}$$

6.5.3 构建业务流程的结构矩阵模型

用单一的流程结构矩阵表示设备管理总体流程是非常困难的，因为所构造的模型是由很多项活动组成的，流程结构矩阵的优点就体现不出来，通过非常大非对角线的元素来识别活动之间的联系就显得相当困难。比较好的方法是把一个较大的流程结构矩阵分解为一些较小的分层的流程结构矩阵，这样就避免了大的流程结构矩阵的表示问题，同时简单明了，也为分析联系之间的细节提供了可行的方法。

按照管理业务流程所涉及的工作，将流程分为三个层次：一级流程、二级流程和三级流程。一级流程描述设备全过程管理中相关主干业务的流程的集合。二级流程描述将一级流程业务进一步细化后各业务过程中的活动及其关系。三级子流程描述具体某项业务中涉及的所有活动。所有的一级流程、二级流程和三级流程都不局限于企业的职能部门。如图 6-10 所示。

图 6-10 中表示设备管理业务流程的层次结构，按照层次的逐层分解各层次结构矩阵，可将此结构矩阵表示为相互关联的子矩阵，其表示形式如下：

$$F_0 = \{M_1, M_2, \cdots, M_i\} \ (i \in N) \tag{6-2}$$

式中 F_0 ——总体流程结构矩阵；

M_i ——总体流程 F_0 的子矩阵。

图 6-11 中，$A_i(i = 1, 2, \cdots, n)$ 表示设备管理业务总体流程中的第 i 个流程，A_{i-j} 表示将流程 A_i 分解后的第 j 个子流程，A_{i-j-k} 表示将子流程 A_{i-j} 进一步细化后的第 k 项活动。

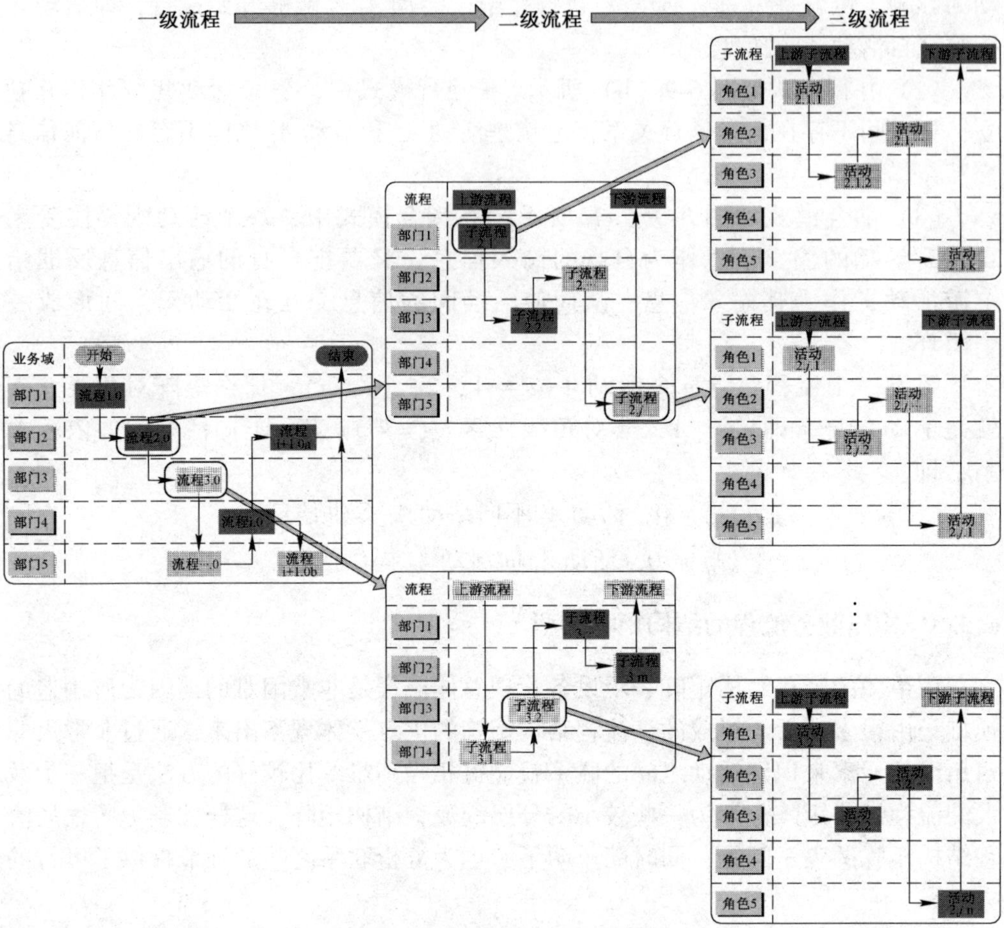

图 6-10　设备管理业务流程层次图

建模首先从一级流程开始，然后再将一级流程分解为一系列的二级流程，并形成二级流程结构矩阵，直到将流程分解到适当的级别。

在流程结构模型中，存在着以下三种信息交互方式：

(1) 内部交互。此种交互方式在一个流程结构矩阵中，交互表现为矩阵中相关元素的关联。

(2) 外部交互。发生在两个及以上结构矩阵之间的信息交互。当高一级的流程被细化为子流程时，高一级流程所对应的结构矩阵相应的被分解为子流程结构矩阵，原来在高一级结构矩阵中的内部交互将转化为对应被分解结构矩阵之间的交互。

(3) 外界交互。流程结构的外界交互是指与企业以外的活动进行的交互。在企业设备管理业务活动中就应被明确的定义，如供应商、外部管理（如政府、

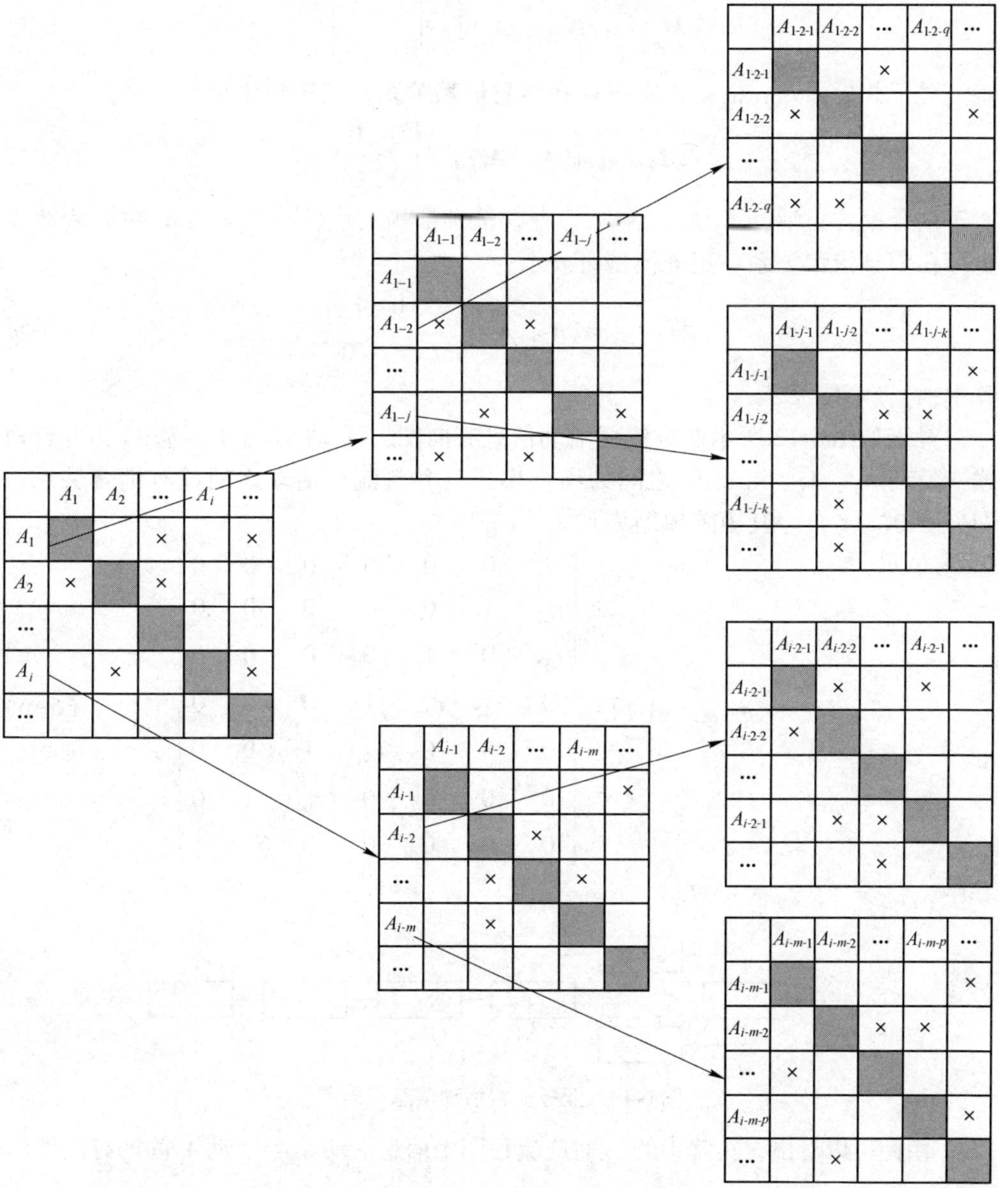

图 6-11 设备管理业务流程结构矩阵层次图

上级主管部门）等外部因素，这些信息也应在建模中考虑。

通过对业务流程之间的信息联系构建结构流程矩阵。假设矩阵 M_1 中，A_i、A_j 分别为同一流程的两个活动，r_{ij} 表示活动 A_j 对活动 A_i 的依赖关系。

对于串行模式，由图 6-9 可以看出，活动 A_j 接收活动 A_i 输出的信息，即活动 A_j 依赖于活动 A_i 的信息，矩阵模型为：

$$\boldsymbol{M}_1 = [m(A_i, A_j)] = \begin{bmatrix} 0 & 0 \\ r_{ji} & 0 \end{bmatrix} \tag{6-3}$$

对于并行模式，活动之间不存在信息依赖关系，其矩阵模型为：

$$\boldsymbol{M}_2 = [m(A_i, A_j)] = \begin{bmatrix} 0 & 0 \\ 0 & 0 \end{bmatrix} \tag{6-4}$$

对于耦合模式，活动 A_j 对于活动 A_i 存在信息依赖关系，并且活动 A_i 对于活动 A_j 也存在信息依赖关系。矩阵模型可表示为：

$$\boldsymbol{M}_3 = [m(A_i, A_j)] = \begin{bmatrix} 0 & r_{ij} \\ r_{ji} & 0 \end{bmatrix} \tag{6-5}$$

其中，$i, j = 1, 2$。

对于如图 6-12 所示业务流程活动信息有向图，活动 A_2 对于活动 A_3 为并行模式，活动 A_4、A_5、A_6、A_7 之间为串行模式。并且流程活动之间没有耦合关系，即 $r_{ij} = 0(i < j)$。其矩阵模型为：

$$M_4 = [m(A_i, A_j)] = \begin{bmatrix} 1 & 0 & 0 & 0 & 0 & 0 & 0 \\ r_{21} & 1 & 0 & 0 & 0 & 0 & 0 \\ r_{31} & 0 & 1 & 0 & 0 & 0 & 0 \\ 0 & r_{42} & r_{43} & 1 & 0 & 0 & 0 \\ 0 & 0 & 0 & r_{54} & 1 & 0 & 0 \\ 0 & 0 & 0 & 0 & r_{64} & 1 & 0 \\ 0 & 0 & 0 & 0 & 0 & r_{74} & 1 \end{bmatrix} \tag{6-6}$$

其中，$i, j = 1, 2, \cdots, 7$。

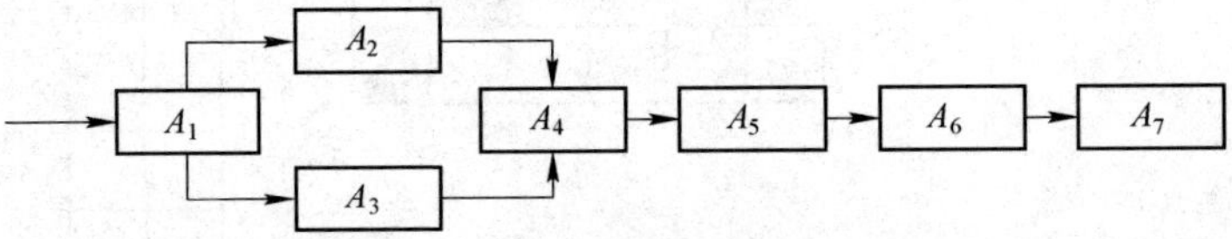

图 6-12　业务流程活动信息有向图

由此可以看出，矩阵中的 r_{ij} 对应流程图中信息活动 A_j 与活动 A_i 间的有向弧。

6.5.4　基于 DSM 模型的业务流程分析及再造方法研究

企业设备管理工作可以看作是一系列业务流程的集合，设备管理信息经过各部门和各环节，最终得到设备管理人员需要的信息。为了表示和研究，对设备管理业务流程做如下假设：

（1）每个流程都由若干业务活动组成。

（2）业务流程中的各个业务活动是离散的。

（3）每个业务活动可以看作是一个数据处理器。

（4）信息交互关系可以用数值表示其关系强度。

（5）本文只从设备管理的信息维度研究业务流程，不考虑其他方面因素。

以上假设中的（1）可以将多级流程细化至一系列活动，排除了流程内、外之间的复杂网状关系的讨论。（2）和（3）的假设可以将业务流程由业务活动的有向图表示。假设（4）方便了将信息交互关系进行量化，并且可以用模糊数学的理论进行计算。假设（5）简化了业务流程中多重因素对业务活动产生的影响。

由以上的假设可知，业务流程是由一系列的处理器组成，处理器之间是由信息有向弧衔接起来。处理器接收上一步骤输出的数据，并且经过处理，输出的结果作为输入传送到下一个处理器。构造基于 DSM 模型的结构矩阵中，矩阵中的元素表示业务流程活动的交互关系。

6.5.4.1 模糊关系定义

定义：给定论域 U 上的一个 Fuzzy 集 $\underset{\sim}{A}$ 是指[26]：对任何 $u \in U$，都指定一个数 $\mu_{\underset{\sim}{A}}(u) \in [0,\ 1]$ 与之对应，它叫作 μ 对 $\underset{\sim}{A}$ 的隶属度（degree of membership）。构造一个映射

$$\mu_{\underset{\sim}{A}}:\ U| \rightarrow [0,\ 1]$$
$$u| \rightarrow \mu_{\underset{\sim}{A}}(u) \tag{6-7}$$

这个映射称为 $\underset{\sim}{A}$ 的隶属函数（membership function）。

定义：设 U、V 是两个非空集合。由 U、V 可构造其直积，如式(6-8)：

$$U \times V = \{(u,\ v)\,|\,u \in U,\ v \in V\} \tag{6-8}$$

$U \times V$ 的任何一个子集 R 都是 U 与 V 的一个二元关系。对任何一个 $(u,\ v) \in U \times V$，若 $(u,\ v) \in R$，则称 u 与 v 具有关系 R，记做 uRv；若 $(u,\ v) \notin R$，则称 u 与 v 不具有关系 R，记做 $u\bar{R}v$。

设 R 是 U 与 V 之间的一个关系，R 在 $U \times V$ 中的余集 $R^c = U \times V - R$ 也是 $U \times V$ 的一个子集，因此 R^c 也是 U 与 V 之间的一个关系，为 R 的余关系。

关系可以用图表显示出来。它的一般形式为：

$$\boldsymbol{R} = (r_{ij})_{n \times m} = \begin{bmatrix} r_{11} & r_{12} & \cdots & r_{1m} \\ r_{21} & r_{2} & \cdots & r_{2m} \\ \vdots & \vdots & & \vdots \\ r_{n1} & r_{n2} & \cdots & r_{nm} \end{bmatrix} \tag{6-9}$$

当矩阵元素仅取 0 或 1 时，为布尔矩阵，矩阵元素满足条件 $0 \leqslant r_{ij} \leqslant 1$ 时，称为 Fuzzy 矩阵。

对于一个已建立的流程结构模型构造其对应的流程结构矩阵，活动间的结构

关系是一种模糊关系，表现为关系矩阵。通过关系的隶属度反映流程活动间的依赖关系，认清整个流程的结构及活动的依赖关系及依赖强度，从而可以有效地进行流程优化与再造。

6.5.4.2　聚类划分

根据细化后的设备管理业务流程，绘制业务流程有向图并建立结构矩阵，再将业务流程中各个业务活动之间的信息交互关系计算其对用数值。

在一个业务流程矩阵模型中，一个聚类所包含的行列元素的数目为聚类规模。为了进行合理的聚类划分，做如下假设：

（1）行列元素之间的信息流量与联系的权重成正比；

（2）较小规模聚类中行列元素之间联系比较大规模聚类更加容易管理；

（3）同一聚类内部行列元素之间联系的管理难度比不同聚类的元素之间联系的管理难度要低；

（4）聚类之间联系的管理难度随着聚类所含行列元素数量的增长而变大。

聚类方法采用基于行列变换的聚类划分。首先，为防止弱联系对聚类结果的过分影响，在数值化结构矩阵模型中进行弱联系撕裂处理，以降低聚类划分的复杂程度；其次，在经过弱联系撕裂的模型中，将独立元素进行分离；然后，对经过上述两个步骤处理后得到的矩阵模型进行行列变换，使模型中的非零单元格尽可能地靠近模型的对角线位置；再次，把弱联系、独立元素增加到模型中；最后，根据前面步骤得到的矩阵模型中非零单元格的密集程度划分为若干聚类。

6.5.4.3　业务流程再造采用方法

在结构矩阵图中，需要对行列元素进行聚类划分以便分析结构矩阵中的相似行列元素的流程再造。对于聚类划分，其结果并不是唯一的。将经过聚类处理后的结构矩阵进行分析，结合业务流程再造理论，对于聚类后的结构矩阵采用如下再造方法：

（1）业务流程整合。进行聚类划分后结构矩阵出现如图 6-13 所示的情况可判别活动之间出现信息等待和迭代问题，需要采用业务流程整合的再造方法。

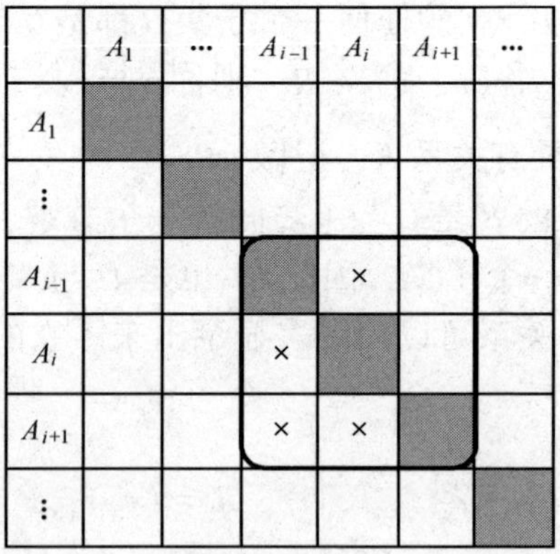

图 6-13　信息依赖关系结构模型图

在结构模型图中，活动 A_{i-1}、A_i、A_{i+1} 的非零行列元素集中在其对角线附近，将这 3 个业务活动划分为同一类。在此种聚类中活动 A_{i-1} 和活动 A_i 为耦合关系。耦合关系的活动会使信息在活动产生等待和重复性工作，所以从流程优化的角度应尽量减少活动之间的耦合关系。

1）在设备管理活动中，属于耦合关系的活动多为审核和审批环节。过多的审批工作大大降低了日常设备管理工作的效率，所以企业管理允许的范围内尽量减少审核、审批活动。比如采购环节，可以根据金额的大小设定审核、审批活动，超过一定数额设置审核活动，再超出一定金额设置审批活动。

2）将存在耦合关系的活动根据企业设备管理实际情况进行业务流程进行整合，从整个流程中避免耦合关系的活动。比如采用信息技术，跨部门协同工作等。结合业务活动在设备管理中的具体工作，合并其中的重复工作，减少流程重复交接，实现流程之间的单点交接，使流程顺畅。

（2）业务流程精简。进行聚类后的结构矩阵出现如图 6-14 的情况被认定为信息完全依赖关系。

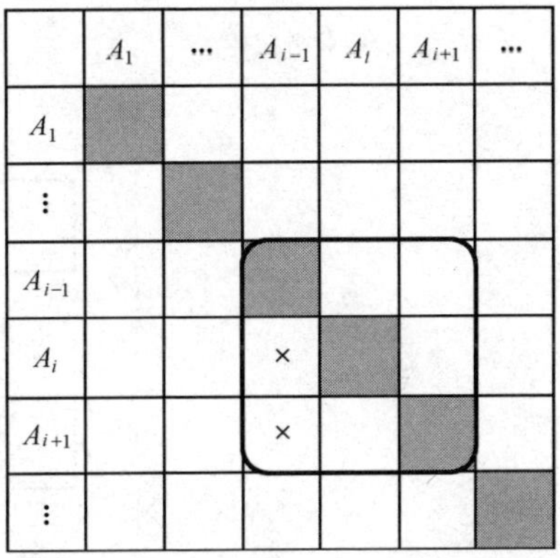

图 6-14　信息完全依赖关系结构模型图

在图 6-14 中，可看出活动 A_i 接收由活动 A_{i-1} 输出的信息，活动 A_{i+1} 接收 A_{i-1} 输出的信息。所以，活动 A_i 没有信息输出。在现有流程中，业务活动的步骤是按照 A_{i-1}、A_i、A_{i+1} 串联进行，可分析出，业务活动 A_i 只是将活动 A_{i-1} 输出的信息直接传递给业务活动 A_{i+1}，而自身并没有进行信息处理。在业务流程改造中，对于这种非增值的步骤可以根据需要进行精简。

6.6　基于 DSM 的流程再造方法在设备管理业务流程的实证研究

本节将备件入库、出库过程进行业务分解，采用基于 DSM 的方法详细分析业务流程中的活动信息依赖情况，按照本章上节研究的 BPR 方法进行整合、简化、清除，最大限度的减少非增值活动，并实现业务流程和设备管理信息系统相匹配的目标。

6.6.1　PMIS 中业务流程现状

企业的业务流程活动是围绕着企业产品的生产而组织起来的，而设备是直接或间接服务于企业生产的。在这样的流程中，设备生命周期的全过程中共涉及了采购、运行/维护、维修和备件库存业务流程等环节。如图 6-15 所示。

由于在原有的设备管理体系中引入了采购管理业务，改变原有 PMIS 中活动的信息流向，涉及现有业务流程和工作方式需要进行相应的调整。所以，将库存管理模块业务活动进行业务流程再造。

6.6.2　设备管理业务流程层次分析

由于设备管理中涉及的业务类别多，业务活动繁杂，设备管理业务流程改造

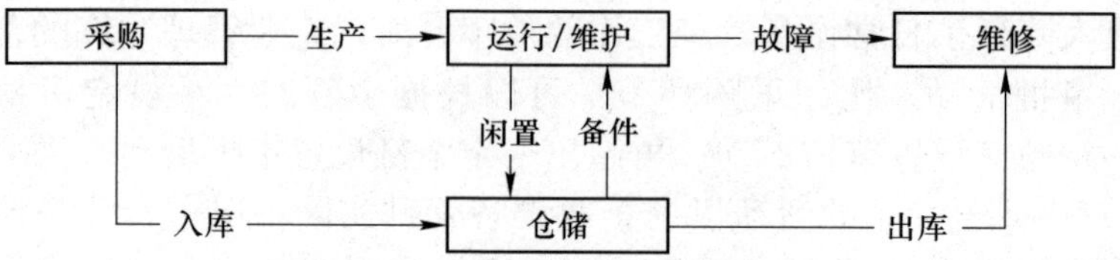

图 6-15　设备全过程的业务环节图

需要先将设备管理业务流程进行层次分析。按照设备管理内容进行划分，将设备管理业务流程分为三个等级业务流程。如图 6-16 所示。

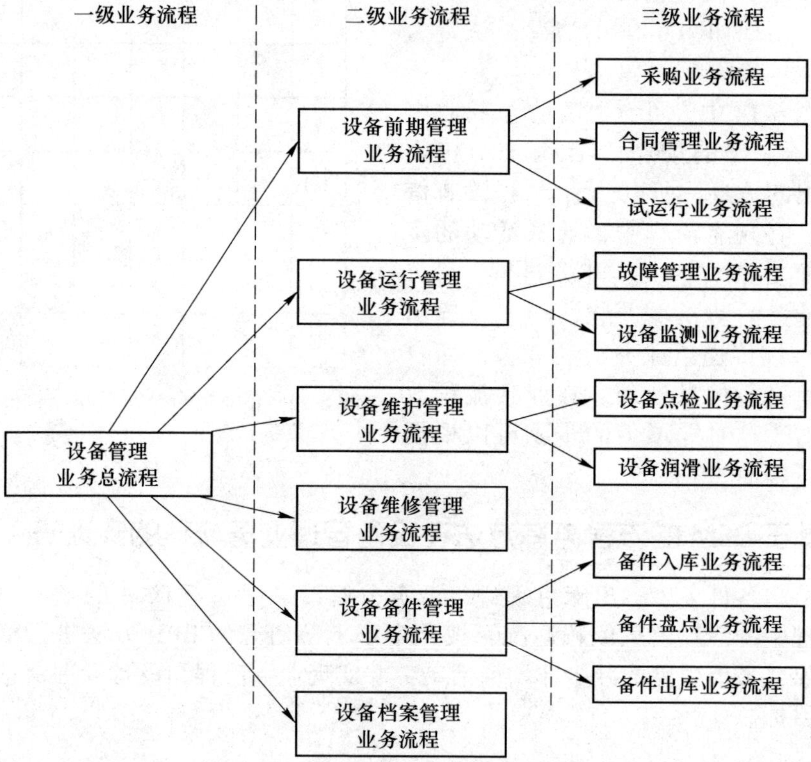

图 6-16　设备管理业务流程层次图

设备管理总体业务流程中，包含设备的前期、运行、维护、维修等日常工作业务，还包括设备的备件管理和设备及备件档案管理业务。基于供应链管理的设备管理信息系统由于引入了采购管理和自动识别技术，使得设备管理的前期管理中，融合进采购管理业务流程；自动识别技术的应用使原有的设备库存管理业务的工作方式发生改变，所以针对采购业务流程，设备备件入库、出库业务流程进行改造。

6.6.3　基于 DSM 的流程再造方法在备件入库管理中的应用

备件的入库业务，从备件的采购流程中的交货验收环节发起，由企业的采购部门、相关验收部门、仓储管理部门，最后在仓储部门办理入库的业务工作。

现行的备件入库业务流程如图 6-17 所示，甘特图如图 6-18 所示。

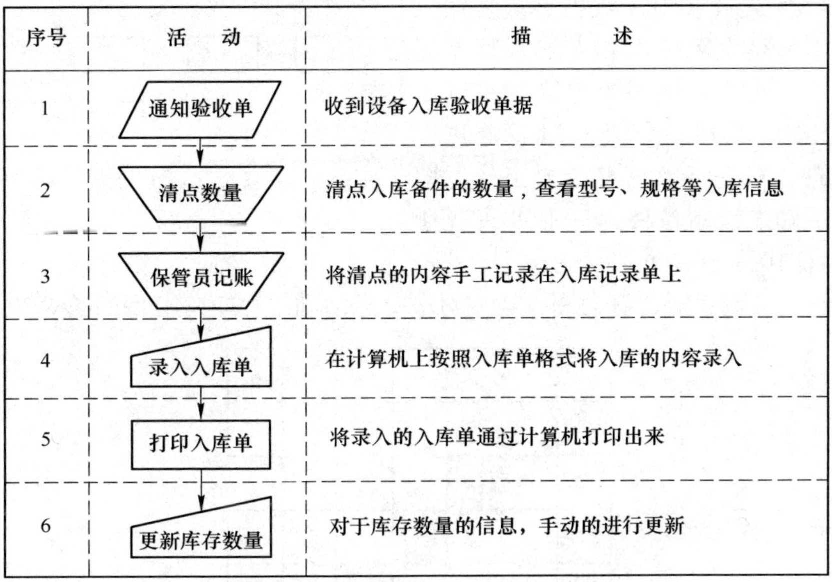

图 6-17　再造前的备件入库业务流程图

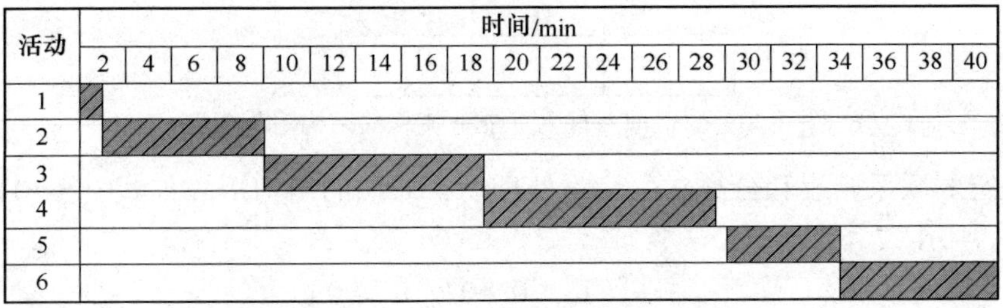

图 6-18　再造前的备件入库业务流程甘特图

表 6-1 是针对现有备件入库业务流程的增值情况、信息交互、信息传递方面进行深入分析。如表 6-1 所示。

表 6-1　备件入库业务流程分析

流程步骤	增值活动	操作者	是否手工操作	输　入	输　出	是否可信息化
1	⊙	保管员	是	上一子流程	验收通知单	否
2	⊙	保管员	是	验收通知单	清点后的数量信息	是
3		保管员	是	清点后数量信息	清点后数量信息	是
4		保管员	是	清点后数量信息	清点后数量信息	是
5	⊙	保管员	否	清点后数量信息	备件入库单	是
6	⊙	保管员	是	清点后数量信息	库存数量更新	是

由表 6-1 可以看出，在设备入库业务流程中，第 3、4 步对于数据是重复输入的，基本都是手工键入和人工手写重复性操作。第 6 步数据来源与第二步输出的信息相同。所以，步骤 3、4 没有进行信息处理，只进行了信息传递工作，即非增值活动。绘制备件入库业务流程业务活动有向图，如图 6-19 所示。

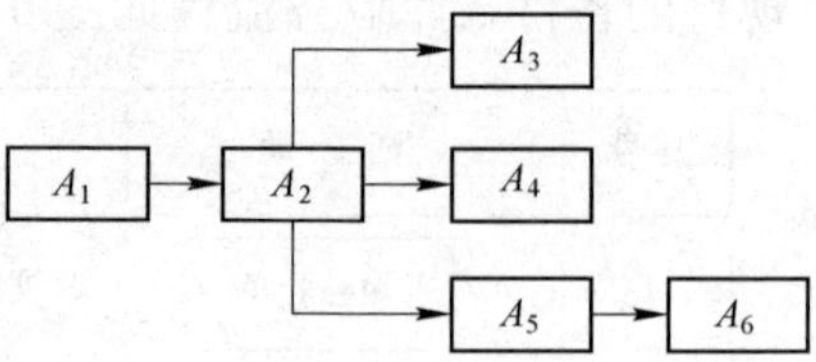

图 6-19　再造前备件入库流程活动有向图

根据业务流程活动有向图，建立对应信息活动结构矩阵模型如图 6-20 所示。

	1	2	3	4	5	6
1						
2	0.2					
3		1				
4		1				
5		0.7				
6					0.3	

图 6-20　改造前备件入库业务流程的结构矩阵模型

进行弱联系撕裂和分离独立元素处理后，对应的结构矩阵如式（6-10）和式（6-11）所示。

$$\boldsymbol{M}_1=\begin{bmatrix} 1 & 0 & 0 & 0 & 0 \\ 1 & 1 & 0 & 0 & 0 \\ 1 & 0 & 1 & 0 & 0 \\ 0.7 & 0 & 0 & 1 & 0 \\ 0 & 0 & 0 & 0.3 & 1 \end{bmatrix} \tag{6-10}$$

$$\boldsymbol{M}_2=\begin{bmatrix} 1 & 0 & 0 & 0 & 0 \\ 0.7 & 1 & 0 & 0 & 0 \\ 0 & 0.3 & 1 & 0 & 0 \\ 1 & 0 & 0 & 1 & 0 \\ 1 & 0 & 0 & 0 & 1 \end{bmatrix} \tag{6-11}$$

聚类划分后，加入弱联系和独立元素后，结构矩阵模型如图 6-21 所示。

经过聚类划分后，备件入库业务全部活动为串联关系，没有耦合和并联。活动 3 和活动 4 这两个步骤的信息输入来源完全依赖于活动 2，可以将活动 3、4 这

	1	2	5	6	3	4
1						
2	0.2					
5	0	0.7				
6	0		0.3			
3		1				
4		1				

图 6-21 聚类划分后备件入库业务流程的结构矩阵模型

两个步骤精简。步骤 2、5、6 聚类划分为一类，可以将这 3 个步骤进行整合。

针对当前备件入库流程活动的聚类，从以下几个方面进行再造：

(1) 利用 PMIS 系统，减少手工操作，加强台账和报表管理，改变以往台账和报表手工制作的模式，清除非增值活动。

(2) 在 PMIS 系统中，建立采购和库存数据关联，使得整个系统中的数据统一、共享，精简掉手工的、重复性输入的业务流程。

(3) 采用自动识别技术进行入库操作，不需要每次入库都需要手动核对信息，简化业务流程步骤。

(4) 利用 PMIS 系统，解决库存管理部门和仓储部门之间的“信息孤岛”问题，减少多次人工进行地查询工作。

进行业务流程优化后，备件入库业务流程如图 6-22 所示，其甘特图如图 6-23 所示。

序号	活 动	描 述
1	通知验收单	收到设备入库验收单据
2	扫描入库	扫描待入库设备或备件同时系统自动更新库存数量
3	打印入库单	将入库的设备或备件信息打印，并存档

图 6-22 再造后的备件入库业务流程图

改造后的备件入库业务流程，由于应用了条码扫描的自动识别技术使得入库操作步骤减少；而且基于 PMIS 系统后，将仓储部门、采购部门两者衔接在一起，

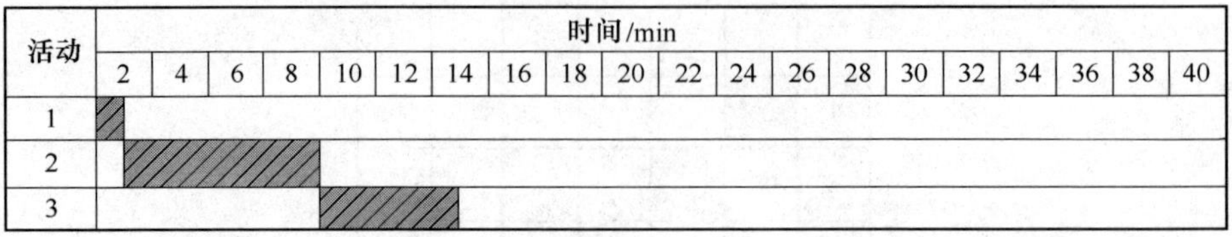

图 6-23 再造后的备件入库业务流程甘特图

减少的中间沟通造成的时间浪费，加强了部门之间的协作。

6.6.4 基于 DSM 的流程再造方法在备件出库管理中的应用

备件的出库业务，从设备的维护/维修部门发起，由设备管理部门、仓储管理部门，最后由仓储部门的相关人员办理出库的业务工作。

现行的备件出库业务流程如图 6-24 所示，甘特图如图 6-25 所示。

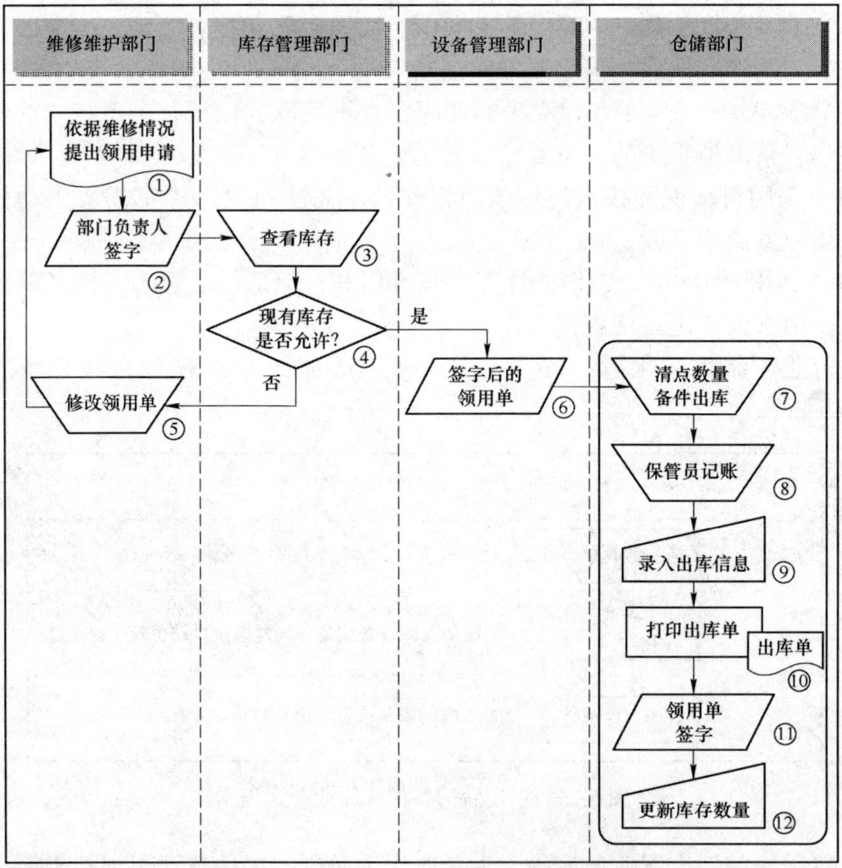

图 6-24 再造前的备件出库业务流程图

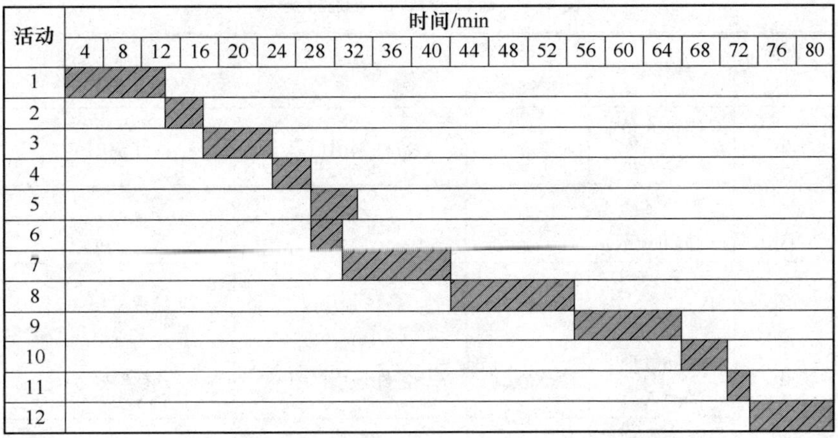

图 6-25　再造前备件出库业务流程甘特图

再造前备件出库流程中各个业务活动描述如表 6-2 所示。

表 6-2　备件出库业务流程活动描述

步骤	角色负责人	活　动　描　述
1	维护/维修人员	根据维护/维修的需要，由相关人员手工填写提出备件领用申请
2	维护/维修部门管理人员	查看领用申请单，并审核相关领用信息
3	仓储管理人员	通过电话等通信方式询问相关仓储人员是否数量允许
4	仓储管理人员	若数量足够，则继续下一步骤
5	仓储管理人员	若不够，通知采购部门进行采购，或领用申请人修改领取数量
6	设备管理人员	设备管理部门人员查看领用单，并在领用通知单上签字
7	仓库保管员	清点出库备件的数量、查看型号、规格等参数
8	仓库保管员	将清点的内容手工记录在出库记录单上
9	仓库保管员	在计算机上按照出库单格式将出库的备件录入
10	仓库保管员	将录入的出库单通过计算机打印出来
11	仓库保管员	领用通知单签字，并出库备件
12	仓库保管员	对于库存数量的信息，手动的进行更新

表 6-3 是针对现有备件出库业务流程的增值情况、信息交互、信息传递方面进行深入分析。如表 6-3 所示。

表 6-3　备件出库业务流程分析

流程步骤	增值活动	操作者	是否手工操作	输　入	输　出	是否可信息化
1	⊙	维护人员 维修人员	是	备件领用信息	备件领用单	是
2		维护维修 部门主管	是	备件领用单	备件领用单签字	否
3	⊙	仓储管理 部门人员	是	备件领用单	是否可出库	是
4	⊙	仓储管理 部门人员	是	备件领用信息	继续执行	是
5	⊙	仓储管理 部门人员	是	备件领用信息	终止	是
6		设备管理 部门人员	是	备件领用单	备件领用单签字	否
7	⊙	保管员	是	领用数量	出库后的库存数量	否
8		保管员	是	手工记录出库信息	出库信息明细	是
9		保管员	是	键入出库信息	出库信息	是
10	⊙	保管员	否	出库信息	备件出库单	否
11		保管员	是	备件领用单	备件领用单签字	否
12	⊙	保管员	是	修改库存数量	库存数量更新	是

由表 6-3 可以看出，在设备出库业务流程中，步骤 4、5、1 为耦合关系。第 8、9 步骤是对于数据是重复输入，基本都是手工键入和人工手写重复性操作，仅仅是传递第 7 步的信息。而从整个全流程来看，库存信息并没有在出库涉及的各个部门完全共享，使得增加了额外的查询工作和手工记录，所以对于步骤 3、4 也需要进行业务调整。

根据业务流程，建立对应的信息活动结构矩阵模型如图 6-26 所示。

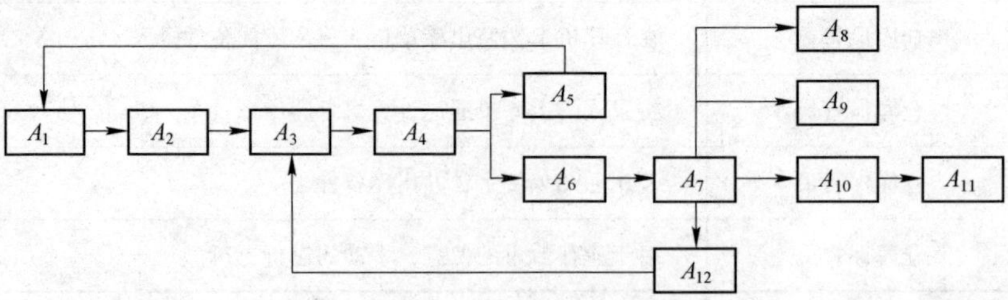

图 6-26　再造前备件出库流程活动有向图

根据业务流程活动有向图，建立对应信息活动结构矩阵模型如图 6-27 所示。

	1	2	3	4	5	6	7	8	9	10	11	12
1					0.6							
2	0.6											
3	0.2	0.1										0.8
4			0.8									
5				0.4								
6		0.2										
7						0.2						
8							1					
9							1					
10							0.7					
11										0.2		
12							0.6				0.3	

图 6-27 改造前备件出库业务流程的结构矩阵模型

进行弱联系撕裂和分离独立元素处理后，对应的结构矩阵如式（6-12）和式（6-13）所示。

$$
\boldsymbol{M}_1 = \begin{bmatrix}
1 & 0 & 0 & 0 & 0.6 & 0 & 0 & 0 & 0 & 0 & 0 & 0 \\
0.6 & 1 & 0 & 0 & 0 & 0 & 0 & 0 & 0 & 0 & 0 & 0 \\
0 & 0 & 1 & 0 & 0 & 0 & 0 & 0 & 0 & 0 & 0 & 0.8 \\
0 & 0 & 0.8 & 1 & 0 & 0 & 0 & 0 & 0 & 0 & 0 & 0 \\
0 & 0 & 0 & 0.4 & 1 & 0 & 0 & 0 & 0 & 0 & 0 & 0 \\
0 & 0 & 0 & 0 & 0 & 1 & 0 & 0 & 0 & 0 & 0 & 0 \\
0 & 0 & 0 & 0 & 0 & 0.2 & 1 & 0 & 0 & 0 & 0 & 0 \\
0 & 0 & 0 & 0 & 0 & 0 & 1 & 1 & 0 & 0 & 0 & 0 \\
0 & 0 & 0 & 0 & 0 & 0 & 1 & 0 & 1 & 0 & 0 & 0 \\
0 & 0 & 0 & 0 & 0 & 0 & 0.7 & 0 & 0 & 1 & 0 & 0 \\
0 & 0 & 0 & 0 & 0 & 0 & 0 & 0 & 0 & 1 & 1 & 0 \\
0 & 0 & 0 & 0 & 0 & 0 & 0.6 & 0 & 0 & 0 & 0 & 1
\end{bmatrix} \tag{6-12}
$$

$$\boldsymbol{M}_2 = \begin{bmatrix} 1 & 0 & 0 & 0 & 0.6 & 0 & 0 & 0 & 0 & 0 \\ 0.6 & 1 & 0 & 0 & 0 & 0 & 0 & 0 & 0 & 0 \\ 0 & 0 & 1 & 0 & 0 & 0 & 0 & 0 & 0 & 0.8 \\ 0 & 0 & 0.8 & 1 & 0 & 0 & 0 & 0 & 0 & 0 \\ 0 & 0 & 0 & 0 & 1 & 0 & 0 & 0 & 0 & 0 \\ 0 & 0 & 0 & 0 & 0 & 1 & 0 & 0 & 0 & 0 \\ 0 & 0 & 0 & 0 & 0 & 1 & 1 & 0 & 0 & 0 \\ 0 & 0 & 0 & 0 & 0 & 1 & 0 & 1 & 0 & 0 \\ 0 & 0 & 0 & 0 & 0 & 0.7 & 0 & 0 & 1 & 0 \\ 0 & 0 & 0 & 0 & 0 & 0.6 & 0 & 0 & 0 & 1 \end{bmatrix} \tag{6-13}$$

在 $\boldsymbol{M}_2$ 中，可以看到第六行和第六列元素多数为非零数值，所以将以上第六行列元素组成 Bus 聚类，并经行列变换为式（6-14）和式（6-15）。

$$\boldsymbol{M}_3 = \begin{bmatrix} 1 & 0 & 0 & 0 & 0.6 & 0 & 0 & 0 & 0 & 0 \\ 0.6 & 1 & 0 & 0 & 0 & 0 & 0 & 0 & 0 & 0 \\ 0 & 0 & 1 & 0 & 0 & 0.8 & 0 & 0 & 0 & 0 \\ 0 & 0 & 0.8 & 1 & 0 & 0 & 0 & 0 & 0 & 0 \\ 0 & 0 & 0 & 0.4 & 1 & 0 & 0 & 0 & 0 & 0 \\ 0 & 0 & 0 & 0 & 0 & 1 & 0 & 0 & 0 & 0.6 \\ 0 & 0 & 0 & 0 & 0 & 0 & 1 & 0 & 0 & 1 \\ 0 & 0 & 0 & 0 & 0 & 0 & 0 & 1 & 0 & 1 \\ 0 & 0 & 0 & 0 & 0 & 0 & 0 & 0 & 1 & 0.7 \\ 0 & 0 & 0 & 0 & 0 & 0 & 0 & 0 & 0 & 1 \end{bmatrix} \tag{6-14}$$

$$\boldsymbol{M}_4 = \begin{bmatrix} 1 & 0 & 0 & 0 & 0.6 & 0 \\ 0.6 & 1 & 0 & 0 & 0 & 0 \\ 0 & 0 & 1 & 0 & 0 & 0.8 \\ 0 & 0 & 0.8 & 1 & 0 & 0 \\ 0 & 0 & 0 & 0.4 & 1 & 0 \\ 0 & 0 & 0 & 0 & 0 & 1 \end{bmatrix} \tag{6-15}$$

对 $\boldsymbol{M}_4$ 进行聚类划分后，得式（6-16）。

$$\boldsymbol{M}_5 = \begin{bmatrix} 1 & 0 & 0 & 0 & 0 & 0.8 \\ 0.8 & 1 & 0 & 0 & 0 & 0 \\ 0 & 0.4 & 1 & 0 & 0 & 0 \\ 0 & 0 & 0.6 & 1 & 0 & 0 \\ 0 & 0 & 0 & 0.6 & 1 & 0 \\ 0 & 0 & 0 & 0 & 0 & 1 \end{bmatrix} \tag{6-16}$$

加入弱联系、独立元素和 Bus 聚类后，结构矩阵模型如图 6-28 所示。

	3	4	5	1	2	6	7	12	10	11	8	9
3				0.2	0.1			0.8				
4	0.8											
5	0	0.4										
1			0.6									
2				0.6								
6		0.2										
7						0.2						
12							0.6			0.3		
10							0.7					
11									0.2			
8							1					
9							1					

图 6-28　聚类划分后备件出库业务流程的结构矩阵模型

经过聚类划分后，步骤 2、5、6 聚类划分为一类，步骤 7、12、11、10 聚类划分为一类，可以将这两个聚类步骤分别进行整合。活动 8 和活动 9 这两个步骤的信息输入来源完全依赖于活动 7，可以将活动 3、4 这两个步骤精简。

针对当前备件出库流程活动的聚类，从以下几个方面进行再造：

（1）调整步骤 3、4、5 的位置。由于应用 PMIS 系统，所以对于所有部门都可以实时查询到库存数量。这样可以省略由于耦合关系产生的步骤 4、5。由备件的使用部门提前进行所需备件数量的查询工作，这样就可以在一定程度上减少库存管理部门的工作量，缩短整个流程的步骤。

（2）采用自动识别技术进行出库操作，实时地进行库存数量的更新，可以将精简步骤 12。

（3）在 PMIS 系统中，建立出库业务和库存数据关联，使得整个系统中的数据统一、共享，精简掉步骤 8、9。

进行业务流程优化后，备件出库业务流程如图 6-29 所示，甘特图如图 6-30 所示。

从以上备件出库的业务流程改进可以看出，利用结构矩阵进行业务流程分析，并采用了自动识别技术，原来由 12 个步骤来完成的出库业务，现在 7 个步骤即可顺利实现。而且将库存管理部门查询数量后判断是否可以出库耦合关系清

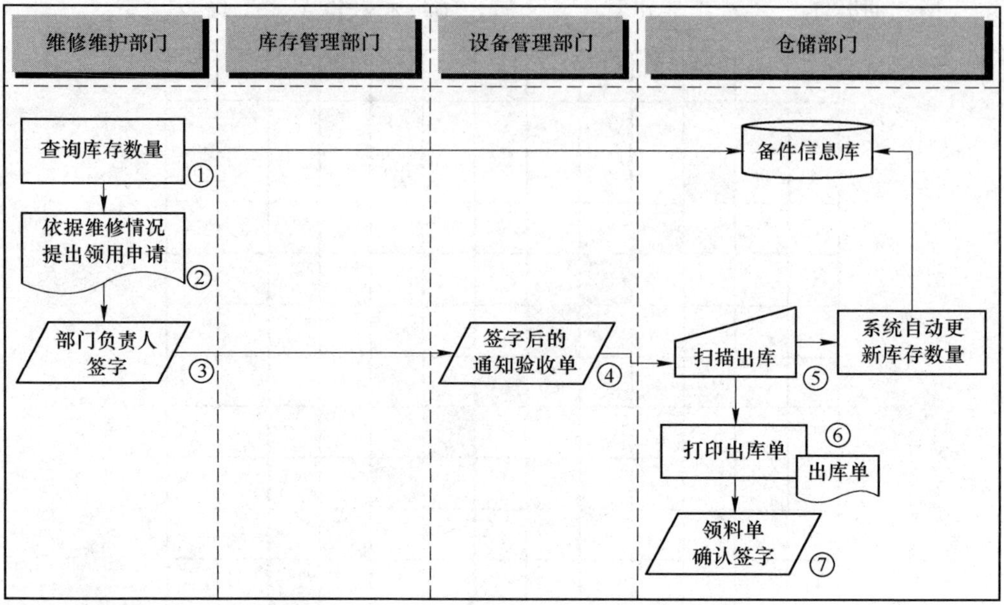

图 6-29　再造后的备件出库业务流程图

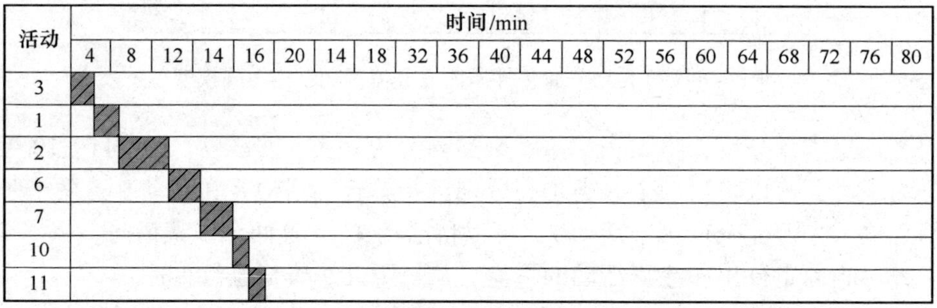

图 6-30　再造后的备件出库业务流程甘特图

除后，减少了由于备件数量不足而无法领用进而等待的时间，加强了各个业务环节之间的衔接，减少了等待时间，并且清除工作效率极低的手工作业环节，实现出库业务的完全数据共享。

6.7　本章小结

本章针对 PMIS 中引入采购管理和应用自动识别技术后的设备管理业务流程进行分析，提出 DSM 理论并结合模糊数学的计算方法，通过构建业务流程的结构矩阵模型，将其进行聚类划分后，结合业务流程再造理论和方法，对业务流程进行再造和再设计。通过对备件管理中入库、出库业务进行流程改造进行实例验证，对其业务流程进行改造和局部业务流程改进，使得在不进行组织机构调整的原则上，将设备管理信息系统的日常操作和业务流程最大限度的匹配，实现整个系统的数据共享，发挥计算机统计分析的数据处理功能，大大提高设备管理人员的工作效率。

参考文献

[1] 蒋志青. 企业业务流程设计与管理（第二版）[M]. 北京：电子工业出版社，2004：164~165.

[2] 王田苗，胡耀光. 基于价值链的企业流程再造与信息集成 [M]. 北京：清华大学出版社，2002：16~17.

[3] 葛星，黄鹏. 流程管理理论设计工具实践 [M]. 北京：清华大学出版社，2008：113~114.

[4] 杨建华，张群，杨新泉. 企业资源计划与流程再造 [M]. 北京：清华大学出版社；北京交通大学出版社，2007：240~241.

[5] 潘宪生，张明宝. 企业业务流程重组 [M]. 北京：科学出版社，2004：35.

[6] J. 佩帕德，P. 罗兰. 业务流程再造 [M]. 北京：中信出版社，1999：6~7.

[7] Rogers E. M. Diffusion of innovations [M]. New York：Free Press，1995.

[8] 赵卫东，俞东慧. 流程管理 [M]. 北京：知识产权出版社，2007：3~6.

[9] M Morrow，M hazel. Activity Mapping for Business Process Redesign [J]. Manag. Accounting，1992，70（2）：36~38.

[10] R B Kaplan，L Murdock. Core Process Reengineering [J]. The mckinsey Quarterly，1991，2：27~43.

[11] J N Loewenthal. Reengineering the Organization：A step－to－step Approach to Corporate Revitalization [J]. Quality Process，1994，1：25~42.

[12] Grover Varun. From Business Reengineering to Business Process Change Management：A Longitudinal Study of Trends and Practices [C]. New York：IEEE Transactions on Engineering Management，1999，46（1）：36~45.

[13] 李国良. 流程制胜——业务流程优化与再造 [M]. 北京：中国发展出版社，2005：11~12.

[14] 梅绍祖，[美] James T. C. Teng. 流程再造——理论、方法和技术 [M]. 北京：清华大学出版社，2004：2~3.

[15] 王璞，曹叠峰. 流程再造 [M]. 北京：中信出版社，2005：9~11.

[16] 方少华. 业务流程咨询——方法、工具与案例 [M]. 北京：经济管理出版社，2008：46~47.

[17] 吴朝晖，邓水光. 工作流系统设计与关键实现 [M]. 杭州：浙江大学出版社，2006：3~4.

[18] 田伟，陈良华. 实施业务流程再造增强企业竞争力 [J]. 现代管理科学，2005（10）：

20~21.

[19] 李葆文，鲍乃钊，谭信孚，等. 简明现代设备管理手册［M］. 北京：机械工业出版社，2004：1~2.

[20] 吴鉴，孙延明. 业务流程重组在中小企业 ERP 实施中的作用［J］. 现代制造工程，2004（3）：94~96.

[21] Steward D V. The design structure system：a method for managing the design of complex system［C］. New York：IEEE Transactions on Engineering Management，1981，28（3）：71~74.

[22] 唐敦兵，钱晓明，刘建刚. 基于设计结构矩阵 DSM 的产品设计与开发［M］. 北京：科学出版社，2009：1.

[23] Smith R P，Eppinger S D. A predictive model of sequential iteration in engineering design［J］. Management Science，1997，43（8）：1104~1120.

[24] Smith R，Eppinger S D. Identifying controlling features of engineering design iteration［J］. Management Science，1997，43（3）：276~293.

[25] Browning T R. Applying the design structure matrix to system decomposition and integration problem：a review and new directions［C］. New York：IEEE Transactions on Engineering Management，2001，48（3）：292~306.

[26] 李洪兴，汪培庄. 模糊数学［M］. 北京：国防工业出版社，1993：19~20.

第二部分

中小型第三方物流企业联合配送模式的应用

The Application of Combined Distribution Mode of the Third Party Logistics Enterprises in Middle and Small Enterprise

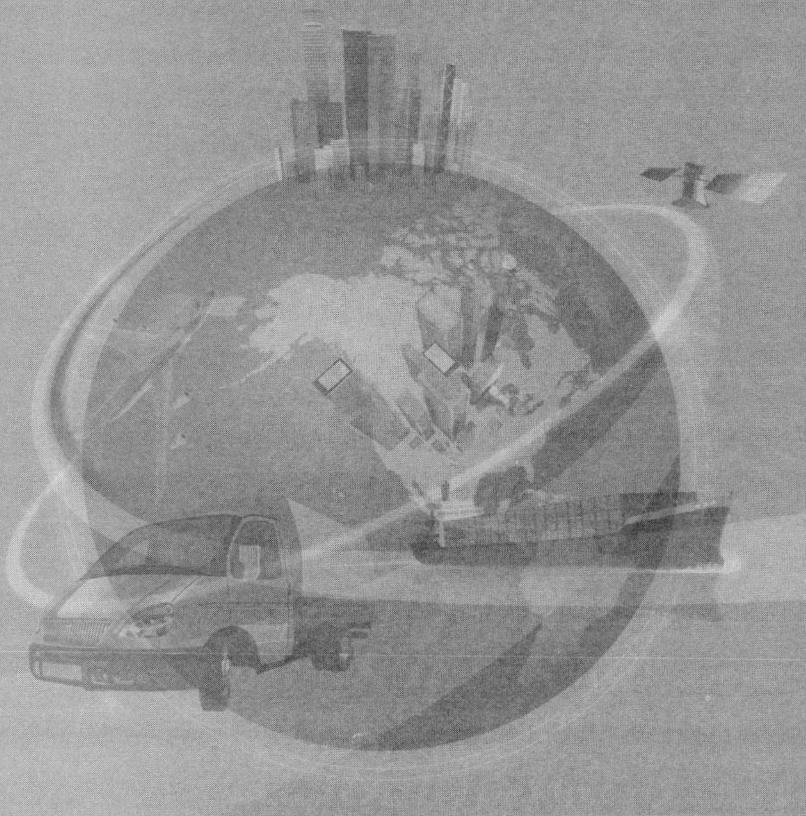

7 中小型物流企业配送模式的研究综述

7.1 研究背景

7.1.1 我国中小企业配送模式研究现状

近年来，随着我国经济的发展，我国的物流产业迎来了巨大的挑战和机遇。但是由于技术设备等不够先进导致了主要的技术支撑不够，并且也缺乏这方面的人才和完整的供应链系统，从而导致了物流配送模式的确定上出现了问题。所以，在物流企业建设初期应该充分向发达国家学习借鉴，这样现代物流配送模式的建立，既可以提升我国在物流产业方面的国际竞争力，也可以进一步促进国民经济的增长在方式上得到改变。大体看来，我国还是处在一个正在发展的阶段，经济的发达程度还不是很高，大部分的企业还都是把属于自己公司的物流工作留给自己公司的物流部门，导致了物流市场占整个市场的比率是十分低的。据相关部门统计，现如今我国物流市场的执行主体还是供货方，而第三方物流所占的比例很少，甚至还不到20%。另外，由于物流行业现在还是一个新兴行业，机制发展还不算完善。因为缺少一个能约束市场的准则，导致了一些皮包公司的存在，扰乱了公平的市场秩序，相继出现了一些价格混乱、信息不对称等问题，使得中小企业在竞争中很难发展进步。[1]

另外，中小型物流企业的发展还出现了在金融、法律、政策方面的问题。资金问题也是物流企业发展的必要条件。但是，中小型的物流企业因为很难被评估是否存在不良的信用记录，所以不容易得到银行的支持。另外，政府职能部门的观念陈旧也阻碍了物流企业的发展。因为，现如今的政策还都是偏向大型的物流企业，从而忽略了中小型企业物流的发展，总的来看拥有一部完整的物流法还是十分重要的。

7.1.2 国外中小企业配送模式研究现状

对于美国而言，它是现代物流业发展的开端，也是发展最迅速的国家之一，它的物流市场多是一些中小型的物流企业。这些物流企业经过联盟后，将资源有效地整合起来，使市场得以高效的运行。

调查显示，欧洲也有自己的中小型企业的联合会，参加的主要是欧盟成员，他们通过中小型企业来进行道路货物运输。日本也有自己的合作社模式。

从美国、欧洲以及日本的配送模式的介绍，可以总结出："多、小、散"的市场结构是各个国家物流市场的普遍特点。对于美国来说，它基本借助了第三方物流来进行整体运作，达到了互补的效果。日本和欧洲则是通过联合的形式将中小型物流企业进行资源流通与整合，并且得出了统一的物流联盟形式，值得我国的中小型物流企业加以借鉴。

7.2　国外电子商务物流现状研究

美国学者 Hual Lee 和 SeunginWhang 在《Winning the lastmile off E - Commence》中指出："物流配送能实现网上交易的末端配送，是完成整个电子商务活动的最后一个环节[2]。"日本物流专家汤浅和夫在《IT 物流》一文中指出："网上营销改变了配送的概念，特别是住宅配送的含义，B2C 电子商务配送的终点不再是简单的住宅，而是被大大地丰富了[3]。"由此可见，物流配送已经成为电子商务时代的支柱。

美国佐治亚理工大学和田纳西大学联合，对在电子商务中应用的第三方物流展开了研究。研究结果表明，随着第三方物流降低 62%的物流成本的同时物流服务水平还可提高 62%，从而表明了第三方物流配送在电子商务物流配送中是最佳的配送模式[4]。2004 年，Jesse 学者对网络购物最终的接受场所进行了研究，研究结果表明，在家里或工作场所的网络购物的最终接受场所约为 78%。这可以说明，门到门（Door2Door）是电子商务物流配送的发展趋势[5]。以韩国的电子商务为例，2006 年，Woo-kungHuh 等，指出电子商务的扩张会受到第三方物流配送系统的影响[6]。2007 年，Elliot Rabinovich 等人研究指出电子商务企业应与第三方物流服务提供商建立战略合作伙伴关系[7]。

此外，由于系统工程的普遍应用，美国等发达国家和地区在现代物流发展和应用的过程中引入了系统化思想，形成了与自身国情相适应的物流模式和物流系统。在供应链和价值链的思想下发达国家取得了关于物流网络设计、优化和管理方面，特别是在面向供应链的物流网络设计方面的研究和实践的领域，取得了一些成果。美国学者 Charles C. Poirier 和 Michael J. Bauer 在《E—supply Chain》一书中就对此进行了研究。他们在书中提到"在'完全网络连接'之后，供应链网络中应该成立一个具有针对性的物流配送小组对网络配送的最佳方案进行决策讨论，这个配送小组将可以更充分的利用企业的内部和外部资源，甚至包括那些几乎没有任何实物资产的网络提供商[8]"。他们思考电子商务的配送问题从供应链管理的角度入手，建立一个配送小组，用开放的供应链网络资源给配送小组，以解决电子商务配送中遇到的问题，是他们认为可行的方案。也就是说，将电子商务配送可利用的资源放大到整个电子供应链。

7.3 我国电子商务物流的研究

我国学者专家结合我国国情在电子商务方面也做了一些研究。针对我国专家学者对电子商务的一些研究观点进行了阶段性列表总结，详见表7-1。

表7-1 我国电子商务发展阶段列表

提出者	年份	观点
北京交通大学 张 铎	2001	对中国电子商务物流模式进行了研究，研究指出“国内一些电子商务公司提出的在全国自建立完整的物流和配送体系的方案明显是行不通的”，他认为采取“物流代理”模式，即第三方物流模式，是符合电子商务未来发展方向的[9]
安徽财贸学院 郑亚琴、 郑文生	2002	物流是实现电子商务的保证，而且还是电子商务实现高效率低成本优势的力量所在，落后的物流服务水平是制约着电子商务的发展的关键所在[10]
兰州商学院 刘亚峰、 韩金沧	2003	分析了我国电子商务发展中物流配送体系严重落后的原因，他们认为借鉴国外经验是我国解决电子商务物流瓶颈的一个方法，建立供应链关系，发挥第三方物流的作用，从而提高效率，降低成本[11]
上海理工大学 夏丽萍	2005	解决电子商务中的物流瓶颈的有效方法之一是对现有的物流配送体系，特别是连锁业的配送体系加以整合[12]
华中师范大学 李敏仪	2006	撰文对C2C模式进行探讨和分析时指出，我国C2C电子商务发展的薄弱环节是物流配送体系。严重阻碍了C2C电子商务的有序发展的原因是商品配送困难和售后服务的欠缺[13]
武汉大学者 何 娟	2007	与邮政合作，依靠邮政实现物流向电子商务的延伸；像淘宝这样的电子商务网站自己组建一个专门的物流企业，负责C2C物流业务；多种模式的综合发展，可以自主选择‘自营’或者‘外包’模式，是C2C物流的三个发展方向[14]
刘长霞	2008	运用利润最大化模型来研究电子商务市场逆向物流退货政策中的最优价格制订策略，提出了电子商务环境下的逆向物流定价策略[15]
郑秀恋	2008	提出了网络购物中的瓶颈问题在于物流配送，并就如何解决这一瓶颈问题提出了一些建议[16]
江西财经大学 崔 嘉	2011	提出并通过全局分析证明我国电子商务和物流业均处于初级发展阶段的论断，指出电子商务和物流如果要进一步发展，需要找出二者的协作发展模式[17]
徐 勇	2011	在接受TRUCK&LOGISTICS专访时指出，“电商发展的最大瓶颈是‘物流的最后一公里配送’”
李慧芳	2012	提出目前可供我国电子商务企业选择的物流配送模式主要有四种：自营配送模式、第三方物流配送模式、物流联盟配送模式和物流一体化配送模式[18]

综上所述，物流配送是电子商务重要的组成部分，为了电子商务企业的持久健康发展，与第三方物流服务商建立战略合作伙伴关系是最好的选择。随着互联网科技的发展以电子商务为交易平台的网络购物方式逐渐成为主流。随着网络购物订单量与日俱增，我国物流服务能力的不足开始显现，这限制并阻碍了我国电子商务的快速健康发展。因此，平衡和解决网络购物订单量暴增与物流服务能力不足的问题，是学者们今后研究的重点。

7.4 电子商务环境下我国物流配送的发展现状

电子商务物流配送是指第三方物流企业利用互联网信息管理技术和现代化的硬件设备、软件系统及先进的管理手段，针对顾客的需求，根据用户的订单要求，进行一系列的运输、仓储、装卸搬运、包装、流通加工、配送、信息处理等工作，按照约定的时间和地点将确定数量和规格要求的商品，快捷、高效地送达顾客手中的活动及过程。

现阶段我国以互联网购物为特征的电子商务物流的配送，顾客对物流配送服务具有“个性化”的需求特征，尤其是在同城物流配送的“最后一公里”，所面对的市场需求呈现的特点是“多品种、少批量、多批次、短周期”，顾客的收货地点是呈散状分布的，往往顾客对配送接货时的送达时间也有要求，特别是在遇到电子商务季节性高峰的时候，比如电商的“双十一”，更是给物流配送企业组织物流配送带来了一些难题。

顾客的物流配送体验对电商来说是十分重要的，顾客在电子商务平台网上下了订单，希望商品在自己希望的时间内送达。比如有的顾客由于上班的原因平时很少在家里，但又希望商品能够直接送达到家里，那么顾客就会希望物流配送在周末或下班期间把商品送达；有的顾客的要求是将商品送达其上班的公司，但有时也会出现由于顾客临时有事外出而接不了货的现象，让快递人员白跑一趟，造成配送浪费，使物流配送成本增加。

参考文献

[1] 许菱，贾俊伟. 中小型第三方物流企业区域末端配送模式分析与探讨 [Z]. 江西：2011：1028~1029.

[2] 王耀球. 物流社会化：企业和行业物流的发展方向 [J]. 中国储运，2003.

[3] 汤浅和夫. IT 物流 [M]. 上海：文汇出版社，2002：13.

[4] Tennessee State University. Research of TPL [J], Journal of Business. 2003，1：10~18.

[5] Jesse W. J. Weltevreden, Orit Rotem-MindaliMobility effects of b2c and commerce c2c ecommerce：A literature review and Assessment [J]. Tijdsehriftvooreconomischeensocialegeografie,

2004, 95, 2: 189~205.

[6] Woo-kung Huh, Yena Song. E-shopping and off-line Delivery system in Korea: Real Space still Matters [J]. Networks and Communication Studies [J]. 2006, 120: 219~235.

[7] Elliot Rabinovich, Michael Kneneyer. Why do internet commerce firms incorporate logistics service provides in their distribution channels [J]. The role of transaction costs and network strength Journal of Operations Management, 2007, 25, 3: 661~681.

[8] 王之泰. 现代物流学 [M]. 北京: 中国物资出版社, 2010: 12~13.

[9] 张铎. 中国电子商务物流模式的研究 [J]. 世界网络与多媒体, 2001, 8: 45~47.

[10] 郑亚琴, 郑文生. 突破电子商务发展的物流瓶颈 [J]. 商品储运与养护, 2002, 2: 21~24.

[11] 刘亚峰, 韩金沧. 我国电子商务发展瓶颈问题探讨 [J]. 甘肃科技, 2003, 19: 5~7.

[12] 夏丽萍. 我国电子商务进程中的物流瓶颈分析 [J]. 经济师, 2005, 5: 122~123.

[13] 李敏仪. 基于邮政的 C2C 交易模式探讨 [J]. 图书馆学研究, 2006, 5: 5~7.

[14] 何娟. 我国 C2C 物流解决方案 [J]. 物流技术, 2007, 26: 3.

[15] 刘长霞. 电子商务逆向物流定价策略研究 [J]. 物流科技, 2008, 31: 5.

[16] 郑秀恋, 温卫娟. 我国电子商务物流配送瓶颈及对策研究 [J]. 中国商贸, 2010 (20).

[17] 崔嘉. 电子商务与物流配送的现状与突破分析 [J]. 中国商贸, 2011: 17.

[18] 钟燕, 李慧芳. B2C 电子商务物流配送模式研究 [J]. 产业与科技论坛, 2012, 11: 18.

8　第三方物流配送的相关理论综述

8.1　第三方物流

8.1.1　第三方物流的含义

第三方物流是指一些想把自己的关注力放在自己主营业务的生产和经营的公司会把属于自己应该解决的物流方面的工作，以契约的形式交给专门的物流公司，但是也会通过物流公司拥有的信息系统保持对物流业务的审查和管理。第三方物流的工作不包括拥有货品和物流交易的工作，它只是一种服务于企业和顾客的形式。正是因为有这些把物流活动承包出去的企业，才能使得第三方物流得以产生。

8.1.2　第三方物流的基本特征

8.1.2.1　服务个性化

相对于不同的消费物流的客户来说，他们对于物流公司给他们提供服务的类型也是多种多样的。物流企业在为消费者提供服务时，需要根据服务企业的形象，提供项目的特性以及客户本身提出的条件，并且还包括为了和其他企业比较上的不同需求提供相应的服务。其次，经营第三方物流的中小型企业也得随着市场的变化、自身物流水平的高低来形成自己和别的中小型物流企业不一样的特色，这就需要物流企业要不断探索来形成属于自己公司的个性化服务。

8.1.2.2　关系合同化

企业如果要选择第三方物流企业为他们提供服务，那么在开始的时候就需要和合作的物流公司签署合同，以便以后更好的限制和管理自己公司物流部分的工作，并且物流经营者会提供多样的以及全方位的一体化的物流服务，并且以合同的方式管理所有提供的物流服务的活动和过程。在合作期间，双方的责任都是相互联系的，不能因推脱责任导致合作的失败。[1]

8.1.2.3　功能专业化

第三方物流所提供的服务是专业化的。无论是从物流最开始的设计过程中途物流的操作过程，还有所用到的物流技术工具，第三方物流企业主要体现自己专业化和专业水准的部分就是物流设施，先进的物流设施是客户十分看重的。

8.1.2.4 管理系统化

第三方物流的基本就是他的系统功能要完善，如果物流企业要想达到现代的管理系统的现代化，就必须建立专业的信息系统来进行管理。就比如第三方物流企业的联盟合作也需要建立属于所参与到的第三方物流企业之间的管理系统，这样才能共同发展，提高本国的物流水平。

8.1.2.5 信息网络化

加强网络信息化，就是加强第三方物流企业和客户之间的良好沟通，客户在提供的服务中有什么要求可以之间通过网上订单的形式，在最后加上备注，这样物流企业在对其配货时就能及时地看到，并按照要求进行配送。这样可以大大提高物流工作的效率和物流效益。[2]

8.1.3 第三方物流的作用

正是有了第三方物流的模式，它的优点就是可以让客户的企业不再需要建设仓库来储存货物。不必要的运货车辆也可以减少，以及一些物流设施。这样看来大大减少了企业不必要的成本，并且去除这一步骤可以提高企业的运营速度和效率，建立的信息网络可以加快企业订货的速度，并且遇到问题可以随时和物流公司进行沟通。从而保障了可以为客户提供可靠稳定的物流服务。与此同时，企业使用了第三方的物流还可以将投资的风险转交给第三方物流企业。总的来说，第三方物流可以帮助生产和经营公司将精力投入到本公司的主要业务中去，进而提高了它们的竞争力。[3]

8.2 物流配送

8.2.1 物流配送的含义及要素

物流配送是一种一体化的物流服务模式。它的一体化体现在配送运输、设备设施、物资、信息管理系统一体化等方面。总的来说就是物流配送不是一种单一的形式，而是要经过多次配送的总结优化形成的物流配送，它是把商业流、资金流紧密联系在一起，并且形成了统一的管理模式。商业流的活动以及资金流的一种活动。另一方面来说，物流配送包括了物流活动中大多数必要因素的一种业务形式，在物流活动中占有较为重要的部分。具体的配送要素和流程如下：

(1) 备货。物流的首要任务就是储备货物，它是一种基础性的工作。备货的任务主要是首先要储备货源，购货（订货），集中货源，和进货及其相关的质量检验的工作任务，其中就包括原材料的检验和成货的检验，和最后资金结算等的工作。它的形式之一就是可以集中一定的客户需求成批备货。备货是决定配送成功与否的初期工作，如果备货花费的费用太高，就会大大降低配送的效率和最终的收益。

（2）储存。配送的下一项工作是储存，它有两种形态：一种是储备，另一种是暂存。其中，储备工作是需要按照一定的时间段的配送经营要求，从而形成对最终配送的资源保障。这种形式的必要条件之一就是事先储存的货物一定是大量的，那么就需要物流公司具有一定的经营规模和良好的体系运作，货物的情况都要随时掌握，并且能够在离配送中心较近的仓库解决。

储存的另一种形式就是暂存。暂存就需要根据具体的配送日期，并且要按照规定的分拣配送原则，在整理货物的场所预先做一些储存的准备工作。原因是整体的储存的收益是受储存的总量决定的，所以这一个部分暂时储存的数量只会影响工作的便利程度，不会影响总效益的好坏，在数量上的控制货物是不严谨的。还有一种形式是需要进行分拣的工作的，其中花费的时间只会起到一种调节的工作，而且并不长。

（3）分拣及配货。分拣和配货时配送活动中不同于其他的物流形式的有特点的功能要素之一，对配送的成功与否也起着十分重要的作用。它对配送起着支持性的作用，分拣和配货时完备送货、支持送货的准备性工作，是不同第三方物流企业配送中在送货时进行竞争和提高自身经济效益的必然延伸。因此，也可以说是送货向高一级别形式发展的必然需要。有了分拣及配货就会很大程度提高送货服务水平。因此，分拣及配货是决定整个配送系统水平的关键要素。[4]

（4）装配货物。当某一个客户需要的配送货物无法达到一辆运输车的最大载重，这时有些第三方物流公司就会结合多个客户，综合考虑到达他们处的路况及需要的货物进行组合装配，来达到车辆的最大使用限度。这样就能大大提高配送的效率，达到高效的最终目的，从而节约成本，提高第三物流企业的竞争力。

（5）运输途中的配送环节。这里的配送运输是指物流运输中的末端运输和支线运输。与一般的运输形式相比，主要的区别在于，配送运输的距离比较短，规模也比较小，是额度较高的一种运输模式，运输的工具一般是货车。它和干线的运输的区别是，配送的线路一般会选择干线上运输没有的线路，干线运输的干线是唯一存在的。但是，对于配送运输来说，因为配送的客户较多，一般的城市交通状况比较复杂多样，那么如何选择路线和如何配装就是一项比较重要的工作，我们配送路线尽量要达到最优化。

（6）送达服务。装配好货物并且运送到客户手中还不是物流配送的结束，这是因为送到货和客户接到货后，往往会产生沟通配合上的不协调，进而使配送工作失败。所以，如果要圆满的把任务完成，并且客户有效的、方便的完成费用的结算，还需要考虑到卸货的地点、卸货的方式等是否符合客户的要求。所以，送达服务也是物流配送独有的特殊性。[5]

(7) 配送加工。贯穿配送流程的一个环节就是配送加工，这个要素与其他要素有很大区别。因为，它不是唯一的也不是必需的，它不具备普遍性，但同时又起着关键性的作用。配送加工可以提高顾客对货物的满意度，加工过后的货物在进行配送后的流程是属于配送加工的一种形式，它的最大不同就是取决于客户的要求。所以，配送加工的目的较为单一[6]。见图 8-1。

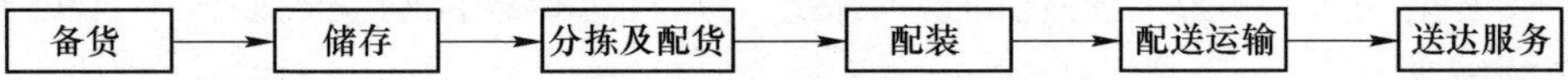

图 8-1 配送流程图

8.2.2 配送形式介绍

配送形式见图 8-2。

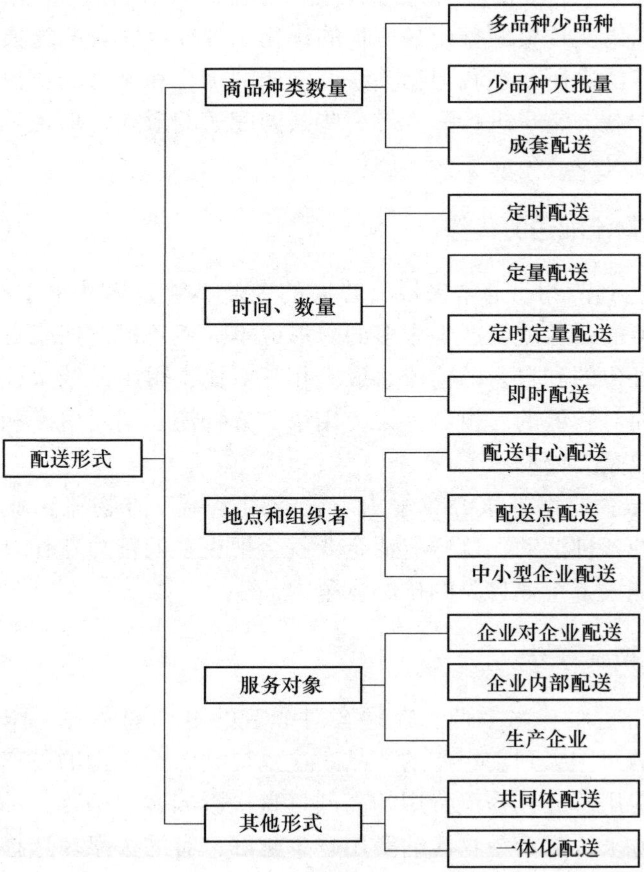

图 8-2 配送模式的分类

8.2.3 第三方配送模式分析

第三方物流配送模式指的是由物流服务所需要的供需方即以经营和生产为主的，除此之外的第三方物流企业去承担关于物流的活动，它可以是上述所介绍的共同形式的配送也可以是单独进行配送。第三方物流配送模式的基本功能是利用现代物流技术与物流配送网络，按照所签订的物流合同，以最低的物流成本，高效、安全地为客户提供个性化的物流服务，并且选择最优的模式最大限度的满足客户的需求。[7]

8.2.4 联合配送模式

联合配送模式是由多家第三方物流企业充分联合、共享各个物流企业的物流设施、技术以及信息，是响应现代物流企业把先前传统的单单只从业务组织结构(如仓储、运输以及包装等)，联合配送能够及时的把结构调整为横向集约化水平的结构方式，以实现资源整合和流程的优化。现如今联合配送模式在很多西方国家都得到了广泛应用，在我国相关联合配送的优势和潜力的探讨也有很多，并且出现了远程配载、空车进行配货等一些共同配送的形式。但是，对于具体实践来说在我国少之又少。[8]

8.2.5 第三方物流配送的优势

(1) 成本达到节约。通常来说，普通的企业不管是否从事了有关电子商务，如果它自营物流的话，就会产生很多的隐形成本。倘若把这些隐形的成本整体核算出来，再把外包的和自营的物流总成本相互对比，得出的结果往往都是外包的物流的成本是相对较低的。也就是说，用第三方物流公司对生产和经营企业来说成本是低的，也是方便的。

(2) 有利于企业增强核心竞争力。企业用了第三方物流企业，减少了企业自建物流系统的各种活动，这样的话企业就会把更多的精力花在自身的主营业务中去，这样就加大了企业自身的核心竞争力。

8.2.6 第三方物流劣势

(1) 物流配送服务水平低。在顾客对顾客的电子商务中，作为买家一般都会希望花最少的费用买到它想要的产品。这里提到的费用指的是产品自身的费用和物流花费的费用总计，物流费用的高低将直接影响客户的购买欲。因此，对于第一方和第二方来说都希望物流的费用越少越好，有的买家在选择为他们服务的第三方物流企业中完全单方面只是从物流的费用所考虑，不会考虑物流的责任等一系列的问题。而对于物流的企业来说，卖家才是他们真正的客户。所以，买家对于他们而言影响不大，由于没有条件限制，导致了客户不知道自己的货物什么时候能到自己的手中[9]。

（2）验收货物问题。虽然对于顾客来说，货物送到后可以验货后再签收。然而，实际情况是物流人员都会要求先签字、再收货，这样顾客一旦签收就和物流公司没有关系。倘若货物是在运输途中遭到了损坏，卖家就会和物流公司互相推卸责任，导致顾客得不到应有的服务。

8.3　物流网络理论概述

从不同的角度去理解物流网络有不同的内涵。从物流服务功能的角度看，物流网络包括运输网络、仓储网络、配送网络等；从物流网络服务范围看，物流网络包括企业内部物流网络、企业外部物流网络和综合物流网络；从运作形态看，物流网络包括物流基础设施网络、物流信息网络和物流组织网络。本书的物流网络主要是从物流的服务功能和运作形态两方面理解。

根据物流网络的特点，将物流网络分为3个子网络，即“物流组织网络”、“物流基础设施网络”和“物流信息网络”。这3个网络分别是物流网络的“运行的组织保障”、“高效运行的基础和前提”和“运行的技术支持”。如图8-3所示。

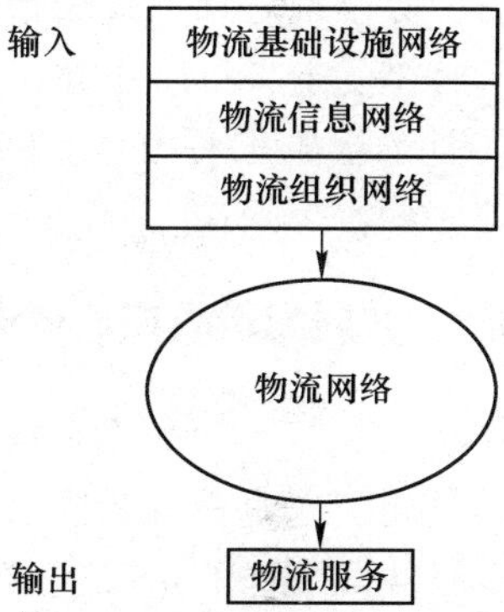

图8-3　物流网络系统

本书主要从物流组织的角度理解在电子商务的环境下的物流联合配送，物流联合配送时物流组织网络化是发展的必然趋势。物流组织内部的网络化和物流组织间的网络化共同构成物流组织的网络化。随着电子商务的发展的需要，第三方物流快递企业走向横向联合是趋势所在，其联合的最终落脚点是共同服务具有生产或流通需求的企业和个人。基于此，本书所说的物流组织网络是一个虚拟的、开放的网络。在这个网络中，电商与物流企业、物流企业与顾客、电商与顾客信息和资源可以共享，物流企业的网络配送节点可以动态重组，从而为顾客提供更加优质的服务。

8.3.1　物流组织网络相关的理论基础

8.3.1.1　组织网络化理论

美国企业界在20世纪70年代末至80年代初，采用“合同外包”（Outsourcing）形式开启了组织网络化（Organizational Networking）之先河。日本企业则以“精益生产”（Lean Production）联结协作厂家而闻名于世。进入20世纪90年代后，伴随信息技术在企业生产和管理活动中的广泛应用，才算是真正意义上把企业内部和外部网络作为一种基本组织运作形式。企业可以在全球范围内寻求各种资源，市场的地理位置、区域、国别不再是限制，得益于“企业信息基础设施”的电子商务的普及应用。

8.3.1.2 合作与竞争理论

(1) 协同论。德国物理学家哈肯（H. Haken）在1969年提出来协同学(Synergetics)。通过系统内部各个子系统之间的非线性相互作用是使该系统从无序转变为有序的关键。组织是一种在一定的条件下，自发产生在时间、空间和功能上稳定有序的结构。

随着生产力的发展，社会分工的细化，协同在我们生产生活中的地位也愈来愈重要。一个企业不可能掌控全部资源，也不可能提供所有产品。组织间的关系是一种既竞争又合作的关系。

(2) 竞争战略理论。迈克尔·波特在《竞争战略》中提出了五种力量的竞争分析战略模型，布兰登伯格和奈勒鲍夫对其进行了修正，提出来第六种力量——协作者。其主要是指与企业合作为顾客提供服务的企业[10]。

协作竞争真正的本意是通过互相协作来实现竞争双方的双赢发展，并不是说彻底消除竞争的存在。相反，它要求企业要更加注重自身的核心竞争能力的建设。

8.3.2 共同配送的相关理论基础

8.3.2.1 共同配送的概念

共同配送也被称为联合配送、协同配送。日本是最早研究共同配送的国家。日本对共同配送的定义主要分为两种，一种是日本运输省的定义：“在城市里，为使物流合理化，在几个有定期运货需求的合作下，有一个卡车运输者，使用一个运输系统进行配送”，另一种是工业标准（JIS）的定义：“共同配送是为提高物流效率，许多企业一起进行的组织方式[11]”。

我国学者刘培松曾在其《连锁营销》一书中指出：“所谓共同配送即是连锁公司与其他公司共同投资建立配送中心并一起享用配送中心提供的物流服务[12]。”

我国经济师考试指定用书——《商业经济专业知识和实务》对共同配送的定义是：“同配送是由几个配送中心联合起来，共同制订计划，在具体执行时共同使用配送车辆，共同对某一些地区用户进行配送的组织形式[13]。”

本书对共同配送简要概括为，两个或两个以上的有配送业务的企业相互合作对多个客户共同展开配送活动的一种物流模式。

8.3.2.2 共同配送的模式

共同配送的主要目的是合理利用物流资源，根据物流资源的利用程度，共同配送大体存在以下 4 种形式：

（1）系统优化型的共同配送。一个专业物流配送企业综合各个客户的要求，在客户可接受的前提下，对各个客户进行统筹安排，在配送时间、数量、次数、路线方面做出系统最优的选择。这种配送方式的优点是，在满足不同顾客需求的同时还能有效地进行分货、配货、配载、选择运输方式、选择运输路线、合理安排送达数量和送达时间。这种对多家客户的配送实行起来比较复杂，系统优化型共同配送模式是共同配送中水平较高的模式。

（2）车辆利用型共同配送模式。

1）混载运送型共同配送。这种配送方式较为简单，在配货时尽可能安排一个配送车辆，多个货主货物混载。以一辆较大型的满载车辆，避免了多货主分别送货的、致使车辆不能满载的弊端。

2）返程车辆利用型的共同配送。为了不跑空车，物流配送部门与其他行业合作，装载回程货物，或与其他公司合作进行往返运输。

3）利用客户车辆型共同配送。利用客户采购原材料的车进行产品配送。

（3）接货场地共享型共同配送。多个客户联合起来，以接货地共享为目的的配送形式。这种一般客户相对集中，客户所在地交通、道路、场地比较不方便，单个顾客配送接货有困难。因此，多个客户联合起来设立配送的接收站点。这种配送模式优势在于统一的接货地点，大大提高了接货水平，加快了配送车辆的运转速度。由于接货点集中，减少误投递的发生且可以集中处置废弃包装材料。

（4）配送中心、配送机械等设施利用型的共同配送。多家企业共同建配送中心进行配送，或多家企业共同利用已有的配送中心、配送机械等设施，对不同客户实行共同配送，从而节省配送中心的费用投资，提高运输配送的效率。

8.3.2.3　共同配送的优势

从货主（厂家、批发商和零售商）的角度来说，共同配送可以提高物流效率。中小批发业者特别是在电商环境下产品自营者，难以满足顾客多批次、小批量的配送要求。通过共同配送，使得送货一方可以实现小量物流配送，收货的一方可以进行统一的收货，从而达到提高物流服务水平的目的。

从配送企业角度来说，实现配送的共同化，可以打破配送企业自身的一些局限，同时也可以通过共同配送，向顾客提供多批次、小批量的物流服务。

8.3.3　共同配送与一般第三方物流的区别

“第三方物流在物流渠道中，由专业物流企业以合同的形式在一定期限内提供用户所需的全部或部分物流服务”[14]，而本书对共同配送的定义为“两个或两个以上的有配送业务的企业相互合作对多个客户共同展开配送活动的一种物流模式”。

单独的第三方物流企业在面对电子终端消费者的“最后一公里”配送时，无法更好的解决配送时所遇到的问题，诸如会有货物送达不及时，让消费者产生一种“快递不快”的用户体验。对“共同配送来说，它所形成的基本模型是建立在特定区域没有合适的第三方物流服务商或者第三方物流服务商不能满足客户的物流需求的假设前提下。比如，某区域的客户所需物品数量较少，且地理位置偏远，交通又不方便，单个第三方物流快递企业无法满足配送要求。其可以与其他物流企业联合，满足顾客的配送需求，从而完成物流服务”。

8.3.4　物流信息资源共享

与物流活动相关的各个活动相关的信息的总和，以及物流信息的获取、处理、利用相关的一切人、财、物、时间、环境等资源等统称为物流信息资源。

网络环境下信息资源共享能够对信息资源起到充分开发利用的作用，可以在信息资源生产者、加工者、服务者、使用者之间实现广泛共享。

物流信息资源广泛、深入的开发和利用的前提是物流信息资源共享。在市场竞争的大背景下，以现代信息技术为支撑的网络环境，供应链资源共享的最终目标是使信息资源在供应链合作伙伴中，最大可能的范围内、方便快捷地为合作伙伴所享用。见图 8-4。

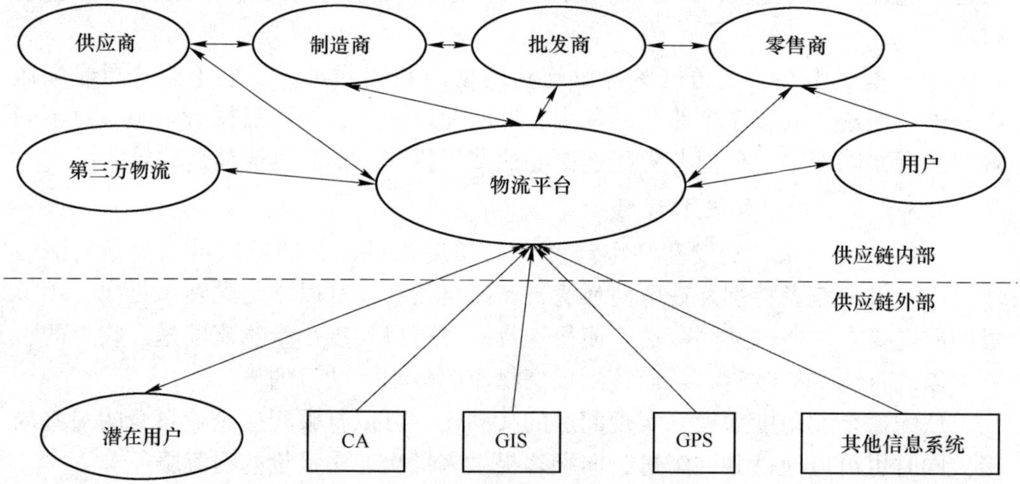

图 8-4　基于物流信息平台的物流资源共享模式

图 8-4 中供应商、制造商、批发商、零售商、用户之间的关联基于第三方物流的供应链中的共享信息，以物流信息平台为核心，建设供应链物流信息共享，强调第三方物流企业在供应链中的信息衔接作用。

参 考 文 献

[1] 吴磊. 第三方物流企业配送系统优化研究 [D]. 武汉：武汉理工大学，2008：21~25.

[2] 李康. 现代物流在卷烟配送系统中的应用 [D]. 北京：北京交通大学，2004：5~6.

[3] 程小宝，王云. 联合配送在军事物流领域的应用 [N]. 军事经济研究，2006. 02. 28.

[4] 丁鹏. 第三方物流配送系统设计与实现 [D]. 湖南：湖南大学，2012：6~7.

[5] 葛慧敏，陈龙. 基于按需物流机制的供应链信息共享模式研究 [J]. 中国流通经济，2010，24 (8)：32~34.

[6] Ge Huimin, Chen Long. Research on the Function of On-demand Logistics Mechanism in the Optimization of Logistics System [A]. Proceedings of 2010 International Conference on Logistics System and Intelligent Management (I) 哈尔滨：哈尔滨工业大学出版社，2010：53~57.

[7] 张凯. 西北部城市物流配送路径优化研究 [D]. 西安：西安建筑科技大学，2011：4~5.

[8] 夏英芬. C2C 电子商务物流配送模式选择 [J]. 中国电子商务，2011 (4)：1~3.

[9] 葛显龙. 基于联合配送的开放式动态车辆路径问题及算法研究 [N]. 管理工程学报，2013：3~4.

[10] 鞠颂东. 物流网络：物流资源的整合与共享 [M]. 北京：社会科学文献出版社，2011，2.

[11] 日本 . 运输省流通对策本部 [R]. 协同运输系统导入推荐纲要：37~38.

[12] 刘培松. 连锁营销 [M]. 武汉：湖北人民出版社，2000：32~35.

[13] 国内贸易部行业管理一司人事部人事考试中心组编. 商业经济（商业营销）专业知识与实务 [M]. 北京：经济管理出版社，1997.

[14] 廖素绢. 第三方物流管理（含案例与习题集）[M]. 北京：科学出版社，2009.

9 联合配送的多配送中心问题及应用

9.1 概述

联合配送问题是“多个对多个”的物流配送机制，涉及不同的配送中心车辆共同配送、停靠和补货等问题。若采用一般的方法将多配送中心转化成单配送中心的问题，则会造成物流资源互相不流通，最终导致信息阻塞，物流配送效率低下等问题。

9.1.1 解法步骤

本书提出的解决方法如下：

(1) 首先建立一个虚拟车场，地点可以随意选择，选择后把它和实际的配送中心相连接；

(2) 其中规定相应的条件如车场到配送中心的时间、路程、油耗等条件设为零；

(3) 把实际的配送中心在模型中设为特殊的客户 G，其对货物的需求量为零；

(4) 设定需要的运输车辆必须由建立的虚拟车场开始和结束，同时运输车辆出发和回来的时候一定要经过配送中心所在的地点。

9.1.2 模型求解

多个配送中心的问题可以从宏观角度来看，并且进行优化。因为，虚拟车场只是一个虚拟点，把它看作是配送中心的车辆停靠地，并且是唯一存在的。然而，在真正的配送中车辆是停靠在每个配送中心的。如图 9-1 所示。

由 3 个配送中心（A，B，C）和 8 个需求客户（1~8）构成的配送网络，由整体算法可以得出一条路径：0→1→2→0→3→4→5→6→0→7→8→0。其中，0 代表虚拟车场，Dc_j代表配送中心，s_i代表需求客户；每当遇到 0 时，由 min｛s_i，Dc_j｝算式（$j \in \{1, 2, \cdots, h\}$，$s_i$是表示 0 前面和后面客户编码）寻找最近的配送中心。通过计算，其路径解码为：$0 \to Dc_A \to 1 \to 2 \to Dc_A \to 0 \to Dc_C \to 8 \to 7 \to Dc_B \to 0 \to Dc_C \to 6 \to 5 \to 4 \to 3 \to Dc_A \to 0$。由于虚拟车场到配送中心的费用为 0，它所表示的配送线路可以解释为：$Dc_A \to 1 \to 2 \to Dc_A$，$Dc_C \to 6 \to 5 \to 4 \to 3 \to Dc_B$和 $Dc_B \to 8 \to 7 \to Dc_A$。图

9-1 中实线表示实际配送的线路，虚线表示零费用虚拟配送路线[12]。

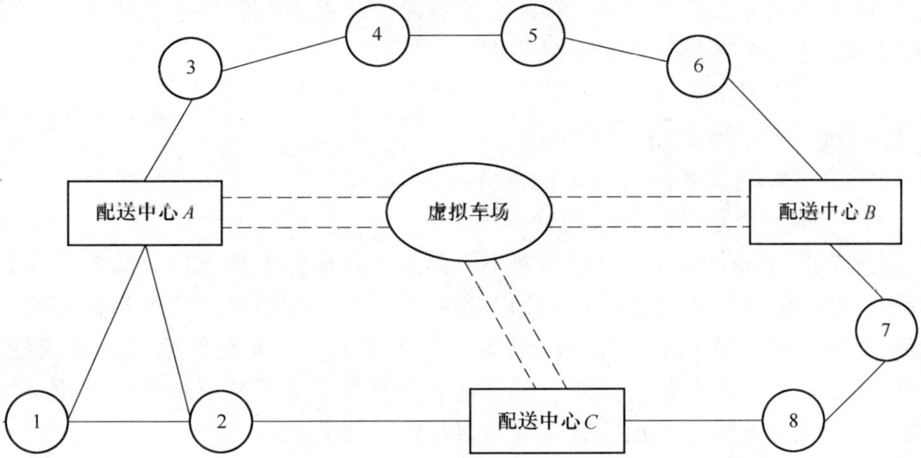

图 9-1　多配送中心的算法解决

9.2　联合配送线路的优化

一般来说，联合配送线路优化包括车辆线路安排、车辆调配等。在优化联合配送的线路的时候，应该注意：一是配送车辆的起点和最后到达的地点不同的问题，这种方法的求解，可以利用最短路径的方法来解决。二是第二起点和终点相同的单一问题，要解决这种问题，首先要考虑的是运输车辆行驶的路线的问题，关键是它要经过多少个送货点，并且是服务顾客的次序的问题，并且尽量使车辆走的路程最小。三是车辆运行通过多个起点和终点，包含了途中的路径规划。这主要包含不同供应商联合运用配送中心进行联合配送的问题。解决此类问题是要采用一些规则将它转化为优化调度常见的基本问题。

9.2.1　问题的提出

在配送过程中，配送需求确定下来后，下一步的任务就是确定车辆行驶的路线或送货服务。在联合配送的系统中，常见的问题就是多车型车辆的路径问题，需要决定采取最小的车辆类型组合来服务所招地点不同的需求客户，以达到使固定的成本和可变的成本最小化。由于存在许多种的车辆类型组合即每个需求客户可以分派到不同的车辆，安排的路线也不一样，所以要想达到成本最小化非常困难。

9.2.2　车辆路径优化的最终目标

从目前的研究成果看，大多数对车辆路线优化问题的研究比较单一。其一般只注重一个目标的研究优化，比如大多数第三方物流公司只是注重总运费最小或者是运输路径最短来进行讨论。事实上，在第三方物流配送的业务中，车辆的线路优化目标有很多种类，比较常见的有：

（1）达到总花费最少化；

（2）配送中运输的路径最短化；

（3）完成配送任务所需的车辆最少化；

（4）车辆空载总的行驶时间最少化。

综合考虑这几个目标，总的运费不只是关于距离的函数，而是需要考虑到车辆成本、及时配送、人员费用的问题。实际上，配送中心对这几个目标都作出了一定的规定，只有这几个目标同时满足，才能成为一个完整的第三方物流配送。这就构成了一个多个目标的问题。本书首先会根据日常经验求解然后利用节约里程法，最后优化比较，得出符合这 4 个目标的最优算法[1]。

9.2.3　最邻近法

西蒙于 1983 年提出了求解配送中最短路径的方法。该方法是由配送中心开始寻找，若一个需求客户离配送中心最近，则优先被排入路径中，接着寻找下一个需求客户排入路径的下一个位置，并且该需求客户必须是之前没有被排入的需求客户，且距离最短，还得满足车辆载量与时间窗限制的时间可行性；倘若其他尚未排入的需求客户节点中都不能找到可以排入的点，则必须建造另一个新的路径，直到所有需求客户点都被排入。决定该需求客户是否为最近点的要素有：两需求客户间的距离、之间的运输时间，还有配送下一客户时所需要的等待服务时间[2]。

9.2.4　节约里程法

9.2.4.1　节约法定义

Clarke & Wright 的提出是在 1964 年，目的是求解车辆巡回问题。算法的中心思想就是基于节约值的互相比较，通过节约值的深入分析选择较为合适的客户点，按照顺序插入路径，进而完成整个线路。节约里程的算法是一种启发式算法，具备了运行速度快、操作简单的优点，是目前应用较为广泛的车辆路径优化方法。算法的具体模型：设配送中心为 D_{c_i}，针对需求客户点为 s_i，随机设定初始的路径为（D_{c_0}，s_i，D_{c_0}）和（D_{c_0}，s_j，D_{c_0}），则按照此路径完成需求客户点的订单任务需要的路程为 $D=d_{0i}+d_{i0}+d_{0j}+d_{j0}$，倘若把需求客户点 s_i 与 s_j 相连接，则行驶的路径变为（D_{c_0}，s_i，s_j，D_{c_0}）。那么，需要的路径变为 $D_1=d_{0i}+d_{0j}+d_{ij}$。所以，比较两段路径的距离变化可以发现，连接需求客户点后可以节省的距离为 $s_{ij}=D-D_1=d_{i0}+d_{0j}-d_{ij}$。那么，称 s_{ij} 为两个需求客户点之间的节约值[3]。

9.2.4.2　节约法的步骤

（1）计算节约值，通过公式计算各个需求客户点的节约值大小，并进行排序，填入配送最短距离的矩阵中；

（2）其次，根据计算出的节约值的大小计算节约里程并进行排序填入表格；

（3）通过考虑路况信息、车载量等条件根据节约的最大路径，组合成优化的车辆配送线路[4]。具体步骤流程图如图 9-2 所示。

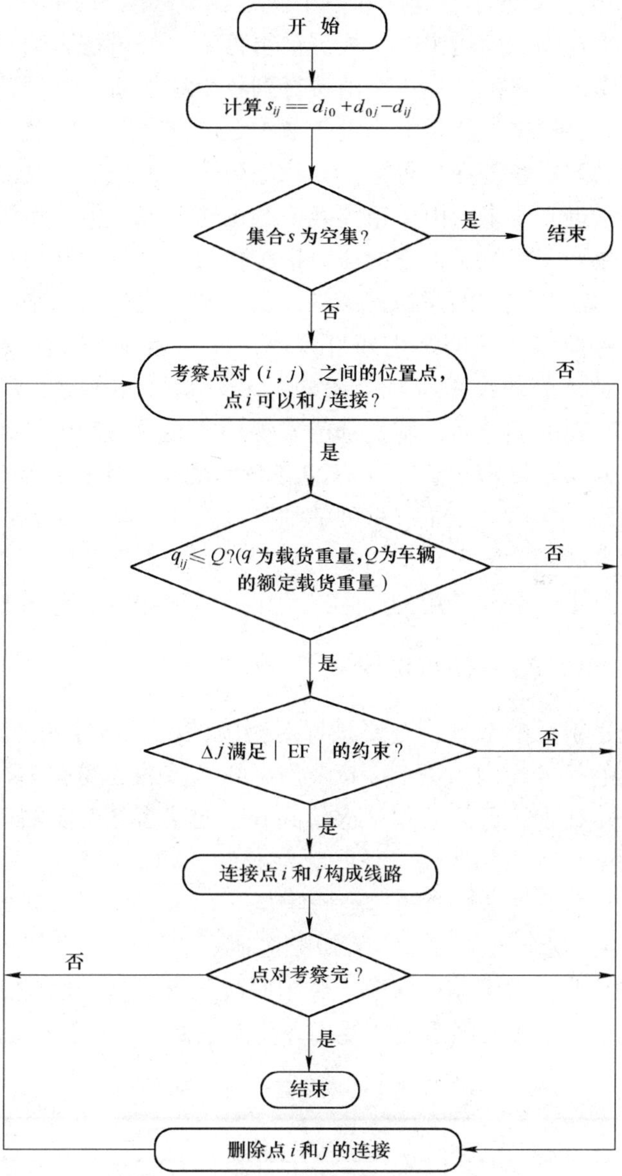

图 9-2　图 4.1 节约算法流程图[16]

9.3　案例分析——基于某第三方物流企业联合配送的应用

9.3.1　某第三方物流公司基本情况

北京市某物流有限公司成立于 2002 年，地址位于北京市朝阳区双桥东路，这里是众多企业的工业园所在地。公司最初建立的时候拥有一个 300 平方米的店铺，一个 1000 多平方米的小型仓库和中小型运输配送车辆 10 辆。其中，店铺也是一个临时的小型仓库和配送中心。根据销售订单，公司在店铺进行配货并组织下一步的配送工作，客户范围从单个消费者到各个零售商，配送范围为整个北京地区，距离较远的会根据送货量大小也收取一定的配送费用，公司以较好的上门配送服务，较快的配货速度在同等第三方物流公司中占据了一席之地，也拥有了一定的客户。但是近几年来，由于市场经济的迅速发展，中小型第三方物流企业不断涌现，该物流公司采取了以下的应对措施：第一，各个部门员工组织业务培训，提高自身素质以及服务的意识；第二，更新和优化公司原来拥有的设备和系统，增加网络服务质量，在网络生成订单后，保证能在客户需要的时间准时到达；第三更新大中小型的配送车辆，还购买了一些特种车辆，现有共计 25 辆。但是，经过一段时间的运营后，配送部门发现一些问题的产生导致了运费居高不下，有时候客户的需求量较小，汽车有非满载的现象发生；还有订单的不准确，导致了商品的退回，从而产生了一系列的油费以及人工费；还有经过管理者的协调，采用了一对多的满载配送，但由于个别司机和工人配货时随心所欲，造成运输线路错乱，导致了一系列费用的产生，费用的增加导致了公司的竞争力减弱。

9.3.2　某物流公司配送路线的问题分析

对于物流配送费用的节省，主要是针对物流的配送线路来进行优化分析的。这里以一次配送的任务为例，用上一章节所介绍的节约法还有用日常经验进行分析求解最优路径。比如，已知公司某次接到 6 个北京市某医院的药品订单，公司现有可以调度的配送车辆共四辆，载重量为 4. 5t 的轻型货车有一辆速度为 40km/h，载重量为 8t 的中型货车有两辆速度为 45km/h，载重量为 15t 的重型货车有一辆速度为 50km/h；现有司机四名，已知配送地点为北京大学第一医院、垂杨柳医院、双桥医院、北京大学第三医院、朝阳医院还有武警总医院。需求客户和配送中心的距离见表 9-1 和不同车型的使用费用见表 9-2。

表 9-1　配送中心以及各个点之间的距离　　(km)

运距	*A*	*B*	*C*	*D*	*E*	*F*	*G*
A	0	12. 15	24. 37	8. 32	7. 84	12. 28	24. 76

续表 9-1

运距	*A*	*B*	*C*	*D*	*E*	*F*	*G*
B	12. 15	0	16. 98	19. 42	6. 05	20. 66	15. 75
C	24. 37	16. 98	0	30. 27	16. 22	31. 64	699MI
D	8. 32	19. 42	30. 27	0	16. 40	15. 78	30. 86
E	7. 84	6. 05	16. 22	16. 40	0	18. 18	17. 48
F	12. 28	20. 66	31. 64	15. 78	18. 18	0	32. 23
G	24. 75	15. 75	699MI	30. 86	17. 48	32. 23	0

注：*A*—北京大学第一医院；*B*—垂杨柳医院；*C*—双桥医院；*D*—北京大学第三医院；*E*—朝阳医院；*F*—武警总医院；*G*—配送中心。

表 9-2 不同车型使用费用

车 型	固定费用/元	每公里空载油耗/元	每公里满载油耗/元
15t	150	0. 8	2. 8
8t	120	0. 6	2. 4
4. 5t	80	0. 4	1. 5

9.4 求解最优路径

9. 4. 1 用日常的经验求解最优路径

根据这一次配送的 6 个接货地点在地图的位置和各个点之间的实际距离，工作人员以往的运送计划是：公司位于北京朝阳区的东西，由公司出发，根据车的配重和时间限制进行配送，再回到配送中心，得出以下路线：公司总部—双桥医院—公司总部，公司总部—朝阳医院—公司总部。以此类推，总的路程是 243. 558 千米。其中，出现了车辆使用的浪费现象发生。

9. 4. 2 用有时间窗的节约法运输路径的构造与求解

在以往的节约算法求解最优的配送路径中，只考虑了两点之间的最短路径和载重量的问题，而本书会增加一个考虑的条件时间因素来进行优化。意思是在制订的配送线路中，不仅仅要考虑每一个需求客户对货物的需求量的数量、载重量，还有在配送车辆不能超载的同时，应该还需要考虑各个需求客户对货物接收时间的要求的这个因素。

首先需要设定用节约算法的模型中的参数变量[5]，其次建立数学模型。

$$\min_{s.t} z = \sum_i \sum_j \sum_k c_{ij} \cdot x_{ijk} \tag{9-1}$$

$$\sum_{k} \in \min\{K\} \qquad i, j \in M; \ \forall k \tag{9-2}$$

$$\sum_{k} q_i \cdot y_{ki} \leqslant Q_k \qquad i \in M; \ \forall k \tag{9-3}$$

$$\sum_{k} y_{ki} = 1 \qquad i \in M \tag{9-4}$$

$$y_{ki} \in \{0, 1\} \qquad i \in M; \ \forall k \tag{9-5}$$

$$\sum_{i} x_{ijk} = y_{ik} \qquad i \in M; \ \forall k \tag{9-6}$$

$$\sum_{j} x_{ijk} = y_{ik} \qquad i \in M; \ \forall k \tag{9-7}$$

$$x_{ijk} \in \{0, 1\} \qquad i \in M; \ \forall k \tag{9-8}$$

$$R \in [ET, LT] \qquad i \in M \tag{9-9}$$

$$|\Delta i^{+} \Delta i^{-}| \in \{0, 1\} \qquad i \in M \tag{9-10}$$

$$0 < \sum_{i} \sum_{j} \beta_{ijk} \cdot q_j \cdot x_{ijk}(\Delta i^{+} + \Delta i^{-}) \leqslant \sum_{i} \sum_{j} \theta l_{\theta j} \cdot q_j \cdot x_{ijk} \qquad i, j \in M; \ \forall k \tag{9-11}$$

式中　P_0——代表配送中心；
M——代表需求客户点数量的集合；
K——代表配送中心车辆的集合；
l_{ij}——代表各个客户点之间的距离；
C_{ij}——代表各个需求客户点之间的运输成本；
Q_k——代表 k 辆车的载重量；
q_i——第 i 个客户点的货物配送量；
D——货物运输量的总和，t；
UT——表示中途卸货的时间；
ET_b——准许配送车辆到达目的地的最早时间；
LT_i——准许配送车辆到达目的地的最晚时间；
R_i——配送车辆到达客户点实际 i 的时间；
W_i——配送车辆离开客户点实际 i 的时间；
T_{ij}——客户 i 与 j 之间需要的时间；
a——货物在途中的破损系数；
B——违反规定时间惩罚成本系数；
λ——不确定因素的系数。

其中，式（9-1）表示目标函数 z 为最小总成本；式（9-2）表示配送车辆数不能超过公司车辆总数，且配送车辆数目要求最少；式（9-3）对客户点 i 的运输量不超过车辆 k 的载重量；式（9-4）确保任意客户点仅由一辆车来访问式（9-5）整数约束，表示客户点 i 由车辆 k 来完成与否；式（9-6）和（9-7）表示

x_{ijk}与y_{ik}之间的关系，表示路线是一个闭合线路，始于配送中心的车辆必须回到配送中心；式（9-8）表示整数约束。式（9-9）在规定的时间范围内到达，式（9-10）没有在规定的时间范围内到达，无论是提前量还是延迟量，总有其一个为0，另一个的绝对值大于0。式（9-11）表示当违反时间约束时，惩罚值要小于等于运输成本，此公式是按照运输的货物量来惩罚。

调查的资料显示，运送到各个客户所经过的路况是相同的，那么λ均是0.05，重型货车每次到一点进行货物装卸破损的系数$a_{ij重}$是0.01，中型货车的破损系数是0.02，轻型货车的破损系数是0.03。具体见表9-3。

表9-3　各个点对货物的需求量和时间限制　（t/h）

任　务	A	B	C	D	E	F
D_j/货物运输量	4	1	3	8	5	9
UT/卸货时间	2	0.5	1	3	3	3
[ET_i，LT_i]	[3.5，7]	[6，7]	[0，2]	[2，5]	[2，5]	[0，4]

第一步根据表9-3给出的配送中心及图中各点之间的距离，计算出各个配送点之间的节约行程，计算由AB开始：

$AB=AG+BG-AB=24.76+15.75-12.15=28.36$km

$AC=AG+CG-AC=24.76+0.699-24.37=1.089$km

……

将计算结果填入节约行程表9-4中。

表9-4　节约行程表　（km）

点	A	B	C	D	E
B	28.36				
C	1.089	0.469			
D	47.3	27.19	1.289		
E	34.4	27.18	1.959	31.94	
F	44.71	27.32	1.289	47.31	31.53

第二步将节约里程的大小顺序填入节约行程表9-5中。

第三步基于无时间条件限制路径的求解分析：根据表9-4和表9-5，按照节约的里程数从大到小的顺序，货物的重量，组成相应的路线图。

首先由表9-5找出节约里程最大的线路是FD，节约里程为44.31千米，F点需要的货物重量是9t，D点需要的货物是8t，F点时间限制是3小时，D点时间限制是3小时。因此，将点F作为配送中心G最先配送的地点。

表 9-5　节约行程顺序　　（km）

序号	连接点	节约里程	序号	连接点	节约里程	序号	连接点	节约里程
1	*FD*	47.31	6	*EF*	31.53	11	*CE*	1.959
2	*AD*	47.3	7	*AB*	28.39	12	*CD*	1.289
3	*AF*	44.71	8	*BF*	27.32	13	*CF*	1.289
4	*AE*	34.4	9	*BD*	27.19	14	*AC*	1.089
5	*DE*	31.94	10	*BE*	27.18	15	*BC*	0.469

同理，其他的配送点按照节约里程数大小相接，但要保证每个配送的地点之间的连续性和配送车辆的最大载重量。如依据节约里程法，由配送中心 *G* 先配送网点 *F*，在配送网点 *D*，因为网点 *F* 需要的货物为 9，然而最大的重型载货量为 15t。所以可以先配送，但是到网点 *D* 时，需要的货物是 8t，而 15t 的重型货车已经剩下 6t 载重量，所以，先把网点 *D* 剔除，考虑可以和网点 *F* 相连得点，且节约里程相对较大。以此类推，其他网点相继链接，直到各点需求量和车辆的载重量达到最佳的配置组合为止。如图 9-3 所示。

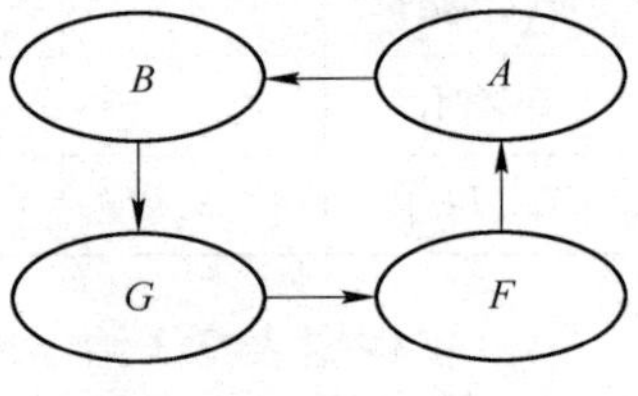

图 9-3　配送优化路径 1

因为表 9-1 中所示，已经把网点 *F*、*A*、*B* 送完货了。所以，在进一步优化的时候从节约里程表里剔除以上三点，然后在进行排序得出表 9-6。

表 9-6　剔除后的节约里程表　　（km）

序　号	连接点	节约里程数	序　号	连接点	节约里程数
1	*DE*	31.94	3	*CD*	1.289
2	*CE*	1.959			

然后，再按照节约里程数的大小和配送的重量以及到达的限制时间来进行配送。*G* 到 *D* 由一辆中型货车进行运货。最后，由 *G* 到 *E* 到 *C* 由一辆中型货车运完。

第四步计算车辆到达目的地的时间。

由于运输的制度规定，提前到货的时候需要浪费一定的机会成本，延迟也需要付出一定的成本代价，假设提前和延后送货到客户的惩罚系数 *B* 一样且无穷大，在这里同时假设货车的行驶所花费的时间和运送的距离成正比，即轻型货车的速度为 40km/h，那么从点 i 到 j 的行驶时间为 $t_{ij}=L_{ij}/40$，那么中型货车的行驶时间 $t_{ij}=L_{ij}/45$，重型货车的行驶时间 $t_{ij}=L_{ij}/50$，$R_{i}=(1+\lambda_{ijk})L_{\theta i}/v$，所得结果填入表 9-7 中[7]。

表 9-7 车辆到达目的地的时间 (h)

任务	A	B	C	D	E	F
$R_{i轻}$	0.654	0.009	0.018	0.810	0.045	0.846
$R_{i中}$	0.012	0.362	4.078×10^{-4}	0.018	0.010	0.018
$R_{i重}$	2.8×10^{-4}	0.00018	8.155×10^{-6}	3.610×10^{-4}	2.039×10^{-4}	3.76×10^{-4}
$[ET_b, LT_i]$	[3.5, 7]	[6, 7]	[0, 2]	[2, 5]	[2, 5]	[0, 4]

由以上可知，车辆到达客户点 i 的时间取值为：$ET_i \leqslant R_i \leqslant LT_i$，配送车辆到达客户 j 的时间 $R_j = W_i + UT + (1+\lambda_{ijk})\ T_{ij}$，令 EF_j 为客户点 i 和 j 连接后的线路，则车辆到达客户 j 点的时间比原路线上车辆到达 j 点的时间的变化量为：$EF_j = R_i + UT + (1+\lambda_{ijk})\ T_{ij} - R_j$，其中 $R_i = (1+\lambda 0_{ik})\ T_{0i}$。当 $EF_j = 0$ 时，表示车辆在规定的时候内到达；当 $EF_j > 0$ 时，表示车辆到达时间推迟；当 $EF_j < 0$ 时，表示车辆到达的时候提前。

本算法仅考虑点 ij，从点 i 的出发时间，途中的时间和卸货时间相加就是按照改线路最早和最晚的时间范围。可得公式 $|\ EF\ | = R_i + UT + (1+\lambda)\ T_{ij}$

由线路一 $G-F-A-B-G$ 考虑有时间限制条件可得：

$$T_{GF} = R_i + UT + (1+\lambda) T_{ij} = [(1+0.05)\times 32.23]/50 = 0.67\text{h}$$

所以，中型货车从配送中心 PO 出发后到达客户点 F 的时间和最快离开的时间段是 [0.67, 3.67] h 符合表 9-7 的时间限制。所以，可确定线路由配送中心首先到点 F，并且由点 F 到下一配送点的时间是 3.67h。

按照此方式计算，此线路的配送点 A、B 的到达时间和离开时间分别是时间段 [3.92, 5.92] 和 [6.18, 6.68]，计算后发现都符合表 5-2 所限制的最早和最晚时间，所以确定线路一为 G-F-A-B-G。

对于线路二 G-D-G 来说因为就一个配送点所以可以不考虑时间限制，直接确定线路二。

对于线路三 G-E-C-G 来说，由配送中心 G 到配送点 E 再到点 C 的实际时间段分别是 [0.407, 3.407] 和 [3.785, 4.785]。但是，因为配送中心 G 到配送点 C 点时间限制是 [0, 2]，而点 C 到 E 的时间限制是 [2, 5]，所以不满足时间条件来进行配送。但是，如果由配送中心 G 先配送点 C 的话，实际时间是 [0.016, 1.016]，[1.394, 4.394] 符合到配送点 C 和 E 的时间限制。所以，线路三是由 G-C-E-G。

综上所述，由节约里程法得出运送此次任务的三条配送路线，配送车辆需要 3 辆。

线路一：从配送中心 G 出发，依次向网点 F 配送 9t 货物，向网点 A 配送 4t 货物，向网点 B 配送 1t 货物，在返回配送中心 G，由一辆重型货车完成。所需车载重量是 15t，实际装载的数量是 14t，装载率是 93.3%，车辆使用费用是 321 元。

线路二：从配送中心出发，向网点 D 进行配送，由一辆中型货车完成。所需车载重量是 8t，实际装载的数量是 8t，装载率是 100%，车辆使用费用是 452 元。

线路三：从配送中心出发，依次向网点 C 和网点 E 进行配送，由一辆中型货车进行配送，所需车载重量是 8t，实际装载量是 8t，装载率是 100%，车辆使用费用是 201 元。

综上所述，朝阳区某第三方物流公司基于节约算法的车辆优化的路径后总路程是 168.52km。

9.5　某第三方物流公司配送路径优化效果分析

9.5.1　某第三方物流公司车辆配送路径效果分析

本书采用对比分析，分别对比路径优化前和路径优化后的结果。

首先分析的是工人师傅按照常规的配送路线，共有 6 条线路，分别都是到达网点后返回，需要车辆是 6 辆。其中，小型货车需要返回后再进行配送 2 次，有车辆使用的重复率，如有配送中心-武警医院-配送中心，所需要的配送距离是 1.398km，所需配货车辆的载重是 15t，实际使用 9t，装载率是 60%。依次计算可得出表 9-8。

表 9-8　某公司运输线路分析

序号	载重/t	车辆使用情况	路程/km	装载率/%	车辆使用费用/元
1	4	一辆轻型货车	49.52	88.8	127
2	1	一辆轻型货车	31.5	22.2	182
3	3	一辆轻型货车	1.398	66.6	57
4	8	一辆中型货车	61.72	100	452
5	5	一辆中型货车	34.96	62.5	412
6	9	一辆重型货车	64.46	60	266

对比表 9-8 和上一章优化的结果相对比，路程由开始的 243.558km 优化到 168.52km，优化达到了 69.2%；车辆的使用由原来的 6 辆减少到 3 辆，平均装载率由原来的 51.68%提高到 97.7%，车辆使用费用也由 1496 元降低到了 974 元。

综上所述，可以看出优化后的路径更加具有经济的价值，并且可以为企业大大降低人力成本和总的物流费用，提高了企业的效率以及同行业的竞争力。

9.5.2　应用节约里程法后体现的优点

在这个案例中，采用了节约里程的方法对第三方物流企业配送路径进行优化，操作起来比较方便简洁，日后改善也比较清楚直观，具有一定的可操作性和可行性。与此同时，运用节约里程法对配送线路进行优化可以对物流企业有以下的帮助：

（1）减少了配送车辆的使用。通过合理的安排车辆配合使用，和合理的线路路径的规划，车辆的使用从开始的6辆车减少到了3辆车，而且通过合理配合小型货车和大型车大大地提高了第三方物流公司配送中心车辆的使用效率。

（2）缩短了车辆配送的距离。通过上一章的计算优化后，大大缩短了配送的距离，而且路程的安排也比较合理，全面地考虑了车辆配送时的路面状况，比如客流量、信号灯的数量等。

（3）降低了车辆的空载率。某某物流公司的配送车辆在没有进行路线优化的时候，每一辆配送车并没有根据网点对货物的需求量来进行调整和合理安排。有的大型车辆可以运送5t货物，但实际运送了2t就直接返回了配送中心，接着又会从配送中心再运送下一个需求客户的货物，造成了严重的资源浪费。然而，通过节约里程法的优化后，某某物流公司的配送车辆的装载率均在90%以上，大大地提高了空间的利用率，通过资源的整合，降低了物流的成本，从而提高了企业的经济效益，增高了本物流企业在同行业的竞争力。[8]

（4）提高了物流企业的应急处理能力。在优化以前，这个物流公司的每辆运输车在配送后，客流量较大的网点会发生缺货或者是退货的现象。然而，配送中心的车辆基本只采取一次性的配货，不会出现一辆车配货两次，导致了配送网点因为断货而造成了经济损失，同时也降低了服务质量。通过对路径的完善后，此配送中心有6辆车会闲置下来，并可以随时进行派遣，按时把货物送到需求客户中去。这样，就加强了企业的应急处理能力和对客户的服务质量，提高了客户的满意度。

9.5.3　应用节约法存在的不足和改进建议

节约法只是根据各个配送网点之间的距离进行路径的优化，比较注重里程数的节约。但在实际应用时，距离并不是唯一要考虑的因素。因此，在应用节约法的过程中会忽略时间、交通经济等因素。所以，会降低配送的准时率和服务的水平。

综合以上对节约法应用后的计算和分析可以得出节约法虽然在操作上比较简单，但是也存在着一定的缺点。在使用节约里程法进行配送车辆路径的优化过程中，应该结合第三方物流企业配送方的实际情况，并且能够及时有效的和需求客户进行沟通交流，达到信息的全面了解，减少之间的信息错误，并且应该有效的对可控制的影响因素进行预测，如时间、成本以及配送管理等多方面全面的因素。

另外，虽然节约算法应用较为广泛，但配送方还应该需要对不同类型的客户分类管理和区别化的对待。通过实际分析，结合多种优化的方法，这样可以使优化的效果更加明显，以达到最终的配送路径合理化的效果。[9]

参考文献

[1] 程小宝，王云. 联合配送在军事物流领域的应用［J］. 军事经济研究，2006，02，28（2）.

[2] 崔文. 大规模多配送中心车辆路径问题研究［D］. 济南：山东大学，2012：4~7.

[3] 史玉敏. 物流配送环节中车辆路径问题（VRP）的研究［D］. 济南：山东师范大学，2007：5~7.

[4] 葛玉玺. 基于 C.W 节约算法的第三方物流运输优化研究［D］. 赣州：江西理工大学，2011：2~4.

[5] 孙可燃. 北京市 XX 公司快餐网点配送路径的优化研究［D］. 南京：南京农业大学，2013：1~3.

[6] 葛慧敏，陈龙. 基于按需物流机制的供应链信息共享模式研究［J］. 中国流通经济，2010，24（8）：32~34.

[7] 陈文佳. 节约里程法在生产企业物流配送中的应用［J］. 商业文化（下半月），2011，（11）.

[8] 张颖敏. 基于节约里程法的物流配送线路优化与改进研究［J］. 物流科技，2011，（04）.

[9] 李如姣. “节约里程法”在某物流公司配送中心的实际运用［J］. 科技资讯，2008，（28）.

10　电子商务模式下淘宝的物流联合配送的构建及应用

10.1　基于 C2C 模式下淘宝网物流配送的综述

淘宝网没有自己的物流快递公司，淘宝的物流配送模式采用的是“第三方物流的推荐物流的”模式。淘宝已经与中国邮政、圆通、申通、中通、韵达等十余家国内外物流企业签订了合作协议，淘宝网对所有与其合作的快递公司采取“推荐物流”、“网货物流推荐指数（快递公司的物流服务质量）”等策略。通过比较推荐的快递公司的关于快递公司在运输费用、服务政策等相关信息，卖家可通过在线下单的方式来选择适合自己的快递公司，如图 10-1 所示。

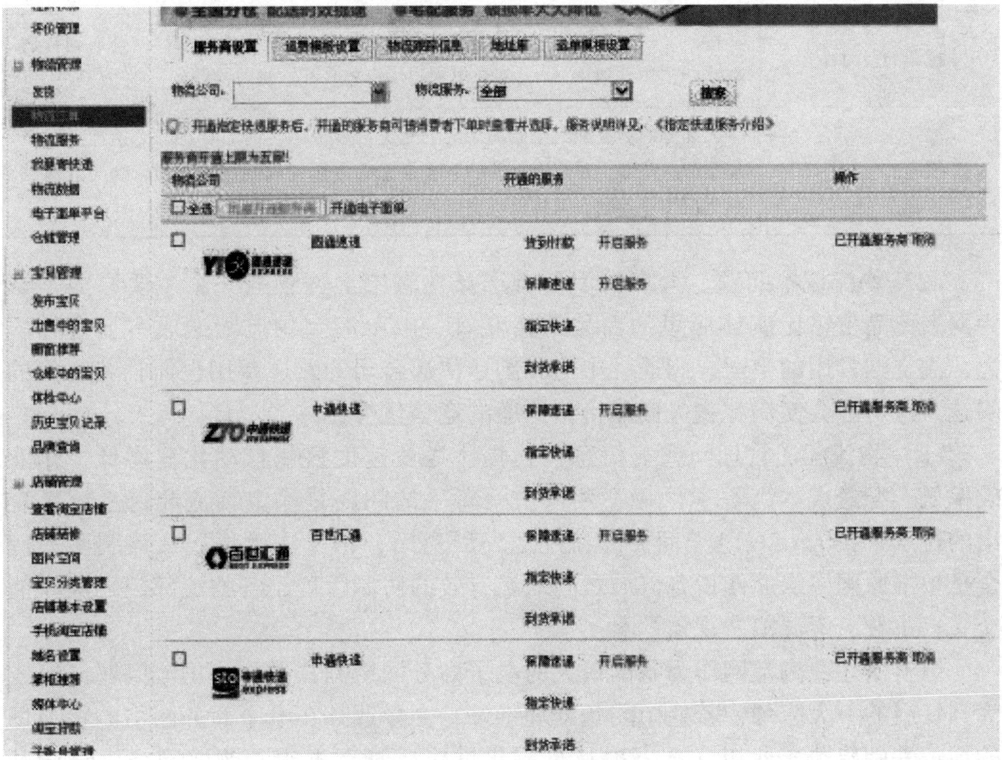

图 10-1　淘宝第三方推荐物流卖家后台页面

10.1.1 C2C 模式下淘宝物流配送存在的主要问题

目前，由于我国 C2C 电子商务市场发展还不成熟，再加之 C2C 物流配送有其自身特点，致使淘宝在物流配送方面出现了一些问题。据 CNNIC 数据显示，因物流服务出现的种种问题而导致的用户投诉的比例逐年上升。由此可见，物流问题已经成为网上购物的最为关键的问题。淘宝网在物流配送服务方面的主要问题体现在：

（1）物流服务质量问题。由于淘宝网采取基于“第三方物流的推荐物流服务”的模式，快递公司服务标准不一，物流配送存在多方面的问题见表 10-1。

表 10-1 物流配送中存在的问题

问题性质	表现出的问题
投递的准确性	配送人员的责任意识不强，导致商品错误投递的问题时有发生
投递的安全性	商品在投递过程中，责任界限不明确，操作流程混乱。货物损坏、丢失的问题时有发生
投递的及时性	在一半时间下，淘宝的物流配送能够满足顾客的物流需求，一旦遇到货运高峰期，如“双十一”，就会出现货物搁置、配送延时的问题
投递的便利性	大部分的物流配送企业都指定了配送区域范围，商品货物的送达地点一旦超出配送范围，在范围以外的顾客就无法方便地取到货。同顾客购买的商品因出现质量问题，退换货也极其不方便

（2）物流成本问题。大多数消费者选择在淘宝上购物的一个主要原因是认为网上商品价格比实体店里的商品价格便宜。由于淘宝物流配送成本上升的压力，淘宝网常用的申通、圆通、中通和韵达快递公司的配送费用也面临着涨价的问题。这可能会使淘宝丧失商品价格低廉的竞争优势。

（3）物流配送管理问题。信息传达慢、送货速度慢、自动化程度低、作业效率低、配送成本高等“两慢、两低、一高”的问题是淘宝物流配送系统呈现出的特点。我国 C2C 电子商务物流配送发展落后，相关法律法规及体制不太健全是根本原因，从而使得各区域之间缺乏有效的协调管理，各物流部门之间职能交叉、重叠，资源浪费现象严重。

综上所述，淘宝网作为我国最大的电子商务网络购物平台，物流问题已经成为其发展的一大瓶颈，若这个问题处理不好，会导致其在电子商务网络购物市场的地位受到威胁。所以，本书拟从集成化供应链管理思想和物流网络为理论基础，着手构建出目前第三方物流企业的联合配送模式，并节点及网络要素和相互关系（从配送网点数量、配送人员、配送车辆等）方面进行相关分析，采用有关的定性的分析方法和定量数学模型的分析方法进行优化决策分析，实现第三方物流企业联合起来进行配送，达到大物流系统的资源最佳配置，以解决第三方物流公司“各自为政”、资源分散的问题。

10.2 构建出共同配送的基本模型

淘宝网成立自己的物流公司固然很好。但是，由于目前淘宝网络受各方面的限制，淘宝发展独立的自有物流配送是不可能的。可行的是淘宝可与物流公司建立物流合作联盟。对现有的物流资源进行整合，实现第三方物流企业以淘宝为主体的物流互动。

建立以淘宝为主体的统一物流配送中心，淘宝具备条件和优势。早在2006年，淘宝就推出了“推荐物流敢配”制度。买家在淘宝买东西，使用支付宝进行网上支付，买家在网上下单之后，选择淘宝推荐的物流快递公司，买家享有淘宝与推荐物流公司商定的相应理赔内容。如果物品在运输过程中，发生了遗失、破损或者非买家本人签收物品的现象从而给买家造成损失的，买家会得到相应的赔偿。

10.2.1 解决措施

（1）建立区域物流配送中心。以城市为中心，对我国网络购物的地区进行划分。在每个划分的区域内，以淘宝为主体联合各合作的物流企业共同建立区域物流配送中心。配送中心的任务就是对物流公司的快递包裹，在该区域内通过物流来完成门到门的配送，同时，根据实际情况，对区域配送中心之间的存货进行调度。区域配送中心还具有参与卖家的收货、发货和存货功能。区域中心覆盖内的卖家可通过信息共享平台与区域配送中心信息交流，区域配送中心可根据卖家的交易情况，为卖家在各个区域配送中心制定合理的存货分布规划。

（2）建立配送中心信息共享系统。买家可以在这个系统下订单，卖家根据买家的订单信息和自己的商品库存情况配送中心平台发送配送请求。买家的订单基本信息和卖家的交易基本信息，在这个平台上共享。配送中心根据订单信息，先对订单在线分拣，然后在配送中心完成配送作业，见图10-2。

（3）配送中心的订单整合和配送。区域配送中心通过信息平台收到卖家的发货请求后，配送中心在线对订单信息进行订单整合，即对不同买家的配送地址进行分拣归类，相同区域买家地址的订单进行整合。分拣依照我国的行政区域省、市、县、乡镇、村逐级分拣。在分拣的过程中区分出一个订单如果是由其他区域配送中心进行配送的订单时，系统会将这样的订单依照订单所属的配送中心进行分拣，并将这样的订单通过信息共享平台发送给相应的区域配送中心。对于由自身区域配送中心配送的订单，按照买家地址，系统将同一买家的多个订单合

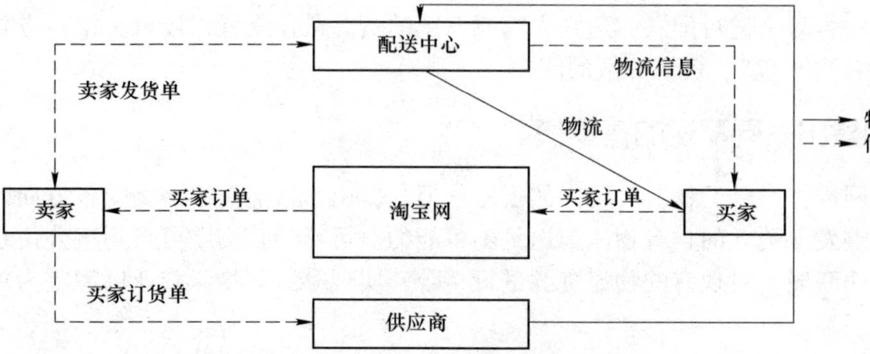

图 10-2　配送中心信息共享图

成一张配送发货单，见图 10-3。在线分配完成之后，发货单由区域配送中心根据订单信息生成，对货物进行分拣包装之后，由选定的合作的物流公司进行门到门的物流配送服务。

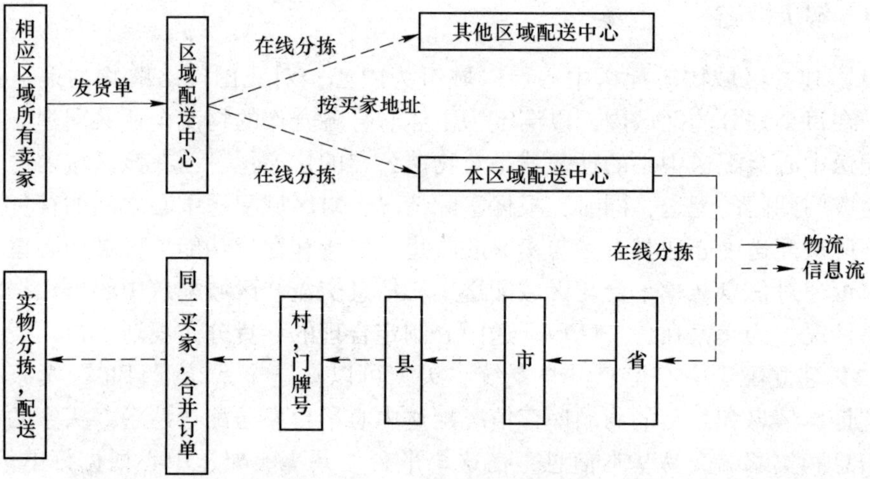

图 10-3　在线分拣流程图

10.2.2　共同配送模式与淘宝传统配送的优势

共同配送模式与淘宝传统配送的优势比较见图 10-4。

图 10-4 分为上下两部分，上部分为淘宝传统的物流配送模式，下部分为共同配送的配送模式。为了对比更清晰，下面根据图 10-4 列出共同配送模式与淘宝传统的配送模式的优劣之处，见表 10-2。

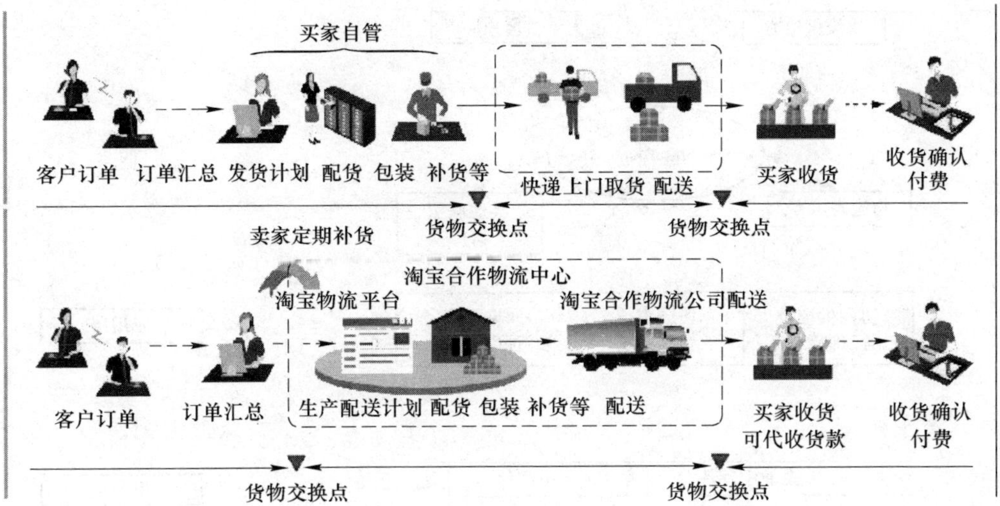

图 10-4　共同配送模式与淘宝传统配送的比较

表 10-2　共同配送与淘宝传统模式的优劣对比表

分　类	传统的 C2C 物流模式	淘宝共同配送模式
订单管理方面	卖家自管订单，手工生产发货计划	系统自动（依据订单）发货计划并对同意买家订单整合
仓库管理方面	卖家自管仓库（小规模），缺乏专业性，效率低下	根据订单和库存发货，集中淘宝配送仓库管理，专业性强、效率高
运输管理方面	自选快递公司提货，站点分散	快递公司到配送中心取货，货物信息通过淘宝物流信息平台发布
库存控制方面	无库存控制信息	淘宝物流信息平台向各方提供动态的库存信息，卖家可通过平台对库存进行控制
物流成本结算方面	卖家自己承担仓库费用，卖家与快递公司结算运输费用	仓储、运输、信息系统使用成本与“淘宝物流”统一结算
退换货方面	卖家自己管理	淘宝物流统一管理
货款支付	支付宝支付	支付宝支付或代收货款、统一结算
物流体系建设方面	管理分散，无标准体系	专业化管理，统一管理体系

10.2.3　以淘宝为主体共同配送的网络模型（网络化联盟）

以淘宝为主体共同配送的网络模型，见图 10-5。

物流联盟网络协同分为 4 个层次，分别为：应用层；中间层；网络；组织。

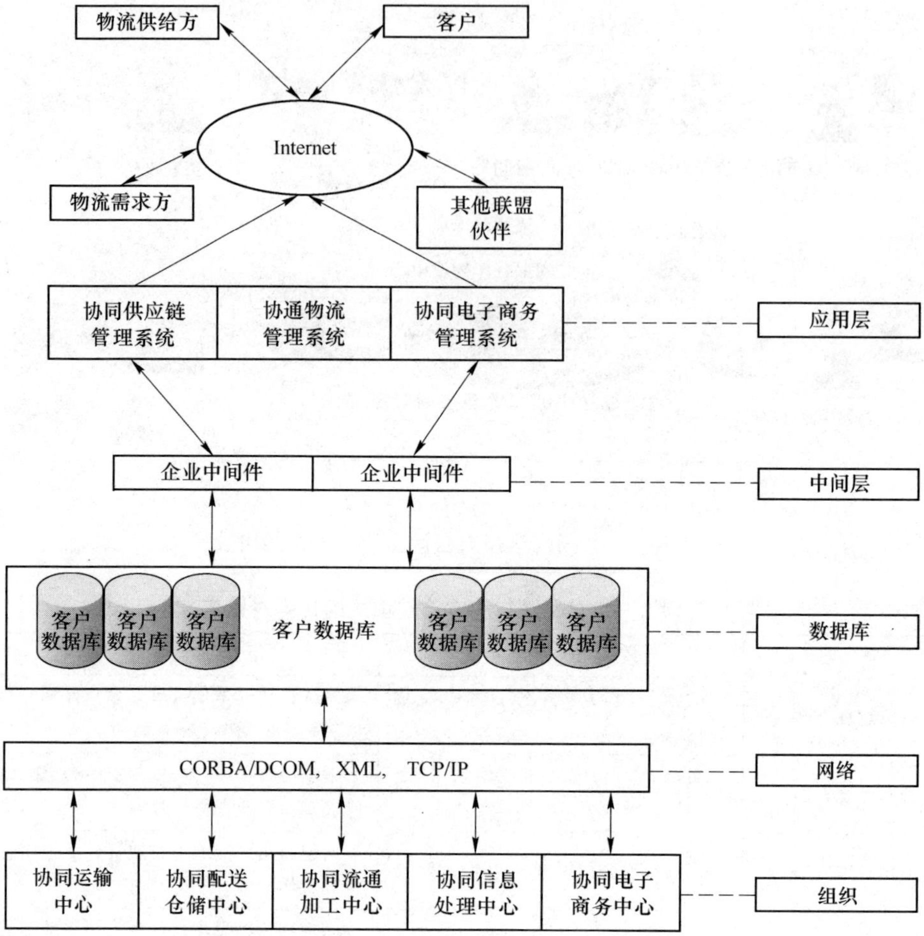

图 10-5　物流联盟的网络协同体系结构图

具体动态模型见图 10-6。

网络化联盟方式是指既有纵向合作，又有横向合作的全方位合作经营模式。纵向合作和横向合作是网络化联盟的共同特点。

动态联盟是独立经营实体之间暂时的基于 Web 的网状联盟，其目的是为了适应市场的变化、柔性、速度、革新、知识的需要。

图 10-5 是物流联盟的网络协同体系结构。从中可以看出，物流联盟组织形式下的物流信息资源共享无论是在深度与广度上，都比单独的第三方物流有更进一步的要求和发展。

图 10-6 是物流企业动态联盟。从中可以看出，中央数据库是整个动态联盟的核心。它的主要功能是网络维护、运行监督、行业调控、数据库管理等，以保

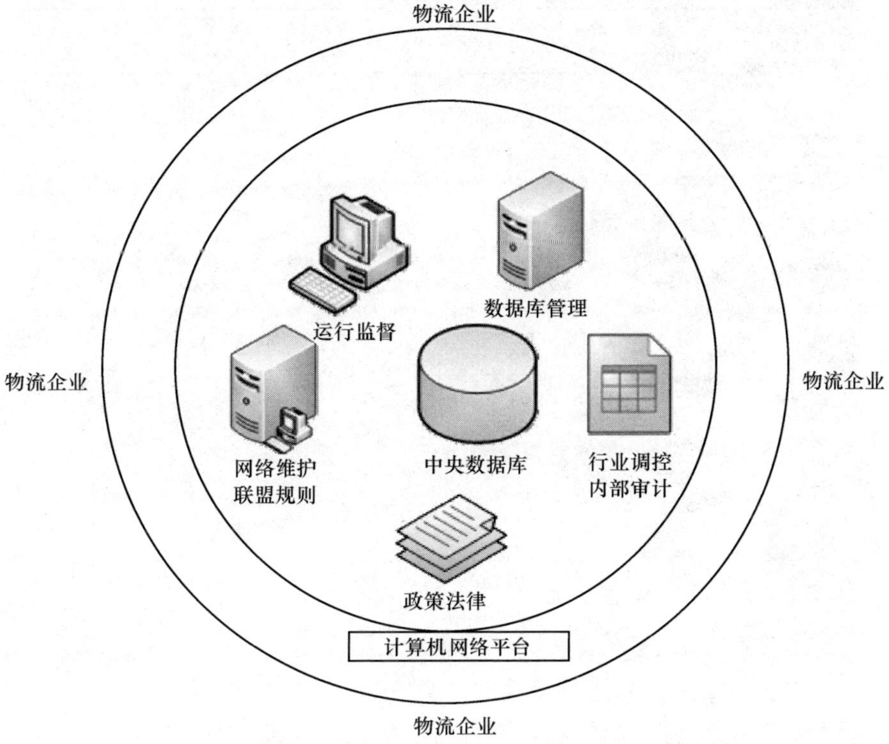

图 10-6　物流企业动态联盟模型

障联盟规则的实现、政策法律的实施和内部审计的进行。计算机网络平台是联盟伙伴的共享平台。模型最外围的物流企业具备自身的核心优势，以提供物流服务的某种功能为主。

10.3　基于物流联盟网络协同体系结构的共同配送的可行性分析

10.3.1　技术方面的可行性分析

从硬件、软件两个角度分析淘宝网共同配送物流模式的技术可行性。硬件角度分析支撑淘宝网共同配送物流模式运行所需的相关计算机信息技术。软件角度分析淘宝网物流共同配送模式的可行性。

10.3.1.1　硬件方面的可行性分析

淘宝网配送物流模式所需的计算机技术，见图 10-7。

淘宝网物流平台、第三方物流合作企业信息共享体系和物流服务标准体系，是淘宝网物流共同配送模式运行的三大必要资源。

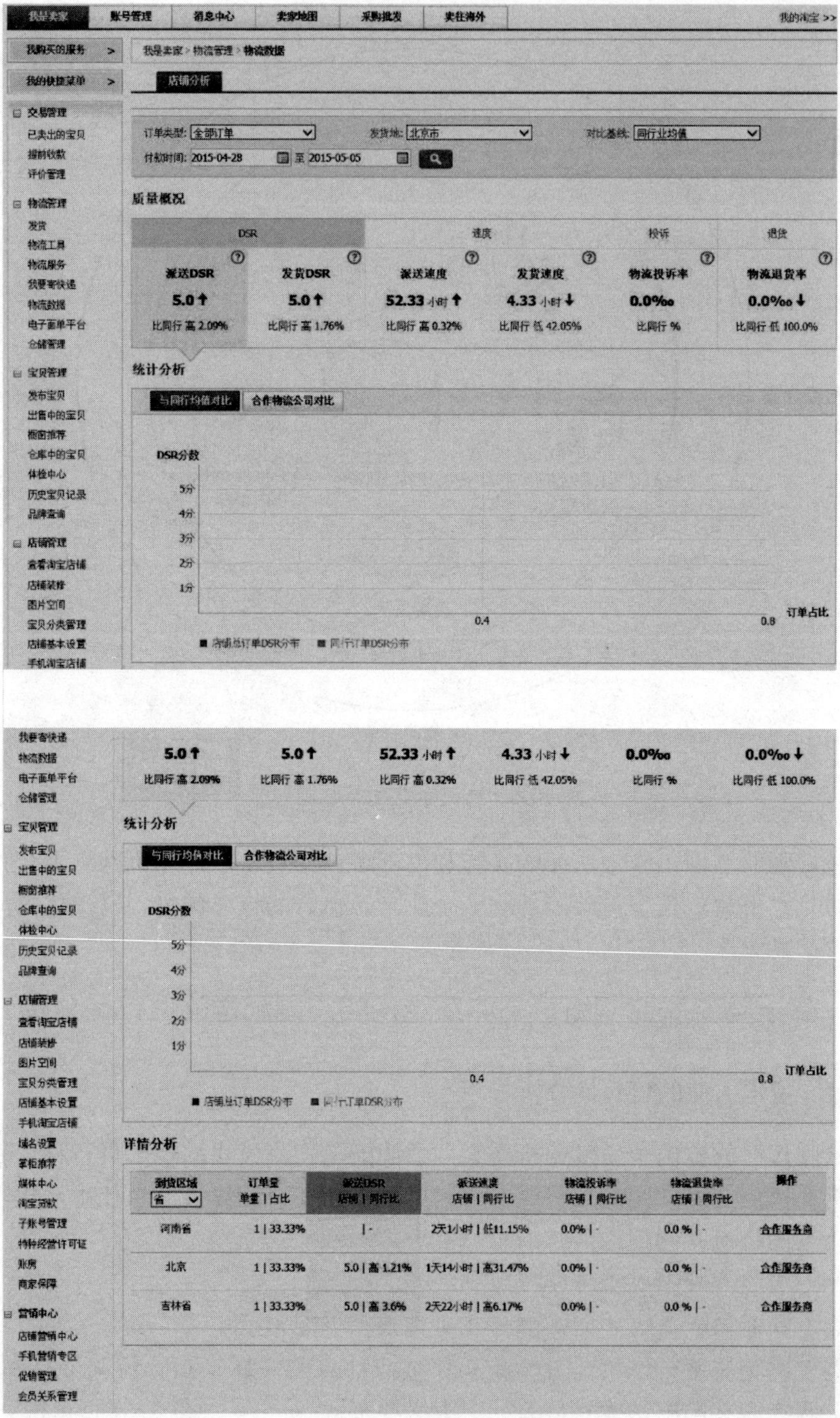

图 10-7　淘宝卖家后台商品交易管理界面

现有的淘宝物流平台是淘宝网解决物流问题的一种重要的方式，它为淘宝网提高物流服务效率，实现仓储、配送、物流跟踪、库存动态记录等信息的流转和共享，提供了技术保障。

从第三方物流合作企业角度来看，与亚太地区最大的 C2C 网购平台淘宝网合作，是较为明智的选择。淘宝快递是我国快递企业主要业务来源。

淘宝网共同配送物流模式由阿里主导构建实施，可以充分利用阿里自身的优势地位对共同配送物流服务标准体系进行科学构建，制订并规范淘宝网共同配送物流过程中的所有物流活动的操作并对物流服务绩效进行评价。

10.3.1.2　软件可行性分析（淘宝网共同配送物流模式管理的可行性）

淘宝网共同配送物流模式所需的软件，见图 10-8。

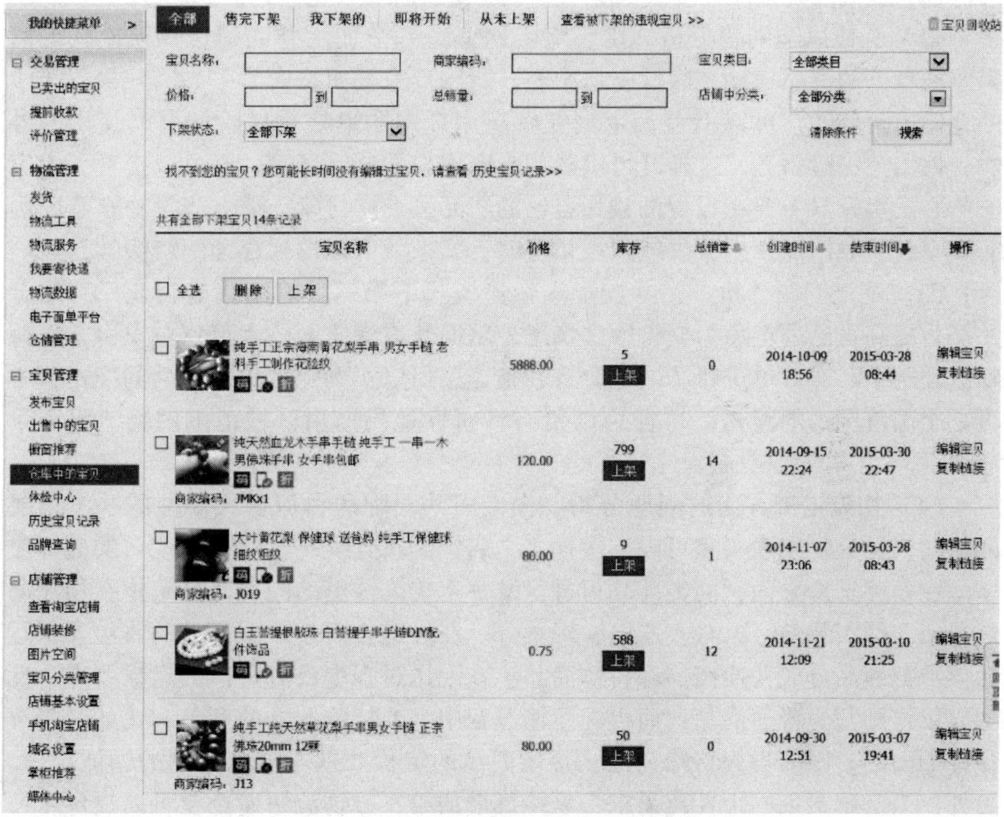

图 10-8　淘宝卖家网络后台的虚拟仓库

仓储管理、配送、物流价格制订等问题是淘宝网共同配送物流模式在管理层面上主要涉及的问题。

（1）仓库管理分析。卖家多、产品种类丰富是淘宝网共同配送物流模式在仓储方面所面临的问题。淘宝网由许多不同的卖家构成的，同样种类的商品可能来自不同的卖家。为实现有效的仓储管理，淘宝网的自身的特征，只要对每个参与淘宝网共同配送物流的卖家进行标记编号，在其商品的产品统一编号里增加商家编号的信息，以区别出每种商品的产品统一编号所属的商家，而这个加有商家编号的商品的产品统一编号就是淘宝网商品的唯一身份识别。然后，在数据库平台里将加有商家编号的产品统一编号、货位信息和商品数量关联起来，就可以在配送中心的共享信息平台上很容易查到每个商品的所有信息。

这样一来，区域配送中心在收货时，不用再逐个清点商品数量，只需用手持终端扫描，将其相关信息录入系统，系统会自行统计数量且能够与卖家采购订单数量信息进行核对。发货时，可根据系统信息，得到最优拣选路径，进行最有效的拣选，提高发货效率。

（2）仓储风险问题分析。由于淘宝网上每一个加入共同配送物流模式的商家要把自己的商品存储在区域配送中心，所以卖家就面临商品丢失、残损等相应的仓储风险问题。可以借鉴淘宝网在解决用户网购退换货风险问题时使用的办法，提出仓储险服务，这样既可以降低卖家用户的仓储风险，又可以提升了卖家的信心。卖家只需要花很少的钱为自己的货品买上赔付险，那么当货物在仓库因非卖家自身原因而发生丢失或残损情况时，卖家就可以得到合理的赔偿。

（3）配送问题分析。在共同配送物流模式下第三方物流快递企业只有配合并努力提高自己的竞争力使得顾客满意，从而获取淘宝网的大量订单。由于区域物流配送中心对订单进行了网上分拣和整合，所以实物配送是区域性的配送，不再是全国范围内的配送。这样可以更有针对性地挑选出区域范围内物流服务供应商。

（4）物流定价方面的问题分析。淘宝网共同配送物流模式实施的一个重要的目的就是为了实现买家可以一次性多个店铺购买且统一付费统一运送的美好愿望。在物流定价方面，同类商品可进行统一定价。这里的同类商品是指在物流属性方面，如服装鞋、家具、家电、厨具等。在运送方面，根据商品的属性要求运送要求把商品分成普通商品和特殊商品。在配送过程中没有特殊的运输要求，比如服装，则归为普通商品；而再配运输过程中需要特殊照顾的商品，比如鸡蛋等易碎的商品，则归类为特殊商品。普通商品的定价要低于特殊商品的物流定价。另外，为满足买家的个性化需求，承接订单的第三方物流快递企业可以提供个性化物流服务。物流单价要低于目前“四通一达”的平均定价水平，至少要持平，这样才不违背共同配送物流减少买家购物成本的初衷。以区域配送中心为主的订单的网上分拣和整合大大减少了配送里程，使得每个配送业务都变成了相对短距离的物流配送，从而使得物流费用降低。这样一来，买家跨店铺购买，买家把多个订单合并，购物费用和物流费用一次性结清，既保证了买家、卖家、物流配送方等各方的利益，还使得物流成本得到了降低。至于区域配送中心与快递企业之间利益博弈，本书则不予探讨。

(5) 区域共同配送中心管理模式以及仓储费用问题分析。收货、存储、发货是配送中心的基本作业流程。配送中心在收货环节主要以卖家和卖家的供货商为主，供货商根据卖家的订单将货物发往指定的区域配送中心，配送中心为淘宝卖家接收并对货物进行储存保管。此时，卖家可以通过信息共享系统知道货物的库存情况。区域配送中心根据淘宝卖家的发货单进行发货，商品从配送中心发出之前，配送中心会通过系统在线对当天发货时间段的淘宝所有卖家的发货单依照收货地址进行在线分拣和整合，使得同一淘宝买家的多个订单整合成一个订单，从而实现只付一次运费达到同一买家多订单的统一发货的经济便捷目标。在货物存储环节，为了使得存储管理的高效，货物储存时按照商品物理属性和化学属性进行分类储存，并对商品进行编码。这样一来，配送时既能区分每一件商品的信息以及商品所属卖家，又便以仓储管理。

区域中心的仓储费用来源大致可分两个：淘宝卖家和阿里集团。区域配送中心向淘宝卖家提供仓储服务，向其收取一定的仓储费用也是应当的。但是，仓储费用的收取不能使得单位仓储成本的总费用高于淘宝卖家自行管理仓储的平均单位仓储费用。只有这样，淘宝卖家才会愿意加入共同配送的模式中来。把卖家从自管网物流的环节中解放出来，随着买家在淘宝的购物体验越来越好，淘宝网整体的销售业绩也会随之变好。即使阿里集团不能在共同配送中心方面获得很好的经济收益，淘宝网的良好销售业绩也可以弥补配送中心收益方面的欠缺。

10.4 实例分析

10.4.1 模拟在淘宝网上购物的条件假设

淘宝网是一个综合性的网络购物平台，其售卖商品种类繁多，可以说是涵盖了我们生活所需的方方面面。根据 CTR 发布的《中国网购用户行为分析》的报告中显示，不管是哪种不同的网络终端，服装、鞋帽类在所有商品种类中所占的比例都是最高的。见图 10-9。

本书选择男款运动鞋作为实例分析的对象。根据在淘宝网的调查，运动鞋一般售价在 30～150 元之间不等，假设鞋子为 100 元/双，鞋子鞋盒的重量为 1.2kg，每个卖家当天卖出 1～10 双不等。从卖家方面考虑运费成本问题，我们假定所有的淘宝卖家在邮费方面对买家来说都是包邮的。站在卖家方面分析运费问题分为两种情况：同城快递和非同城快递。同城：北京到北京；非同城：上海到北京。

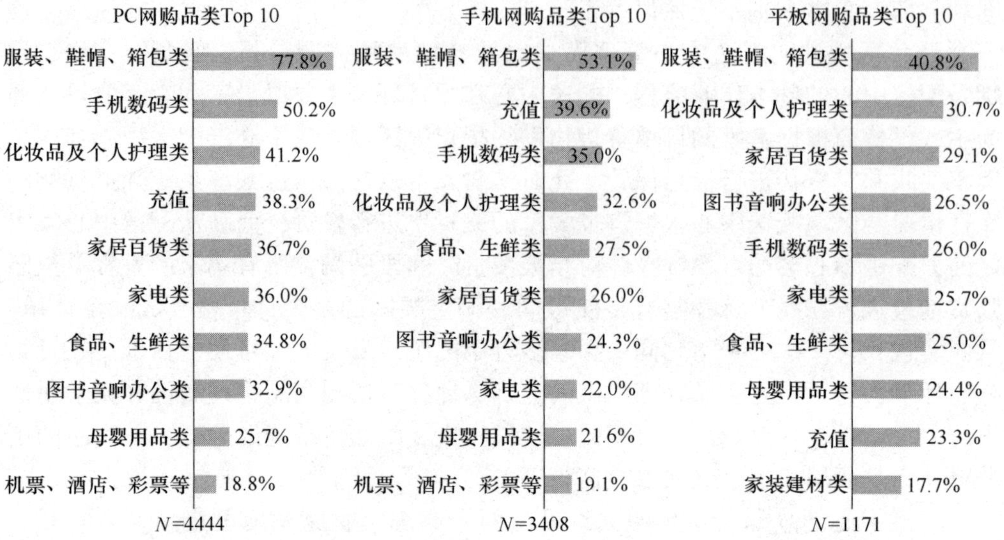

注：Source:iCTR @中国网购行为研究，201404。

图 10-9　中国网购用户使用不同终端的购物品类分布

10.4.2　相关数据的收集

10.4.2.1　淘宝物流快递的运费

由于淘宝网实行的是“推荐物流”模式，卖家可以根据与淘宝有协作关系的快递企业的物流价格，灵活地选择物流快递企业。表 10-3 和表 10-4 分别是与淘宝有协作关系的物流企业在不同配送里程的物流价格的汇总表。

表 10-3　快递企业物流价格表（北京—北京）　　（kg/元）

序号	快递公司	始发地	目的地	首重计费	续重计费
1	国通快递	北京	北京	8	3
2	中通	北京	北京	10	2
3	龙邦速递	北京	北京	8	3
4	申通 E 物流	北京	北京	8	3
5	能达速递	北京	北京	9	3
6	韵达速递	北京	北京	8	3
7	百世汇通	北京	北京	6	2
8	圆通速递	北京	北京	7	3
9	快捷速递	北京	北京	6	1

续表 10-3

序号	快递公司	始发地	目的地	首重计费	续重计费
10	顺丰速运	北京	北京	15	3
11	EMS	北京	北京	25	8
12	全峰快递	北京	北京	10	2
13	联邦快递	北京	北京	16	2
14	优速快递	北京	北京	8	2
15	天天快递	北京	北京	8	3
16	佳吉快递	北京	北京	8	1
	平均值			10	2. 75

表 10-4 快递企业物流价格表（上海—北京） （kg/元）

序号	快递公司	始发地	目的地	首重计费	续重计费
1	国通快递	上海	北京	12	8
2	中通	上海	北京	12	10
3	龙邦速递	上海	北京	12	8
4	申通 E 物流	上海	北京	12	10
5	能达速递	上海	北京	12	8
6	韵达速运	上海	北京	12	12
7	百世汇通	上海	北京	10	7
8	EMS 经济快递	上海	北京	8	4
9	圆通速递	上海	北京	12	10
10	快捷速递	上海	北京	8	4
11	顺丰速运	上海	北京	22	14
12	EMS	上海	北京	29	18
13	全峰快递	上海	北京	12	8
14	联邦快递	上海	北京	22	14
15	优速快递	上海	北京	10	5
16	天天快递	上海	北京	12	8
	平均值			13. 5625	9. 25

由表 10-3 和表 10-4 可知，北京同城的平均首重价格是 10kg/元，平均续重为 2. 75kg/元；上海到北京的平均首重价格为 13. 56kg/元，平均续重为 9. 25kg/元。

淘宝网运动鞋店家以及鞋的销售数量。

在淘宝网以首页输入“运动鞋，男款”关键字，合并卖家，发货从上海到北京的淘宝店家大致有 1200 家。本书模拟出 1200 家店铺的一天的销售情况，制成表 10-5。由于 1200 家数量太多，故隐去一部分。

表 10-5　淘宝店铺运动鞋销量模拟表

店铺序号	运动鞋的销量/双
1	6
2	3
3	1
4	5
5	2
6	5
7	1
8	4
9	7
10	6
11	2
12	2
…	…
1190	1
1191	2
1192	0
1193	2
1194	0
1195	0
1196	1
1197	4
1198	6
1199	2
1200	4

10. 4. 3　基于数据假设和数据收集的分析

按传统的淘宝物流模式来说，从上海到北京卖家自己找物流企业向买家发货，由于每件鞋子的重量为 1. 2kg，根据表 10-4 所示，运费为 22. 82 元（首重不满 1kg 的按 1kg 算，续重不满 1kg 的按 1kg 算），1200 个店家的总运费为 27384 元，每双运动鞋的运费占鞋子的价格比为 22. 82%。总运费占总销售额的比例，随着店家的销售数量的变化而变化。若每天淘宝卖出男款运动鞋以 5000 双为基数，由于每天卖出的鞋子数量是随机的，本书记录10个比例数据，如表10-6所示。

基于订单整合的淘宝网物流共同配送，以这种模式来说从上海到北京的物流配送不属于跨区域的长途配送，而是经过网上的订单分拣和整合之后，使得买家所属的淘宝区域共同配送中心对其配送，其配送属于同城配送的范围，根据表10-3所示，由于每件鞋子的重量为1.2kg，所以运费为12.75元（首重不满1kg按1kg算，续重不满1kg按1kg算），1200店家的总运费为15300元，每双鞋子的运费占鞋了销售价格比为12.75%。总运费占总销售额的比例随着店家的销售数量的变化而变化。同样的每天淘宝卖出男款运动鞋以5000双为基数，由于每天卖出的鞋子数量是随机的，本书记录10个比例数据，如表10-7所示。

表10-6 总运费占总销售额的比例（基于传统的淘宝物流模式）

序号	总销售量/双	单价/元	总销售额/元	运费单价/元	总运费/元	总运费占总销售额的比例/%
1	5500	100	550000	22.82	125510	22.82
2	5700	100	570000	22.82	130074	22.82
3	6700	100	670000	22.82	152894	22.82
4	7000	100	700000	22.82	159740	22.82
5	5300	100	530000	22.82	120946	22.82
6	6700	100	670000	22.82	152894	22.82
7	6000	100	600000	22.82	136920	22.82
8	6300	100	630000	22.82	143766	22.82
9	5300	100	530000	22.82	120946	22.82
10	5900	100	590000	22.82	134638	22.82
平均值						22.82

表10-7 运费占总销售额的比例（基于订单整合的淘宝网共同配送）

序号	总销售量/双	单价/元	总销售额/元	运费单价/元	总运费/元	总运费占总销售额的比例/%
1	5500	100	550000	12.75	70125	12.75
2	5700	100	570000	12.75	72675	12.75
3	6700	100	670000	12.75	85425	12.75
4	7000	100	700000	12.75	89250	12.75
5	5300	100	530000	12.75	67575	12.75
6	6700	100	670000	12.75	85425	12.75
7	6000	100	600000	12.75	76500	12.75
8	6300	100	630000	12.75	80325	12.75
9	5300	100	530000	12.75	67575	12.75
10	5900	100	590000	12.75	75225	12.75
平均值						12.75

将传统的淘宝物流模式与基于订单整合的淘宝共同配送模式相比较，我们可以得出基于订单整合的共同配送模式比淘宝传统的物流模式在运费方面要节约44.13%。如表10-8所示。

表10-8　普通模式与共同配送模式运费比较

序号	普通模式运费/元	共同配送运费/元	运费差/元	两种模式节约比例/%
1	125510	70125	55385	44.13
2	130074	72675	57399	44.13
3	152894	85425	67469	44.13
4	159740	89250	70490	44.13
5	120946	67575	53371	44.13
6	152894	85425	67469	44.13
7	136920	76500	60420	44.13
8	143766	80325	63441	44.13
9	120946	67575	53371	44.13
10	134638	75225	59413	44.13
平均值				44.13

由此可知，淘宝网基于订单整合的共同配送模式，在物流的配送费用方面的节约比例相对于淘宝仅2014年“双十一”570亿元的销售额来说，其节约的比例还是很大的。

第三部分

结论与展望

Conclustion and Prospects

11　结论与展望

11.1　基于供应链管理的企业设备管理信息系统研究总结

供应链管理思想是一种先进的管理思想，将设备管理各项工作和企业外部的供应商形成一个体系进行信息传递和统一管理，已逐渐成为企业全面信息化建设的一种趋同模式。PMIS 作为企业信息化建设的重要组成部分，必须运用先进的管理思想从设备规划设计、制造、购置安装、调试使用、运行维护、修理改造、更新直至报废的整个寿命周期进行全过程的管理。以信息化为基础构建现代 PMIS 平台，全面提高企业管理信息化水平。

在该研究过程的主要贡献如下。

（1）通过研究大港石化一期项目的实施和应用情况，分析现行 PMIS 系统中的问题所在：没有专门的采购功能模块对设备及备件的采购工作进行管理；在一期项目中设备各个功能模块的数据是相对独立，没有实现系统完全共享；数据采集的方式还是手工采集，工作量大、效率低、错误率高。由以上问题延伸出设备管理工作中存在问题。通过深入学习设备管理理论和先进管理思想——供应链管理理论，寻求最佳的解决方案。

（2）在基于供应链管理理论的指导下，构建设备管理的供应链运营参考模型，从物流、信息流和价值流对此模型进行分析，对 SCOR 模型进行优化。在设备管理日常工作中提炼出设备及备件采购业务，提出由设备及备件维护、维修计划制订出设备及备件需求计划，以此生成采购需求计划和采购作业计划，从而改变以往由库存数量制订采购计划的作业模式。

（3）在基于供应链管理的设备及备件采购管理中，从日常工作业务数据入手分析在 PMIS 中与采购有关的业务模块，从中挖掘出与设备及备件需求计划有关的数据信息，将此数据进行整理形成设备及备件的需求计划清单。结合采购工作和采购部门职能，根据设备及备件的需求计划清单及时段要求，加入采购需求计划所需要数据，生成采购需求计划并按此计划生成采购作业计划。在整个分析和研究过程中，绘制出相关的信息流向图和相关数据表，建立采购管理和其他管理的数据关联性。

（4）在对改进后的 PMIS 系统进行详细需求分析和功能设计，并进行数据库设计，构建综合设备管理信息平台。在此平台上，以实现设备管理数据共享。采用自动识别技术解决数据采集效率低的问题。对整个系统进行体系结构设计，采用两层 C/S 和两层 B/S 混合模式的体系结构，保证了一般功能的易用与统一，又保证了复杂功能的交互性，已达到网络效率最高。

(5) 对系统整体的数据流向进行分析，并绘制出数据流向图。不仅建立了以设备为核心的功能模块之间的联系，而且还在功能模块数据之间建立了数据关联。在这个过程中，要求数据的唯一性和可标识性，根据石化行业的设备特点，建立了设备的编码体系。同时，运用 SQL Sever 中数据库同步技术以实现数据同步与共享。

(6) 在设备管理平台实施同时会产生“先进的软件和系统”和“现行的业务工作模式”相冲突的问题。结合业务流程改造理论，根据大港石化企业的组织结构和管理职能，对新增采购工作进行业务流程设计，对现行业务流程进行改造和局部业务流程改进，使得在不进行组织机构调整的原则上，将设备管理信息系统的日常操作和业务流程最大限度的匹配，发挥管理信息化的优势。

(7) 在业务流程改造过程中，提出基于结构设计矩阵理论的业务流程分析方法。从信息维度分析设备管理工作入手，绘制出业务流程信息流向图，构建业务流程的结构矩阵模型。通过将其进行聚类划分后得出信息依赖度较大的业务活动，结合业务流程再造理论和方法，对业务活动进行再造和再设计。以入库、出库业务流程再造为例，通过基于结构设计矩阵理论分析业务活动，对信息依赖度大的业务活动进行精简、整合等，减少耦合环节和迭代时间，提高作业效率。

11.2　基于供应链管理的企业设备管理信息系统研究的主要创新点

该研究的创新点主要体现在以下几个方面：

(1) 将供应链管理思想融入到 PMIS 中，通过构建供应商运营参考模型并从物流、价值流和信息流进行分析，从中设备管理业务中提炼出采购管理模块，提出由维护/维修计划开展设备及备件采购工作，并衔接设备管理的上游环节—供应商管理，形成一个计划—实施—评价的闭环模式。深入分析基于供应链管理的设备及备件采购管理和 PMIS 中其他业务模块之间的数据流向，并绘制出数据流向图，建立数据关联为信息共享打下数据基础。

(2) 根据设备采购属性按照设备重要程度进行划分类别，并提出对应设备进行供应商的分类管理策略。根据设备供应商的特点，建立设备供应商评价指标体系，提出采用基于群决策的 AHP 方法进行供应商评价方法。通过综合多名专家的意见，能有效克服运用层次分析法时权重的主观性问题。构建判断矩阵和一致性检验确定各因素权重。

(3) 构建 PMIS 综合管理平台。在原有 PMIS 系统中引入自动识别技术和采购管理功能模块，并对系统功能进行详细需求分析和系统功能模块的设计，根据设计要求选择了基于 C/S 和 B/S 混合模式的体系架构来进行系统开发。在系统数据平台基础上，深入分析系统各个模块之间的数据流向后，构建 PMIS 平台的编码体系，采用事物复制技术在分布式应用程序中保持数据同步，实现数据共享。

（4）规范化设备管理的业务流程，并提出基于设计结构矩阵理论的业务流程再造方法。通过构建业务流程的结构矩阵模型并采用模糊数学的计算方法将其进行聚划分，结合业务流程再造理论和方法，对现有业务流程进行再造和改进。以入库、出库业务流程进行实例验证，通过此方法分析业务流程并进行再造，减少耦合环节和等待时间，加强部门协作，提高作业效率。

11.3 基于供应链管理的企业、设备管理信息系统研究展望

该研究对基于供应链管理的 PMIS 的管理内容、应用技术和流程再造进行了系统的研究，并于 2006 年 11 月一期项目通过由大港石化科技处组织的专家组验收。然而，设备管理涉及的范围极其广泛，本研究还可以向以下方向开展：

（1）建立完善的设备采购模式。在 PMIS 中的采购历史数据基础上，应用数学模型对采购模式和采购数量进行分析，总结出最佳采购策略，为设备及备件采购工作提供良好的决策基础。

（2）应用工作流控制技术在 PMIS 中实现电子审核和审批工作，以减少等待时间和手工操作，实现设备管理工作的全面信息化。

（3）对业务流程再造的实施效果构造评价模型，根据现有业务数据，进行定量的分析，以此判断 BPR 的绩效。

11.4 中小型第三方物流企业联合配送模式应用研究结论

当今社会，分工已经十分明确，生产和供应、供应和生产在时间和空间上都会产生距离，从而使得物流企业在社会生活和生产中扮演着十分重要的地位，它的运营的水平也关系着国家的经济发展的水平。然而，第三方物流企业就是发展演变出来的产物，其核心问题就是配送，配送水平的高和低决定了第三方物流企业发展的水平，在运输配送上路径的优化问题又是举足轻重的。当前，必须基于算法的应用才能解决实际配送中第三方物流企业遇到的问题并且加以改善。

在第 7 章，首先讨论了国内外物流配送模式的发展情况，简单说明了第三方物流的含义、特点和用途；其次，讨论了第三方物流企业的配送的基本流程，介绍的第三方物流配送的形式并对其加以分析，并找出了第三方物流配送模式的优势以及劣势。然后，对现阶段我国的中小型物流企业的配送形式进行应用对比，如果要建立联合配送，前提是有一个限制各个物流企业的条约，然后商定物流配送服务模式并且分别用定性以及定量的方法加以分析，找出其存在的优势以及遇

到的问题，并加以改善。最后，对我国中小型物流企业传统的配送模式和联合配送模式加以比较，得出结论。因为我国的物流企业发展还不算完善，要想达到企业进步就必须发展中小型第三方物流企业。所以，探讨适合我国中小型物流企业发展的新兴模式是必要的，而联合配送模式的应用正是对其进行了实践。

在第二部分第 9 章具体介绍了第三方物流配送的流程，初步解决了联合配送的多配送中心问题。这就是多个配送中心的问题可以从整个配送关系网络进行优化，避免配送网络陷入局部最优，且每个客户在并不固定属于某个配送中心负责。虚拟车场只是一个理想的虚拟点，将其视为配送网络中唯一的车辆停靠地，实际配送过程中车辆存放于各配送中心的过程。为了降低第三方物流企业在配送中的成本，本章以朝阳区某物流公司配送路径为研究的对象，在其原本的配送路线上结合节约里程法的原理和基本的规定，对北京市朝阳区某物流公司配送网点的配送路径进行了路径的优化。

11.5　中小型第三方物流企业联合配送模式应用展望

在路径优化的过程中，结合工人师傅原本对路径的规划，对配送点的交通状况、平均车速、运输的时间、装卸的时间等因素加以分析，用节约路径方法进行优化得出结果，用两种方法加以比较，体现了节约里程法的优势。

然而，节约里程法还存在着很多不足。如节约法只是根据各个配送网点之间的距离进行路径的优化，比较注重里程数的节约。但在实际应用时，距离并不是唯一要考虑的因素。因此，在应用节约法的过程中会忽略时间、交通经济等因素，所以会降低配送的准时率和服务的水平。并且提出了改进的建议应结合多种算法，考虑因素应该全面等建议在加以优化。得出最终的优化路径。

对于第二部分第 9 章进一步研究的方向是，在考虑影响配送路径的因素时，未考虑天气等自然因素。因此，在以后的研究中，还应该在考虑可控制的因素的时候提高对不可控制的处理的能力。其次涉及的网点只有 6 家，而且仅仅用一次配送的实例，应该还要从多次任务中结合起来考虑，进一步解决路径优化的问题。在第二部分第 9 章中只讨论了单个的配送中心的不同种配送车型的运输配送问题，当今形式应该对多配送中心的运输配送问题上加以研究讨论。而且，也只讨论了单品种物品的运输问题。所以，在以后的研究中还应该加以全面的讨论研究，这样得出的路径才更加优化，并且能运用到实际中去。

在最后提出的改进方法只是停留在了理论上，还应该结合多个第三方物流企业，真正的把理论和分析的方法应用到实际中去。

致　谢

本书第一部分是结合中国石油天然气股份有限公司大港石化分公司与北京科技大学合作课题撰写而成。在此，谨以此感谢给予本课题倾力支持的大港石化公司，感谢大港石化设备处共同完成本课题研究的业内专家们在课题研究过程中给予了积极的配合和提供的宝贵意见和建议！在课题研究过程中，北京科技大学博士生导师张文明、刘立、马飞教授给予我很多细致的指导和建设性的意见，谨以此向几位导师表示由衷的感谢和敬意！

本书第二部分得到了北京联合大学机电学院工业工程系各位教师耐心的指导，并给我提出了很多建设性的意见，使我受益匪浅。还有北京联合大学学生周阳阳、鲁永琦等同学在研究及撰写及整个过程中进行资料搜集、整理，在此表示感谢。

此外，我还要感谢冶金工业出版社姜晓辉老师。在和姜老师的多次细致沟通和交流后，此书才得以高质量的出版。

专著得以出版受到“北京高等学校青年英才计划项目”的资助，非常感谢该项目给予的大力支持！

另外，本书还借鉴了一些中外学者的论著，以及论文中的观点（均在参考文献中说明），有的可能因疏漏未能注明，谨对文献作者们的开拓性研究表示敬意！在此，我要向所有对本书提供帮助的人士表示衷心的感谢。

需要特别提及的是，在研究过程中，我的家人始终在背后默默支持着我，才能使我有信心在工作之余坚持以上的学术研究。因此，本书也凝结了他们的支持和温暖。

王　慧

2015 年 6 月于北京